Samaa Habib/Bodie Thoene

Ich kam zurück

Eine ehemalige Muslimin erlebt den Himmel

BRUNNEN
Verlag GmbH · Giessen

Die amerikanische Originalausgabe erschien unter dem Titel „Face
to Face With Jesus – A Former Muslim's Extraordinary Journey to
Heaven and Encounter with the God of Love"
bei Chosen Books in der Baker Publishing House Group,
Grand Rapids, Michigan, 49516, USA
Copyright © 2014 by Samaa Habib und Bodie Thoene

Ins Deutsche übersetzt von Dr. Friedemann Lux

Die Bibelzitate sind im Allgemeinen der Übersetzung
Hoffnung für alle® entnommen,
Copyright © 1983, 1996, 2002 by Biblica Inc.®
Verwendet mit freundlicher Genehmigung
von *fontis* – Brunnen Basel.
Alle weiteren Rechte weltweit vorbehalten.

2. Auflage Februar 2015

© der deutschen Ausgabe 2015 Brunnen Verlag Gießen
www.brunnen-verlag.de
Umschlaggestaltung: Gearbox/Dan Pitts, Daniela Sprenger
Satz: DTP Brunnen
Druck: GGP Media GmbH, Pößneck
ISBN 978-3-7655-0917-9

Dieses Buch ist meinem geliebten Herrn und
Heiland Jesus Christus gewidmet,
meinen lieben Eltern, Geschwistern und Verwandten
und der treuen verfolgten Kirche

INHALT

I

Explosion

---◦---

*Sie haben ihn besiegt durch das Blut des Lammes und weil
sie sich zu Gott bekannt haben. Sie haben ihr Leben für
Gott eingesetzt und den Tod nicht gefürchtet.*
(Offenbarung 12,11)

*A*ls ich an dem sonnigen Herbstmorgen wach wurde, in der
Hauptstadt meines Heimatlandes im Nahen Osten, war
der Tod das Letzte, woran ich dachte. Terroristen und Bomben,
die meine Welt in Stücke reißen würden, waren so weit weg von
meinen Gedanken wie der Osten vom Westen.

Ich war neunzehn Jahre alt, und mein Herz war voll von Leben
und Freude und den Hoffnungen und Träumen einer jungen Frau.

Das Sonnenlicht strömte durch das Fenster meines Zimmers
und drang durch meine Augenlider. Ich schlug die Augen auf
und hörte still zu, wie im Haus das Leben erwachte. Draußen
sangen die Vögel. Ich freute mich, dass es Sonntag war, mein
liebster Wochentag. Aus der Küche kam das warme Lachen meines Vaters. Meine Mutter war gerade auf drei Tage zu Besuch bei
meiner Großmutter, sodass meine Schwestern für das Frühstück
sorgten.

„Samaa!", rief meine älteste Schwester. „Bist du wach?"

„Gleich!" Ich setzte mich auf die Bettkante. „Guten Morgen, Herr", flüsterte ich. „Danke für diesen schönen Herbsttag. Ich gebe dir jeden Augenblick."

Als ob er mein Gespräch mit Jesus stören wollte, ging auf dem Minarett der nahen Moschee der Lautsprecher mit der Stimme des Muezzins los, der die gläubigen Muslime unseres Viertels zum Gebet rief.

Mein Vater war Rechtsanwalt, dazu ein angesehener Philosophieprofessor an der Universität sowie ein Mullah, das heißt ein religiöser Lehrer und Leiter. Während ich mich anzog, hörte ich, wie er auf sein Zimmer ging und die vorgeschriebenen Gebete zu Allah sprach. Ich wusste, dass er nicht an die „Schande" zu denken versuchte, dass mehrere Personen aus seiner Familie den Islam verlassen hatten, um Jesus Christus nachzufolgen.

Mein Vater wusste, dass ich heute Morgen zur Kirche gehen würde. Sechs seiner zehn Kinder und meine Mutter hatten Christus angenommen. Meine Mutter war eine gebildete Frau. Sie beherrschte drei Sprachen und hatte an der Schule Englisch unterrichtet, bevor sie ihren Beruf aufgab, um meinen Vater zu heiraten und die geachtete Mutter von zehn Kindern zu werden. Ich war ihre jüngste Tochter.

Es war eine große Last für unseren Vater, dass wir Christen geworden waren. Ich hörte durch meine Tür, wie er seine Gebete sprach, und begann, selbst zu beten: „Herr, bitte nimm du die Decke der Blindheit von den inneren Augen meines lieben Vaters weg, damit er auch die ganze Freude der Erlösung durch deinen Sohn Jesus kennenlernt. Bitte zeig du ihm, dass Jesus nicht nur ein Prophet ist, sondern der Sohn des lebendigen Gottes."

Ich beschloss, das neue knöchellange, graugrüne Kleid anzuziehen, das mir eine Freundin geschenkt hatte, und dazu High Heels. Dann bürstete ich mein langes braunes Haar. Für Gott wollte ich so schön wie möglich sein. Und pünktlich.

Ich gab meinen Brüdern und Schwestern einen Gutenmorgenkuss. „Ich muss gleich zum Gottesdienst."

„Erst musst du frühstücken", sagte meine älteste Schwester streng. Sie stellte mir eine Tasse Tee hin.

Ich trank den Tee und angelte einen Granatapfel aus der Obstschale. „Für mehr hab ich keine Zeit. Ich sing heute im Chor mit, und bevor wir üben, muss ich noch zu Adila."

Mein Vater kam in die Küche. „Grüß deine Schwester Adila von mir. Und bring sie mit. Was wohnt sie in der Kirche, wenn sie ein Zuhause und Eltern hat?"

„Ich werd's ihr sagen, Papa. Aber du weißt ja, dass sie gerade diese Ausbildung macht."

Adila war nur ein Jahr älter als ich. Hochgewachsen und schön, war sie vor Kurzem von einer Bibelschule in Europa zurückgekehrt und wohnte zurzeit im Gebäude unserer Gemeinde, wo sie eine Art Praktikum machte.

„Sag ihr, dass ich sie liebe. Und dich liebe ich auch, meine liebe Tochter", sagte Papa.

Ich warf ihm eine Kusshand zu, während ich aus der Küche rannte.

„Pass gut auf dich auf, Mädchen!", rief er hinter mir her. Spürte er die Feuerprobe, die vor uns lag? Erst vor zwei Tagen hatte die US-Botschaft ihr Personal abgezogen, wegen „konkreter Gefahr von Terroraktionen gegen Ausländer". Man hatte auch etliche andere Ausländer, die im Land lebten, vor der Bedrohung durch islamische Extremisten gewarnt, doch die Hirten, die unsere Gemeinde gegründet hatten, hatten mutig beschlossen, bei ihrer Herde zu bleiben.

Ich hatte keine Angst vor irgendwelchen Terroristen. Meine Gemeinde hatte andere Probleme: wegen unserer Regierung. Die Behörde für Religion und Kultus drohte uns mit dem Entzug der staatlichen Registrierung, weil wir evangelistische Aktionen in der Hauptstadt durchführten. Dreimal im vergangenen Jahr war mitten im Gottesdienst die Polizei gekommen, hatte Gemeindeglieder festgenommen, Literatur beschlagnahmt und mehrere Personen wegen „illegaler religiöser Propaganda" mit Strafen belegt.

Aber wir hatten alle keine Angst. Die Freude und der Friede von Jesus, die höher sind als alle Vernunft, füllten unsere Herzen und Sinne. Wir waren überzeugt, dass unser Herr seine Zusage halten würde, uns nie zu verlassen. Meine Mutter und mein Vater mochten Angst um uns, ihre Kinder, haben – ich hatte keine Angst. Wenn Gott für uns war, wer konnte dann gegen uns sein?

Ich sauste aus der Tür unserer Wohnung und hob mein Gesicht ins Sonnenlicht. „Herr, bitte zeige meinem lieben Papa, wie sehr du ihn liebst und wie sehr du uns, deine Kinder, liebst. Lass ihn die gleiche Freude der Erlösung erfahren wie uns."

Dann ging ich mit klappernden Absätzen den Gehsteig entlang. Mir war, als ob Jesus direkt neben mir ginge. Die Luft duftete nach Frühstück und Herbstlaub.

Meine Insel der Hoffnung

Mehrere Straßen weiter sah ich ihn vor mir, den drei Stockwerke hohen Komplex aus Bürohäusern und Wohnheimen, zu dem unser angemietetes Gebäude gehörte. Dies war meine innere Heimat, eine Insel der Hoffnung in einem Meer der geistlichen Finsternis.

Mein Land war zu 98 Prozent muslimisch, und obwohl wir eine Demokratie sein wollten, war die Religionsfreiheit mehr eine hehre Idee als eine Alltagsrealität. Wir hatten erst vor Kurzem einen brutalen Bürgerkrieg überstanden, der sich zu einem Religionskrieg zwischen den beiden Hauptrichtungen des Islam, den Sunniten und Schiiten, entwickelt hatte. Zur Spaltung in Sunniten und Schiiten war es nach dem Tod Mohammeds gekommen. Das arabische Wort *sunni* kommt von einem Wort, das bedeutet: „jemand, der den Überlieferungen des Propheten folgt". Die Sunniten glauben, dass der Nachfolger Mohammeds aus den Reihen derer gewählt werden sollte, die die größte Eignung für diese Aufgabe hatten, und so wurde Abu Bakr, der Unterstützer Mohammeds, der erste islamische Kalif. Das arabische Wort *shia* dagegen bedeutet: „die Partei oder Anhänger Alis". Für die Schiiten hätte Mohammeds Nachfolger sein Cousin und Schwiegersohn Ali sein sollen, also jemand aus Mohammeds Sippe.

Der jahrelange Bürgerkrieg zwischen Sunniten und Schiiten bei uns (angeblich ein Krieg um die Freiheit des Landes) hatte über 100.000 Todesopfer gefordert; dazu kamen noch die vielen Schwerverletzten, die für den Rest ihres Lebens mit körperlichen Behinderungen leben mussten. Es gab nur eines, in dem Sunniten und Schiiten sich einig waren, und das war ihr Christen- und Judenhass. In meinem Land wurde es toleriert, wenn jemand „als Christ geboren" worden war, doch ein Muslim, der von Mohammed und dem Koran zu Christus und der Bibel konvertierte, war in den Augen der radikaleren Muslime ein Abtrünniger und Verräter und eines grausamen Todes schuldig.

Ich betrat den heiligen Boden unserer Gemeinde und atmete erleichtert auf. Hier fühlte ich mich immer sicher, denn hier war Gott gegenwärtig.

Rasch zum Zimmer meiner Schwester im Wohnheim. Nanu, sie lag noch im Bett. Ihre dunklen Augen glänzten fiebrig.

„Adila! Bist du krank?" Ich kniete mich neben sie und legte die Hand auf ihre Stirn. Sie fühlte sich wie ein Glutofen an.

Adila blinzelte mich an und erwiderte mit matter Stimme: „Die Nacht war schrecklich."

„Was ist mit dir?" Die Farbe war aus ihrer schönen olivenfarbenen Haut gewichen. Ich legte die Hände auf ihren Kopf und betete zu Gott, sie zu heilen. Dann reichte ich ihr den Granatapfel, den ich von zu Hause mitgebracht hatte.

Sie flüsterte: „Bitte sag Mama und Papa nicht, dass ich krank bin. Sie würden sich nur Sorgen machen."

„Ist schon gut, keine Bange. Versuch einfach zu schlafen. Ich muss jetzt in die Chorprobe. Nach dem Gottesdienst komm ich wieder, bring dir einen Tee und bete ganz fest für dich. Ich werde die anderen im Chor bitten, ebenfalls für dich zu beten."

Meine Schwester nickte, legte den Kopf zurück aufs Kissen und schloss die Augen. „Danke. Ja, betet für mich, bitte."

Ich sauste über den Hof ins Nebengebäude, schneller als das Laub, das im Herbstwind tanzte, rannte in den Probenraum im Untergeschoss, schnappte mein Chorgewand vom Kleiderhaken und streifte es über.

„Hallo, Samaa! Das nenn ich pünktlich!", rief Wafa (der Name bedeutet „treu")[1], ein gut gelaunter junger Mann etwa in meinem Alter. Er war zusammen mit meiner Schwester Adila auf der Bibelschule gewesen und war ein guter Freund. Da er keine Geschwister hatte, behandelten wir ihn wie unseren Bruder.

Meine Freundinnen umarmten mich zur Begrüßung. Ich zog lachend das purpurrote Kreuz gerade, das vorne auf mein weißes Chorgewand gestickt war. Dann merkte ich, wie sinnlos das war, denn das ganze Begrüßen und Umarmen – wir begrüßten einander mit den traditionellen drei Wangenküssen – brachte das Gewand wieder hoffnungslos durcheinander.

Als wir gerade mit dem Einsingen anfangen wollten, kam meine Schwester Iman. Ich bat den Chor um ein kurzes gemeinsames Gebet für Adilas Genesung. Wo zwei oder drei im Namen von Jesus zusammen sind, ist er ja mitten unter ihnen und erhört ihre Bitten.

Schließlich verließen wir den Probenraum und stiegen die schmale Treppe zum Gottesdienstraum im zweiten Obergeschoss hoch. Die Chorstühle standen an der Stirnwand der Kirche, unter

---

[1] In meiner Kultur, aber auch in der Kultur der Bibel, ist die Bedeutung des Namens sehr wichtig. Ich werde daher immer wieder die Bedeutung von Namen erklären.

dem großen Holzkreuz. Von dort aus schauten wir direkt auf die gut gefüllten Holzbänke; an die 500 Gläubige mochten in der Kirche sein.

Eine packende Botschaft

Unser Hauptpastor war nicht da, sodass der zweite Pastor predigen würde, während mein guter Freund, Missionar Johnny (der Name bedeutet „Gott ist gütig"), die Gottesdienstleitung hatte.

Wir sangen „Halleluja", „Gott ist so gut" und „Preist den Herrn". Wir sangen von Gottes Liebe, Herrlichkeit und Majestät. Schauer der Freude durchliefen mich. Die Gesichter in den Bänken vor uns strahlten. Wir sangen: „Der Herr ist mein Licht und mein Heil und meine Kraft" und ich wusste: Jawohl, das war wahr!

Zwischen den Liedern erzählte Missionar Johnny Mut machende Geschichten über Gottes Treue und Segen, die Christen aus aller Welt erlebt hatten. Aber dann zog ein Schatten über sein Gesicht und ich wusste: Etwas bedrückte ihn. Er fuhr mit einer Geschichte über einen Missionar in China fort, der wegen seines Glaubens schwer verfolgt worden war. Als er endlich wieder zu Hause war, saß er im Rollstuhl und sie hatten ihm die Nase abgeschnitten.

Meine Schwester Iman, die neben mir saß, keuchte auf vor Entsetzen. Johnny fuhr fort: „Dies ist keine fröhliche Botschaft, aber der Herr hat mir gesagt, dass Verfolgungen auf uns zukommen und dass wir uns vorbereiten müssen. Jesus selber hat Verfolgung und Leiden erfahren und uns wird es nicht anders ergehen. Seid ihr bereit, für Jesus zu leiden? Seid ihr bereit, für ihn zu sterben?"

Es lagen ein solcher Ernst und eine solche Dringlichkeit in seiner Stimme, dass ich mich fragte, ob er vielleicht einen schlimmen Traum oder eine Vision gehabt hatte, dass er uns das fragte. Die ganze Gemeinde hing wie gebannt an seinen Lippen. Es war so still, dass ich durch die Fenster an beiden Seiten des Gottesdienstraumes die Vögel draußen singen hörte.

Johnny setzte sich und unser zweiter Pastor trat ans Rednerpult. Er schlug seine Bibel auf und las uns Matthäus 16,13-19 vor: „Als Jesus in die Gegend von Cäsarea Philippi kam, fragte er seine Jünger: ‚Für wen halten die Leute den Menschensohn?' Die Jünger erwiderten: ‚Einige meinen, du seist Johannes der Täufer. Andere halten dich für Elia, für Jeremia oder einen anderen Propheten.' – ‚Und für wen haltet ihr mich?', fragte er sie. Da antwortete Petrus: ‚Du bist Christus, der von Gott gesandte Retter, der Sohn des lebendigen Gottes!' – ‚Du kannst wirklich glücklich sein, Simon, Sohn des Jona!', sagte Jesus. ‚Diese Erkenntnis hat dir mein Vater im Himmel gegeben; von sich aus kommt ein Mensch nicht zu dieser Einsicht. Ich sage dir: Du bist Petrus. Auf diesen Felsen will ich meine Gemeinde bauen und selbst die Macht des Todes wird sie nicht besiegen können. Ich will dir die Schlüssel zu Gottes neuer Welt geben. Was du auf der Erde binden wirst, das soll auch im Himmel gebunden sein. Und was du auf der Erde lösen wirst, das soll auch im Himmel gelöst sein.'"

Der Pastor machte eine Pause und fuhr dann fort: „Wenn jemand euch fragt: Wer ist dieser Jesus, von dem ihr redet? Wer ist er?, werdet ihr selbst dann, wenn ihr damit rechnen müsst, verfolgt zu werden, den Mut haben, wie Petrus zu sagen: ‚Er ist Christus, der Sohn des lebendigen Gottes'?"

Verfolgung? Bei uns? Aber hatten wir nicht auch Gottes Verheißungen gehört? Ich musste daran denken, dass selbst die Pforten der Hölle uns nicht besiegen konnten und dass Jesus den Tod überwunden hatte. Und ich spürte, wie die stille Freude, mit der dieser Morgen begonnen hatte, zurückkam.

Nach der Predigt kam die Kollekte. Ich schaute kurz zur Uhr an der hinteren Wand hin. Es war ein paar Minuten vor zwölf. Iman ging kurz in einen Nebenraum, um die Blumen zu holen, die wir immer den Gottesdienstbesuchern schenkten, die zum ersten Mal da waren.

Der Chorleiter hob die Hand und wir standen für das nächste

Lied auf: „Glory, glory, halleluja". Es war mein Lieblingslied und wir stimmten es voll Freude an. Der mitreißende Rhythmus, die Melodie, der Text – sie gaben mir so viel innere Kraft und Zuversicht. Ich spürte sie wieder, die schiere Freude darüber, für meinen Jesus singen zu dürfen und ihn anzubeten.

Plötzlich ein greller Blitz und ein ohrenbetäubendes Krachen. Das ganze Gebäude bebte, wie bei einem Erdbeben. Ich packte instinktiv die Rückenlehne meines Stuhls, um nicht zu Boden zu stürzen. Einen Augenblick lang war ich wie betäubt von dem Lärm, der wie tausend Posaunen gleichzeitig klang.

Chaos

Schwarzer Rauch überall. In der Mitte des Saales schien irgendetwas vorzugehen. Was, konnte ich nicht ausmachen. Ich fühlte mich, als ob ich unter Wasser wäre oder meine Ohren mit Watte verstopft wären. Der beißende Gestank von Qualm biss mir in die Augen. Ich musste husten.

Stimmen: „Was ist da passiert?" – „Ist jemand verletzt?" – „Was sollen wir machen?"

Ich versuchte, durch den Rauch und den Staub etwas zu sehen, und rief in Imans Richtung: „Bist du okay?" Aber halt, sie war ja hinausgegangen. Ich rief: „Was war das? Was war das?"

„Keine Ahnung!" Die anderen waren genauso ratlos wie ich.

Ich dachte: *Ist das vielleicht Jesus, der wiedergekommen ist?* Konnte das sein? War es das – die Wiederkunft unseres Herrn? Ich starrte weiter in den Rauch und spitzte die Ohren. Dann betete ich plötzlich – ich wusste selbst nicht, wie – laut die Worte aus Offenbarung 22,17: „Der Geist und die Braut sagen: ‚Komm!'" Und dann begann ich, das Lied zu singen. Ich schaute zur Seite. Viele andere im Chor hatten die Hände erhoben und sangen mit: „Amen! Komm, Herr Jesus, komm!"

War das möglich? War Jesus da und rief uns nach Hause?

Ich spürte keinerlei Angst, nur Verwirrung. Wenn es für das hier keine geistliche Erklärung gab, war es dann vielleicht ein Unfall?

Der Staub begann sich zu verziehen. Jetzt sah ich, dass mehrere Fenster zersplittert waren. Ich hörte Rufe und Schreie, konnte aber die Worte nicht verstehen.

Seit dem Bürgerkrieg hatte es in meinem Land viele Stromausfälle und andere Pannen gegeben. Vielleicht war das gerade nur ein Kurzschluss gewesen oder so etwas Ähnliches?

Schnell wurde ich eines anderen belehrt. Ein Mann aus unserer Gemeinde, der beim Militär war, kam nach vorne gerannt und rief mit den Armen fuchtelnd: „Raus, alle raus! Das war eine Bombe, vielleicht gibt's noch mehr! Geht nach draußen, schnell!"

Jetzt brach das Chaos los. Angstschreie. Der einzige Ausgang, am hinteren Ende des Saals, war gerade breit genug für zwei Personen; jetzt versuchten fünfhundert gleichzeitig, sich durchzuquetschen.

Von dem plötzlichen Strom wurde ich mitgerissen. Ich hätte mich nicht umdrehen und in die andere Richtung gehen können, selbst wenn ich gewollt hätte. Adila lag krank in ihrem Zimmer, und meine anderen Geschwister waren nicht hier, aber wo war Iman? Sie war hinausgegangen, um die Blumen zu holen, und immer noch war sie nirgends zu sehen!

Jetzt standen wir in der Mitte des Saals. Ich japste. Im Fußboden klaffte ein Loch, das einen Meter breit sein mochte! Bänke und Stühle waren von der Explosion halb zerfetzt. Auf den Trümmern lagen Leichen. Da, wo die Bombe hochgegangen war, war alles zerstört. In der Decke war ebenfalls ein Loch.

Als der Rauch sich weiter verzog, sah ich noch mehr. Gemeindeglieder, die blutend auf dem Boden lagen. Ihre Schmerz- und Hilfeschreie mischten sich mit dem allgemeinen Lärm der Menschen, die panisch zum Ausgang drängten. Einige begannen, den Verletzten zu helfen.

Aischa, eine liebe Freundin von mir, mit der ich zusammen in der Gottesdiensttanzgruppe war, hielt ihre Hände gegen den Bauch gepresst. Sie versuchte zu gehen, aber zwischen ihren Fingern sickerte Blut durch. Sie sagte kein Wort, aber ihre verängstigten Augen sprachen Bände.

Ich packte sie an der Schulter und versuchte, sie zum Ausgang zu ziehen. Sie fühlte sich an wie ein nasser Sack. Ihre Füße versagten fast und sie schwankte, als wollte sie jeden Augenblick umkippen.

Um mich herum schienen meine Freunde wie die Fliegen zu sterben und ich stand hilflos mittendrin.

Ich stolperte zu einer der Bänke, die in zwei Stücke zerbrochen war. Sie standen in einem bizarren Winkel voneinander ab. Überall Blut, als habe jemand einen Eimer rote Farbe ausgekippt. Ich musste meine Freundin hier rauskriegen, ich musste Hilfe für sie holen! Aber der Ausgang schien so weit weg zu sein. Kamen wir überhaupt vorwärts? Oder würde ich für immer in diesem Gebäude festsitzen?

„Gott, hilf uns", flüsterte ich. Als Antwort kam etwas wie ein sanfter Hauch und ich spürte einen tiefen Frieden, aber mein Körper zitterte weiter von den schockierenden Eindrücken, mit denen meine Augen und Ohren bombardiert wurden.

Zersplitterte Bänke, Scherben von Fensterscheiben. Ölig schwarzer Staub senkte sich über alles. Ich würgte und hustete. Mit der einen Hand versuchte ich, den Mund zu bedecken, während ich mit der anderen meine Freundin stützte. Um mich herum ein Albtraum aus Tod, Blut und schrecklichen Verletzungen, den ich nicht aus meinem Blick aussperren konnte.

Luft, ich brauchte Luft! Ich legte meine Freundin auf die Reste einer Bank und ging zum nächsten Fenster. Von der Fensterbank waren nur noch Reste übrig. Eine Stimme in meinem Ohr forderte mich auf, mich hinauszulehnen und zu dem Bürgersteig unten hinunterzuschauen.

„Spring", flüsterte die Stimme. „Das ist das Beste. Wenn du hier bleibst, erstickst du … oder verbrennst … oder wirst zu Tode getrampelt. Spring!"

Ich wusste, dass es der Teufel war, der mich in den Selbstmord treiben wollte. Ich würde drei Stockwerke tief fallen, es wäre der sichere Tod. Aber nur Gott, der mir mein Leben gegeben hatte, hatte das Recht, es mir wieder zu nehmen. Ich stemmte mich innerlich gegen die verführerische Stimme. *Satan, geh weg von mir, im Namen von Jesus!*

Im gleichen Augenblick sah ich, wie die Frau von Missionar Johnny versuchte, durch das Fenster nebenan zu klettern. Ihr Gesicht war von Ruß und Blut verschmiert, ihr Blick war das reine Entsetzen. Schon hatte sie den einen Fuß auf die Fensterbank gesetzt.

Ich bekam sie gerade noch rechtzeitig zu fassen. „Mach das nicht!", sagte ich leise. „Wir schaffen das schon über die Treppe, wir sind gleich unten."

Sie ließ sich aufschluchzend in meine Arme fallen und nickte. Zwei andere Gemeindeglieder waren schon dabei, sich um Aischas Bauchwunde zu kümmern, und ich blieb bei Johnnys Frau. Wir schafften es zum Ausgang, über verlorene Schuhe, weggeworfene Handtaschen und Rucksäcke stolpernd, und stiegen zum ersten Stock hinunter. Johnnys Frau, die sich wieder beruhigt hatte, nickte mir ihr „Danke" zu und drehte sich zur Seite, um jemand anderem zu helfen.

Auf dem Treppenabsatz des ersten Stocks rief jemand meinen Namen. „Samaa! Hilf uns!" Durch eine halb geöffnete Tür, die in einen dunklen Gang führte, winkte ein Arm in meine Richtung. „Hier sind lauter Leute, denen es die Kleider weggerissen hat!"

In meiner Kultur ist es eine Schande, sich nackt zu zeigen. Die Frauen da drinnen würden buchstäblich lieber sterben.

„Samaa", fuhr die Frauenstimme fort, „hilf uns, bitte! Bring uns was zum Anziehen!"

Ich schlüpfte aus meinem Chorgewand und warf es durch die

Tür. „Das ist schon mal für eine! Ich komm gleich mit mehr wieder!"

Ich dachte an Adila in ihrem Zimmer im Nachbargebäude. Von der könnte ich mehr Kleider borgen. Und gleichzeitig sehen, wie es ihr ging.

Als ich in den Hof trat, kam Adila mir entgegengerannt. „Gott sei Dank, du lebst!" Sie warf sich mir an den Hals.

„Ja, ich bin okay", erwiderte ich. „Aber ich hab jetzt keine Zeit." Ich erklärte ihr in ein paar Worten die Situation und wir rannten gemeinsam auf ihr Zimmer, wo wir uns jede einen Arm voll Kleidung schnappten. Ich schlüpfte aus meinen High Heels in normale Straßenschuhe und band mein Haar zusammen, damit ich schneller laufen konnte. „Es sind so viele, die Hilfe brauchen", erklärte ich.

„Warte", sagte Adila. „Nebenan gibt's Decken, Laken und Handtücher."

Wir rannten mit unseren Bündeln zurück zur Kirche. Dort war man dabei, die Schwerverletzten hinauszutragen und säuberlich in Reihen entlang der Mauern hinzulegen. Dann sah ich endlich Iman, die dabei war zu helfen. Die Zeit reichte nur für eine kurze Umarmung.

„Ich bleib draußen und helf den Verletzten", sagte Adila.

„Ich bring eben die Kleider rein! Bin gleich zurück!", erwiderte ich.

Als Iman sah, dass ich zurück ins Gebäude ging, wollte sie mit, aber sie spürte eine innere Stimme, die „Nein" sagte. Erst ignorierte sie diese Stimme, aber dann kam sie wieder, und diesmal gehorchte Iman und blieb draußen, um mit Adila Verletzten zu helfen.

Jetzt musste ich mich gegen den Strom vorkämpfen. Genauso erging es unserem Freund Wafa, der beim Hinaustragen der Schwerverletzten half. So viele verstörte Menschen versuchten noch, nach draußen zu gelangen, dass wir es nicht zurück in den ersten Stock schafften. Wir blieben im Treppenhaus stecken und beschlossen zu warten, bis der größte Ansturm sich gelegt hatte.

Das Bündel aus Decken, Betttüchern und Handtüchern, das ich trug, war so schwer, dass ich mich an einen Holzkasten lehnte, der an der Wand befestigt war und zur Aufbewahrung des Feuerlöschers diente. Ich holte Luft und schaute kurz auf meine Armbanduhr. Dreißig Minuten waren vergangen seit der Explosion. Ein anderer Freund, Sabir, trat zu mir. Er hatte ebenfalls geholfen, die Verletzten nach draußen zu tragen. Sein Hemd war blutverschmiert.

„Alles klar?", fragte ich und legte eine Hand tröstend auf seine Schulter.

Im gleichen Augenblick explodierte die zweite Bombe. Sie war in dem Feuerlöscherschrank versteckt gewesen, vor dem ich stand.

Die Wucht der Explosion schleuderte mich hoch und gegen die gegenüberliegende Wand. Ich bekam keine Luft mehr. Ich hörte und sah nichts mehr, doch gleichzeitig fühlte mein ganzer Körper sich an, als ob er brannte. So ähnlich musste es sein, wenn man in einem Gewitter vom Blitz getroffen wurde.

Der Schmerz war fürchterlich. Ich fühlte mich, als ob der Todesengel mich erwürgte. Luft, Luft …

In der Bibel heißt es in Römer 10,13: „Jeder, der den Namen des Herrn anruft, der wird von ihm gerettet." Ich konnte nicht sprechen, aber mein Herz schrie: *Jesus! Jesus, hilf mir! Jesus, rette mich!* Ich keuchte auf und tat einen letzten Atemzug.

Dann verließ meine Seele meinen Körper und alles wurde schwarz.

2
WUNDERKIND

———◦———

*I*n den 1980er-Jahren, als ich geboren wurde, stand mein Land noch unter der Herrschaft der Kommunisten. Aber obwohl meine Eltern also in einem kommunistischen Land aufwuchsen, folgten sie der muslimischen Kultur. Eine große Familie war ein Zeichen dafür, dass Allah einen gesegnet hatte. Meine Eltern stammten aus Familien, die miteinander befreundet waren; sie hatten sich schon als Kinder gut gekannt.

Die Schwester meiner Mutter war mit dem Onkel meines Vaters verheiratet, und die beiden fanden, dass Ibraheem und Sarah ("Sarah" bedeutet "Prinzessin") das perfekte Paar wären. Das sahen meine Großeltern genauso. Mein Vater war ein intelligenter Mann, der gerade seinen Doktor in Philosophie machte. Da ihre Tochter ebenfalls gebildet war, wünschten meine Großeltern, dass sie einen Mann bekam, der ihr geistig ebenbürtig war.

Aber gleichzeitig war es auch eine Liebesheirat. Mama war 20 und Papa 30, als sie in den 1960er-Jahren heirateten. Mein Vater fand, dass er mit meiner Mutter, die für ihre Schönheit und Intelligenz bekannt war, die Eroberung seines Lebens gemacht hatte. Mama war Englischlehrerin, aber sie hängte ihren Beruf an den Nagel, als sie meinen Vater heiratete. Jetzt war er die Mitte ihres

Lebens; sie war entschlossen, seinem Namen („Ibraheem" bedeutet „Vater der Menge") Ehre zu machen und ihm viele Kinder zu schenken.

Meine Eltern betrachteten Kinder als Segen Allahs und wollten daher so viele wie möglich. Als sie nach drei Jahren immer noch keins hatten, begannen die Leute sich zuzuflüstern, dass sie verflucht seien (Unfruchtbarkeit gilt in der muslimischen Kultur als Fluch).

Doch dann gebar meine Mutter einen Sohn, was Anlass zu einer großen Feier war. Mein Vater nannte den Jungen *Daniyal* („Gott ist mein Richter"). Doch die Freude wich bald der Trauer. Daniel war nicht gesund; mit ganzen drei Monaten starb er nach einer Magenoperation. Es war ein furchtbarer Schlag für meine Eltern. Die Klatschbasen erklärten, dass sie also doch verflucht waren, und meine untröstliche Mutter verlor alle Hoffnung.

Doch schon im nächsten Jahr war das Leid zu Ende, mit der Geburt meines Bruders Suleyman („Friede"). Es folgten rasch acht weitere Kinder: mein Bruder Musa („Aus dem Wasser gezogen", „Gerettet"), meine Schwester Mubarak („Gesegnete"), mein Bruder Dawud („Geliebter"), meine Schwestern Muqaddas („Heilig"), Iman („Glaube"), Malika („Königin"), Adila („Gerechte") und ich.

Adila war nur ein Jahr vor mir geboren worden, und meine Mutter hatte Schwangerschaft und Geburt mit Bravour hinter sich gebracht. Doch mit mir war es eine andere Geschichte.

Mamas Kampf

Meine Mutter war eine zierliche Person. Sie hat mir später erzählt, dass sie fast ständig Schmerzen hatte, während sie mit mir schwanger war. Ihre Arme und Beine schwollen furchtbar an.

In unserem städtischen Krankenhaus gab es gut ausgebildete Ärzte und Schwestern, aber kein Ultraschallgerät. Meine Eltern hatten keinen Schimmer, ob ich ein Junge oder ein Mädchen war. Freundinnen meiner Mutter tippten auf ein Mädchen, weil meine Mutter sich angeblich so bewegte. Mein Vater hoffte als guter Muslim auf den nächsten Jungen. Er hatte schon fünf Mädchen, aber nur drei Jungen, und im Islam stehen Töchter nicht so hoch im Kurs wie Söhne.

Trotz ihrer Probleme trug meine Mutter mich bis zur Geburt aus. Es war ein früher Sonntagmorgen, als die Wehen begannen, die rasch heftiger wurden. Als mein Vater der ein Jahr alten Adila ihren Brei gab, versprach er ihr: „Wenn wir wiederkommen, bringen wir dir ein neues Brüderchen oder Schwesterchen mit – was Allah will."

Adila war noch zu klein, um ihn zu verstehen, aber meine Geschwister wussten Bescheid und hofften alle auf einen Bruder. Suleyman, mein 13-jähriger Bruder, sagte: „Mama, bitte bring uns einen Bruder. Wir Jungen sind in der Minderheit."

„Ich tu mein Bestes", lachte Mama.

Meine Eltern gingen und Suleyman war jetzt der Mann im Haus. Papa half meiner Mutter die Treppe von unserer Wohnung im ersten Stock hinunter auf die belebte Straße. Ein Taxi brachte die beiden ins Krankenhaus. Die Wehen wurden heftiger.

Mein Vater lächelte, als sie im Krankenhaus eintrafen. Der Fluch der Unfruchtbarkeit war ohne jeden Zweifel gebrochen …

Auf der Entbindungsstation wurde meine Mutter sofort untersucht und in den Kreißsaal gebracht. Mein Vater durfte nicht mit, denn Männer durften bei Geburten nicht dabei sein. Er wartete geduldig draußen auf der Straße. Das Wetter war warm und angenehm. Nachdem er die Sache bereits neun Mal mitgemacht hatte, glaubte Papa nichts anderes, als dass auch diese Geburt schnell über die Bühne gehen würde. Er behielt das Fenster im Blick, in dem sicher bald eine Krankenschwester erscheinen würde, um ihm das Neugeborene zu zeigen.

Im Kreißsaal untersuchte die kommunistische Hebamme meine

Mutter und versuchte, den Kopf des Kindes zu ertasten. Sie machte eine besorgte Miene. In der Amtssprache des Landes (die nicht unsere Muttersprache war) sagte sie zu ihrer Kollegin: „Das sollten wir wegmachen. Ich glaub, das ist ein Tumor und kein Kind."

Sie wusste nicht, dass meine Mutter fließend drei Sprachen sprach und jedes Wort verstand. Meine Mutter hob den Kopf und befahl, ebenfalls in der Amtssprache: „Rühren Sie mein Kind nicht an!"

Die Hebamme machte ein überraschtes Gesicht, erwiderte aber: „Madame, es ist besser, wenn wir das Ding da drinnen abtreiben."

Ding? Abtreiben? Meine Mutter, die bereits neun Geburten hinter sich hatte, wusste ohne jeden Zweifel, dass sie ein gesundes Kind in sich trug. Sie sagte: „Meinem Kind fehlt nichts und ich erlaube nicht, dass Sie es abtreiben!"

„Madame, ich helfe jeden Tag bei Entbindungen und ich sage Ihnen: Dies ist kein Kind, sondern irgendein Gewächs!"

Meiner Mutter rann der Schweiß übers Gesicht. Der Schmerz der Wehen war fast unerträglich, aber sie war nicht bereit, dem Drängen der Hebamme nachzugeben. Sie hatte fast keine Kraft mehr und mein Vater durfte nicht bei ihr sein; dies war ein Kampf, den Mama ganz alleine durchfechten musste.

„Wenn es ein Kind ist, liegt es fast mit Sicherheit verkehrt herum", fuhr die Hebamme fort. „Es wird die Geburt nicht überleben, und wenn wir nicht bald handeln, müssen Sie sterben."

„Holen Sie jemand anderes", keuchte meine Mutter. „Sie werden mein Kind nicht töten!"

Die beiden Schwestern sahen sich vielsagend an und gingen, um eine jüdische Ärztin und Hebamme zu holen, die im ganzen Land für ihre Kunst bekannt war. Sollte das Krankenhaus doch der die Schuld in die Schuhe schieben, falls meine Mutter starb … Mein Vater war immerhin Rechtsanwalt und eine bekannte Persönlichkeit in der Stadt.

Die Ärztin kam und untersuchte meine Mutter und schon war der Fall klar: Ich lag mit dem Kopf nach oben und nicht, wie eigentlich notwendig, nach unten im Geburtskanal. Doch schlimmer noch: Ich steckte fest und konnte gar nicht herauskommen. Kein Wunder, dass es die schlimmsten Wehen waren, die meine Mutter je erlebt hatte.

Die jüdische Ärztin erkannte den Ernst der Lage sofort. Sie sagte: „Wenn wir Mutter und Kind retten wollen, müssen wir sofort einen Kaiserschnitt machen." Meine Mutter, die immer noch glaubte, dass man mich umbringen wollte, protestierte, aber man verabreichte ihr eine Narkose, und wenige Minuten später, um 15 Uhr an diesem Sonntagnachmittag, holten sie mich heraus.

Sofort begann ich zu schreien. Ich war eindeutig ein Mensch und kein Gewächs, und es war zu spät, um mich zu töten. Ich bin überzeugt, dass Gott selbst mich damals gerettet hat und dass er etwas mit mir vorhatte. Mein Überleben verdanke ich der Kompetenz einer jüdischen Ärztin in einem kommunistischen Krankenhaus, das von Muslimen geführt wurde.

Während meine Mutter sich noch von der Operation und der Narkose erholte, holte man meinen Vater. Er war der Erste, der mich im Arm halten konnte.

Als Mama aufwachte, waren ihre ersten Worte: „Ibraheem! Wo ist mein Kind? Wie geht es ihm?"

Man legte mich in ihre Arme. Sie weinte vor Freude, als sie sah, dass ich lebte. „Mein Wunderkind", murmelte sie.

In meiner Kultur gibt es ein großes Trara im Krankenhaus, wenn ein Sohn zur Welt gekommen ist. Ärzte und Schwestern kommen, um der Mutter zu gratulieren; Verwandte bringen Geldgeschenke und Kuchen. So war es bei mir nicht; die Einzigen, die sich freuten, waren meine Eltern. Für die anderen waren sie eher bemitleidenswert, denn Mädchen hatten sie ja mehr als genug. Doch mein Vater und meine Mutter betrachteten mich voller Liebe. Mama hat mir später erzählt, dass ihr die Tränen kamen, als sie mein Gesicht betrachtete und erkannte, wie nah sie daran gewesen waren, mich zu verlieren.

Als ich geboren wurde, war sie 37 Jahre alt. Sie musste acht Tage im Krankenhaus bleiben, bis sie sich vom Kaiserschnitt und der schweren Geburt erholt hatte. Als die Nachricht kam, dass ihr neues Schwesterchen endlich nach Hause kam, waren meine Schwestern begeistert.

Meine älteste Schwester Mubarak war neun Jahre alt. Sie war so aufgeregt, dass sie zu allen Nachbarn rannte und Freudentänze aufführte: „Mama hat ein wunderschönes Mädchen gekriegt und heute kommen sie nach Hause!"

Meine Brüder Suleyman und Musa spielten draußen Fußball, als sie zu ihnen kam. Sie gaben sich unbeeindruckt. „Noch 'n Mädchen", murmelten sie.

Doch schon bald wurde ich der Liebling aller meiner Geschwister. Für sie und ihre Freunde war ich wie eine lebendige Puppe. Vielleicht lag es auch an meinem schwierigen Start in die Welt, dass sie mich umso mehr liebten. Nur bei zwei von seinen Kindern bestand mein Vater darauf, ihnen selbst den Namen zu geben: bei seinem ersten Sohn, Daniyal, und bei mir, seiner letzten Tochter.

Er nannte mich *Mariam*, was „Liebe" bedeutet.

Für meine Mutter war ich immer ihr „Wunderkind".

3
Als Muslimin geboren

———◆———

Ich wuchs in zwei Kulturen auf, der des Nahen Ostens und der des Westens. Mein Heimatland hatte durch den Einfluss des modernen Industriezeitalters manche westlichen Züge angenommen, und in unserem Viertel gab es Juden und orthodoxe Christen, aber die allermeisten Menschen in meinem Land waren sozusagen als Muslime geboren, was bedeutete, dass sie buchstäblich bis zu ihrem Tod dem Islam und Koran treu zu bleiben hatten. Im Koran steht, dass ein Muslim, der zu einer anderen Religion konvertiert, den Tod verdient hat. Schon als kleines Kind wusste ich: Als Muslimin war ich geboren und als Muslimin würde ich sterben.

Die sunnitischen wie die schiitischen Frauen waren verschleiert, doch das Gesicht durfte frei bleiben. Auf dem Land trugen viele Frauen den traditionellen blauen, schwarzen oder weißen Schleier, in der Stadt eher die bunt bestickten traditionellen langärmeligen, knöchellangen Kleider.

Wir hatten ein typisch nahöstliches Zuhause. Zum Essen saßen wir auf länglichen Kissen auf dem Fußboden und aßen mit der rechten Hand – derselben Hand, die wir auch zum Begrüßen von Gästen benutzten. Niemals benutzten wir zum Essen oder Begrüßen die linke Hand, denn die war zum Reinigen des Körpers (zum Beispiel beim Gang zur Toilette) da und galt daher als unrein. Unser Tisch war immer reichlich gedeckt, mit Lamm-Kebab, Pita-Brot, diversen Gemüsen, Tabouleh (Bulgursalat) und Suppen; zum Nachtisch gab es Tee, Baklavas, frisches Obst und Dörrobst. Wir waren sehr familienbewusst und aßen alle unsere Mahlzeiten zusammen, unter viel Gespräch und Lachen. Unsere Tischgespräche konnten stundenlang dauern und reichten von politischen Themen bis zu Schule und Sport.

Als Nesthäkchen wurde ich reichlich verwöhnt. Für meine Geschwister war ich der Schatz der Familie.

Ich hatte eine sehr geborgene Kindheit. Zwar vermisste ich meine fünf älteren Schwestern, als sie jeden Tag zur Schule gehen mussten, aber dafür konnte ich mit gleichaltrigen Freundinnen aus unserem Mietshaus spielen. Wir kamen aus muslimischen, jüdischen und christlichen Familien, aber das machte uns nichts. Die religiösen und politischen Trennungen zwischen den Erwachsenen waren mir ein Buch mit sieben Siegeln.

Meine beste Freundin war meine Schwester Adila. Wenn sie in der Schule war, war meine Lieblingsspielkameradin ein Lockenkopf namens Gamila („Schön"). Gamila gehörte zur sunnitischen Familie in der Nachbarwohnung. In den langen, kalten Wintermonaten, wenn der Wind von den Bergen herabfegte, tollten wir draußen im Schnee oder spielten in unserer oder in Gamilas Wohnung. Tagsüber waren die Wohnungstüren nicht verschlossen und oft rannten wir kichernd und schwätzend von einer Wohnung in die andere.

Gamilas Mutter war die Freundin meiner Mama. Sie war eine vollschlanke, riesig nette Frau, die gerne kochte und dabei im Radio Volksmusik unseres Landes hörte. Gamila und ich durften ihr helfen, wenn sie die großen Mahlzeiten für die Familie richtete, sodass ich schon als Kind eine Expertin im Brotbacken und Kochen meiner Lieblingsspeisen wurde.

Meine Mutter brachte uns unsere Schrift bei und wie man Geschichten las und führte uns in die Anfangsgründe der englischen Sprache ein.

In der Schule

Als ich endlich alt genug für die Grundschule war, war ich ganz aufgeregt. Ich probierte die europäisch geschnittene schwarzweiße Schuluniform an, die meine Schwestern in ihren ersten Schuljahren getragen hatten. Mama musterte mich und sagte dann: „Du bist die Letzte und ich glaube, du hast genug Sachen von deinen Schwestern aufgetragen. Komm, Mariam, wir fahren in die Stadt, einkaufen."

Noch am gleichen Tag kaufte sie zusammen mit mir eine nagelneue Schuluniform. Wir stiegen in den Bus. Ich durfte am Fenster sitzen, aber anstatt hinauszuschauen, sah ich meine Mutter an. Sie war so schön. Ein bunt besticktes Kopftuch rahmte ihr ovales Gesicht mit dem dichten, dunklen Haar ein. Ihre Augen strahlten vor Freude, als sie meine Hand nahm.

Die Welt war in Ordnung, als wir in dem voll besetzten Bus durch die friedlichen Straßen fuhren. Ich kam mir vor, als wäre ich das einzige Kind meiner Mutter. Während wir ausstiegen, lächelte Mama mich an und sagte: „Jetzt bist du ein großes Mädchen, das seine erste Schuluniform kriegt. Was meinst du, Mariam – was möchtest du mal sein, wenn du groß bist?"

Ich drückte ihre Hand. „Ich möchte so sein wie du, Mama. Ich möchte alles lernen und Englisch sprechen können und eine Lehrerin sein, wie du."

Sie erwiderte lachend und auf Englisch: „Danke."

„Keine Ursache", antwortete ich, ebenfalls auf Englisch.

Sie lachte wieder und ich wusste: Ich hatte ihr gerade eine Freude gemacht. Das war mein großes Ziel im Leben: bei allem, was ich tat, meiner Mutter, meinem Vater und meiner Oma Freude machen.

Meine Mutter träumte manchmal davon, nach England oder in die USA zu reisen. Ich sagte dann immer: „Das wäre fantastisch, Mama! Bitte nimm mich mit, dann können wir zusammen unser Englisch üben." Meinem Vater sagte ich gerne, dass ich Rechtsanwältin werden wollte, wie er. Meine Großmutter wollte, dass ich Ärztin wurde. Etliche meiner Verwandten waren Ärzte oder Rechtsanwälte oder studierten in der Richtung. Durch meine Eltern wusste ich, dass der Weg zur Erfüllung meiner Träume Bildung hieß.

Mein erster Schultag war also da. Meine Mutter bürstete mir das Haar und band es zusammen. Mubarak, meine älteste Schwester, half ihr. Dann musste ich mich zur Begutachtung neben meine fünf Schwestern stellen. Wir standen da wie die Orgelpfeifen. Mama legte bewundernd den Kopf zur Seite. „Schöööön …"

Papa verschränkte die Arme. „Sechs Mädchen. Das ist die halbe Miete für meine private Frauenfußballmannschaft." Er legte uns seine großen Hände segnend auf die Köpfe. „Mariam, du wirst die Mittelstürmerin. Verstehst du, was ich meine?"

„Meinst du, ich soll immer ganz schnell rennen?" Ich war voller Energie und eine große Läuferin. Wo ich ging, rannte ich. Wenn ich morgens nach dem Familienfrühstück aus dem Haus lief, hörte ich immer, wie meine Mutter mir hinterherrief: „Nicht rennen, Mariam, nicht rennen!"

Mein Vater lachte dröhnend. „So ähnlich." Er sah Adila an. „Adila, kannst du Mariam das erklären?"

Adila war nur ein Jahr älter als ich, aber sie genoss es, „die Große" zu sein. „Der Mittelstürmer schießt die Tore. Papa meint, dass du alles, was du machst, so tun sollst, dass du gut spielst und gewinnst. Du sollst für die ganze Mannschaft das Siegestor schießen."

„Das ist richtig", meinte Papa. „Versuch dein Allerbestes."

„Das mach ich, Papa", erwiderte ich. „Ehrenwort."

Mein Vater nannte mich immer seine Prinzessin. Er glaubte an mich und unterließ nichts, um mir Mut zu machen. Er und meine Mutter schärften mir ein: Wovon auch immer ich träumte, ich würde es verwirklichen können.

Man umarmte und küsste sich und dann gingen wir hintereinander wie eine kleine Gänseschar zur Schule. Sie war nur ein paar Minuten Fußweg entfernt. Meine Freundinnen Gamila und Munira („Die Leuchtende") kamen mit. Wir fühlten uns richtig groß und erwachsen.

Von diesem ersten Schultag an wurde mir klar, was mein Vater gemeint hatte mit seiner Aufforderung, immer ganz vorne zu sein. Meinen Eltern Ehre zu machen, war mein großes Motiv für alles und jedes. Ich liebte die Schule, genoss den Unterricht und war in meiner Klasse immer eine der Besten. Es war eine gemischte Klasse, mit Jungen und Mädchen; nur den islamischen Religionsunterricht erhielten wir getrennt.

Ich war auch gut in Sport und wurde die Kapitänin der verschiedenen Mannschaften. Am meisten mochte ich Basketball, Volleyball und Turnen. Ich lernte auch Volkstanzen und Ballett. Ich war ständig in Bewegung. Mehr als einmal stürzte ich so, dass ich genäht werden musste, aber ich brach mir nie etwas. Ich wurde eine richtige Anführerin, die oft ihre Freundinnen zu Sport und Spielen einlud.

So war ich also eine gute Schülerin und beliebte Freundin, aber tief innen sehnte ich mich nach mehr. Ich wollte nicht nur meinen Eltern Freude machen, sondern auch Gott. Was sehnte ich mich danach, die Stimme Allahs zu hören und ihn kennenzulernen – aber er sprach nie zu mir.

Unfälle

Solange in unserem Land Frieden herrschte, konnte ich mich frei bewegen. Schon als Kleinkind war ich voller Energie gewesen. Als Grundschülerin schlug ich an einem Brunnen begeistert meine Purzelbäume. Eines Tages verlor ich dabei vor lauter Tatendrang das Gleichgewicht, sodass ich aufs Gesicht fiel und mir das Kinn aufschlug. Überall war Blut. Man musste mich ins Krankenhaus fahren, wo ich genäht wurde. Meine arme Mutter bekam von dem Schreck fast einen Herzanfall. Es sah schlimmer aus, als es war, aber noch heute kann man die Narbe an meinem Kinn sehen.

Ein anderes Mal rannte ich so schnell, dass ich nicht mehr rechtzeitig anhalten konnte, als plötzlich vor mir eine Tür aufging. Ich knallte mit der Stirn in die Tür, dass ich fast ohnmächtig wurde. Wieder floss jede Menge Blut und wieder musste ich ins Krankenhaus und genäht werden.

Die Wunde war noch nicht richtig verheilt, als ich in der Schule so gegen einen Garderobenschrank rannte, dass der auf mich fiel und die andere Seite meiner Stirn ruinierte. Meine armen Lehrer! Im Krankenhaus kannten sie mich schon. Doch trotz aller Unfälle brach ich mir nie etwas, anders als meine Geschwister, die alle irgendwann im Winter auf den vereisten Straßen ausrutschten und sich etwas brachen.

Langsam wurde ich älter, aber nicht langsamer. Als ich fast sieben Jahre alt war, war ich einmal draußen und nahm einen Anlauf, um irgendwo ins Wasser zu springen, als ich plötzlich auf etwas Scharfes, Spitzes trat. „Autsch!" Der Schmerz schoss mir wie ein Blitz durch und durch, sodass ich hinstürzte.

Es tat so weh, dass ich niemanden an meinen Fuß heranließ. Als ich wieder zu Hause war und ein Arzt kam, um meinen Fuß, der vor Schmerz pochte, zu untersuchen, machte ich so ein Theater, dass er es schließlich aufgab und achselzuckend wieder ging. Die nächsten drei Monate ging ich wie eine Ballerina auf Zehenspitzen, damit die Ferse meines wehen Fußes nicht den Boden berührte. Meine Mutter war fix und fertig, aber ich weigerte mich stur, den Fuß untersuchen zu lassen.

Im Sommer besuchte ich immer entweder meine Großmutter oder Onkel und Tanten, die in anderen Städten wohnten. In diesem Sommer fuhr ich zur Schwester meiner Mutter und deren Mann; es waren dieselben Leute, die meine Eltern miteinander verkuppelt hatten. Sie bekamen einen gehörigen Schrecken, als sie sahen, wie komisch ich ging. Ich sagte ihnen, dass mir nichts fehlte, aber sie glaubten mir nicht. Stattdessen holten sie sofort die Frau meines Cousins, die Krankenschwester war, um meinen Fuß zu untersuchen.

„Da steckt was drin", sagte sie. Und sie schmierte auf die Stelle eine Salbe, die den Fuß anregen sollte, den Fremdkörper abzustoßen.

Es dauerte ein paar Tage, aber dann konnte sie mit einer Pinzette einen langen Glassplitter aus meinem Fuß herausziehen – ohne Betäubung natürlich. Ich schrie vor Schmerzen, aber staunte nicht schlecht, als ich sah, was da in meinem Fuß gesteckt hatte. Es war ein Wunder, dass der Fuß sich nicht entzündet hatte. Meine Tante erklärte mir, dass ich leicht einen bleibenden Schaden am Fuß hätte davontragen können. Stattdessen heilte er rasch. Was war ich erleichtert, dass ich nicht mehr humpeln musste!

Weihnachten bei den Orthodoxen

Als Weihnachten kam, luden meine christlichen Schulfreundinnen mich zum Weihnachtsgottesdienst in der orthodoxen Kirche ein. Als ich meine Eltern fragte, ob ich hindurfte, sagten sie erstaunlicherweise Ja. „Sie kann nur daraus lernen", sagte Mama zu Papa. Der nickte. „Ja. Es ist wichtig, dass sie weiß, wie die anderen Menschen so leben."

Auch die Eltern meiner Freundin Munira erlaubten ihr, mit in den Gottesdienst zu gehen.

Papa instruierte uns: „Diese Menschen sind nicht so wie wir. Ihr werdet sehen, das Christentum ist eine ganz andere Religion. Seid höflich, aber vergesst nicht, wo ihr herkommt und was ihr seid."

Mit dieser Ermahnung im Hinterkopf zogen Munira und ich uns unsere wärmsten Kleider an und gingen in der schwarzen Winternacht zusammen mit den Christen zu der alten orthodoxen Kirche. Wir hielten uns an den Händen, als wir eintraten. Als unsere christlichen Freunde ihre Finger in eine kleine Schale mit Wasser tauchten und sich unter den Worten „Vater, Sohn und Heiliger Geist" bekreuzigten, tauschten wir vielsagende Blicke. Ich musste denken: *Es gibt nur einen Gott – Allah,* aber laut sagte ich nichts.

Das Innere der Kirche war von Kerzen erleuchtet. So viele Kerzen auf einmal hatte ich mein ganzes Leben noch nicht gesehen. In den warmen Schein mischten sich Weihrauchwolken. Durch den Weihrauchdunst sah man Sterne, die an die Deckengewölbe gemalt waren, und wo ich auch hinsah, entdeckte ich Bilder, Ikonen und Statuen.

Vorne, vor dem Altar, war eine lebensgroße Weihnachtskrippe aufgebaut. Sie zeigte das Jesuskind in der Krippe und Maria, Josef und die Hirten, die es anbeteten. Sie sahen richtig erstaunt aus. Jesus war mir nicht neu; im Islam gilt er als Prophet. Ich wusste auch, dass Maria die Mutter dieses Propheten war. Aber ich fragte mich unwillkürlich: *Sind diese Figuren echt? Ist das wirklich Jesus?* Die Figuren bewegten sich nicht.

Ich schob mich noch näher zu Munira und fragte sie.

Sie schüttelte den Kopf und flüsterte mir ins Ohr: „Bilder."

Meine Augen wurden groß. Ich musste an das strikte Bilderverbot im Islam denken. Das hier, das war ja allerhand!

Im gleichen Augenblick dröhnte die Orgel los und die Gemeinde begann zu singen. Dann kam in einer feierlichen Prozession ein Priester mit langem Bart und schwarzem Gewand durch den Mittelgang geschritten. Er sprengte Wasser auf die Gläubigen und wer etwas davon abbekam, bekreuzigte sich. Ich spürte einen Tropfen auf meinem Gesicht und wischte ihn hastig weg. Die Menschen standen auf, knieten sich hin, standen wieder, setzten sich erneut. Munira und ich blieben still und steif auf unserer Bank sitzen. Die Gemeinde sprach Gebete, die ich nicht verstand.

Papa hatte recht. Das hier war etwas völlig anderes als die Moschee. Ich hatte nicht gewusst, dass ein solcher Abgrund zwischen Islam und Christentum gähnte.

Munira flüsterte mir zu: „Ungläubige."

Ich gab ihr recht, denn im Islam ist jeder, der kein Muslim ist, automatisch ein Ungläubiger.

Munira fuhr fort: „Das ist 'ne nette Show. Genieß es. Nachher gibt's jede Menge Kuchen und Süßes. Das andere hat uns nichts zu sagen."

Viel später – es war ein langer Gottesdienst – standen die Gläubigen auf und gingen nach vorne, um das Brot und den Wein des Abendmahls entgegenzunehmen – den Leib und das Blut von Jesus. Ich war entsetzt.

Meine christliche Freundin muss meinen Blick wohl bemerkt haben, denn sie murmelte: „Das ist bloß Brot und Wein, keine Angst."

Munira runzelte die Stirn. „Das wissen wir."

Woher Munira dies wusste, war mir nicht klar, aber ich war jedenfalls erleichtert.

„Bleibt ihr hier", wies uns unsere christliche Freundin an, als ihre Familie aus der Bank in den Gang trat. „Wir kommen wieder."

Und so blieben wir beiden muslimischen Mädchen sitzen, während die orthodoxen Christen langsam nach vorne gingen, um das Brot und den Wein zu empfangen – den Leib und das Blut von Jesus, eines Propheten des Islam. Ich fand, das war ein mehr als merkwürdiges Ritual.

Dann war der Gottesdienst endlich zu Ende und wir gingen nach nebenan in einen Saal, wo auf langen Tischen riesige Platten mit Speisen standen: Lammfleisch, gebratenes Huhn, Eier und Brotfladen mit einer Füllung aus Fleisch, Käse und Joghurt, dazu alle erdenklichen Brot- und Käsesorten sowie Wintergemüse.

Munira und ich gingen schnurstracks zu den Nachtischen. Die goldfarbenen Plätzchen und die mit Honig gefüllten Baklavas schmeckten genauso wie zu Hause. Ich genoss jeden Bissen und leckte mir noch den Honig von den Fingern ab. Ich musste denken: *Das ist also Weihnachten: lauter Kerzen, Lieder und gutes Essen. Ein Geburtstagsfest für einen der Propheten des Islam.*

Munira grinste. Mit vollem Mund murmelte sie: „Herzlichen Glückwunsch, Jesus."

Als wir wieder zu Hause waren, rief Papa mich in sein Arbeitszimmer. „Nun?"

„Die Christen sind ganz anders als wir", berichtete ich, „aber das Essen hinterher war spitze."

Mein Vater schien mit dieser Antwort seiner klugen Tochter zufrieden zu sein.

Wir besuchten die orthodoxe Kirche noch zu anderen christlichen Festen, zum Beispiel zu Ostern, wo sie die Auferstehung von Jesus feierten. Meistens sagte ich meinen Eltern nichts davon. Das gute Essen hinterher entschädigte einen immer für den langen Gottesdienst.

Ich will Allah gefallen, um eine Fahrkarte in den Himmel zu bekommen

Da ich sozusagen als Muslimin geboren war, war ich schon früh entschlossen, eine gute Muslimin zu sein. Ich lernte Gebete zu Allah in arabischer Sprache auswendig, die ich fünfmal am Tag aufsagte. Ich war so eifrig, dass ich an vielen Tagen sogar noch öfter auf meiner Gebetsmatte kniete und betete.

Die ersten Worte rief ich förmlich, so laut ich konnte: *„Allahu akbar!"* („Allah ist größer!") Dies war die Aufforderung zum Gebet. Später sollte ich erfahren, dass es auch ein Aufruf zu dem Krieg war, der unser Land und unser friedliches Leben zerreißen sollte.

Fünf Abende in der Woche ging ich außerdem in den Islam-unterricht im Haus unseres Mullahs. Er war ein alter Mann mit langem, grauem Bart, hatte viele Söhne und zwei Töchter, von denen die eine älter war als ich und die andere jünger. Wir waren etwa acht Mädchen, die sich zusammen mit den beiden Töchtern in seinem Wohnzimmer versammelten. Die Unterweisung dauerte jeweils eine Stunde, bis zum Sonnenuntergang. Da ich mich mit Allah gutstehen wollte, überredete ich Freundinnen, mit mir in den Unterricht zu gehen. Dieser Unterricht war völlig freiwillig, niemand zwang mich dazu, aber ich sah, wie mein Vater fünfmal jeden Tag seine Gebete verrichtete und jeden Freitag in die Moschee ging, und ich wollte auch so sein wie er. Mein Vater war mein großes Vorbild, und wenn er so ein eifriger Muslim war, dann wollte ich das auch werden.

Aber ich hatte auch einen Hunger nach Gott. Ich wollte Allah gefallen, um eine Fahrkarte in den Himmel zu bekommen. Ich wusste, dass ich eine Sünderin war, und dieses Wissen machte mir Angst, bedeutete es doch: Wenn mein Tag kam und ich sterben musste, würde ich in die Hölle kommen.

Der Mullah gab uns Unterricht in Arabisch und im Koran, dem heiligen Buch des Islam, sowie in den *Hadithen* (den Überlieferungen der Worte, Taten und Geschichten des Propheten Mohammed). Ich war entschlossen, so viel über den Islam zu lernen wie möglich. Der Mullah führte uns auch in die fünf Säulen des Islam ein: das Glaubensbekenntnis, das tägliche fünfmalige Gebet, das Almosengeben, das Fasten im Ramadan und die Pilgerreise nach Mekka, die ein gläubiger Muslim mindestens einmal im Leben zu machen hatte. Er erklärte uns auch, dass es wichtig war, sich vor jedem Gebet zu reinigen. Meine Mutter hatte uns bereits gezeigt, wie man diese Waschungen vornahm.

Die Jungen durften ab ihrem zwölften Lebensjahr mit in die Moschee gehen. Ab diesem Alter gelten sie im Islam als erwachsen und haben zu beten und zu fasten und ihre religiösen Pflichten einzuhalten; ihre Kindheit ist jetzt vorbei. Wir Mädchen durften nicht in die Moschee, nur in den Islamunterricht beim Mullah. Männer und Frauen wurden im Islam immer wieder getrennt. Ein Mädchen wurde angeblich bereits mit neun Jahren sündig – ein Junge erst mit zwölf.

Bei uns zu Hause wurde der Koran auf einem Bücherregal im Schlafzimmer meiner Eltern aufbewahrt, ganz oben und von einem Tuch bedeckt. Jedes Mal, wenn Papa ihn herunterholte, küsste er zuerst den Einband. Dann berührte er mit dem Buch erst sein rechtes Auge, dann sein linkes und schließlich die Stirn, wobei auf jede Berührung ein weiterer Kuss folgte. Mit solcher Ehrerbietung behandelte er den Koran. Wir besaßen drei Koranausgaben, in drei verschiedenen Sprachen.

Manchmal las mein Vater uns abends aus dem Koran vor. Er drängte uns das nie auf, aber wenn er Zeit hatte, las er uns Geschichten vor. Ich saß dann immer direkt neben ihm und saugte jedes Wort auf. Oft musste er lächeln über meinen Eifer. Ich hatte den gleichen Hunger wie er und das gefiel ihm.

So ging ich ganz in meiner Religion auf. Freiwillig trug ich etwa ab dem siebten Lebensjahr einen Schleier, der mein langes braunes Haar bedeckte. Ich hinterfragte meinen Glauben und meine Erziehung nie. Was für einen Grund hätte ich auch dafür gehabt? Ich sagte weiter meine auswendig gelernten Gebete auf und hoffte, dass Allah sie eines Tages erhören würde.

Aber das Ganze war ein Monolog, kein Dialog. Es gab keine wirkliche Beziehung. Eine Beziehung mit Gott konnte ich mir in meinen wildesten Träumen nicht vorstellen.

4
BÜRGERKRIEG

Ich war zehn Jahre alt, als die ersten Sturmwolken des Konflikts sich über unserer Stadt zusammenbrauten.

Ich begriff nicht, warum auf einmal diese vielen Menschen mit Plakaten und Transparenten durch die Straßen marschierten. Es war ein schöner Frühlingstag, als plötzlich regierungsfeindliche Parolen durch die Hauptstadt schallten und durch die offenen Fenster in unsere Wohnung drangen, während wir beim Abendessen saßen.

„Warum sind die Menschen da draußen so wütend, Papa?", fragte ich.

„Es gibt Leute, die unsere Regierung nicht mögen. Und andere, die finden, dass wir genau dieselbe Religion haben müssen wie sie."

Mama fügte hinzu: „Es gibt Menschen, die bei uns am liebsten die Scharia einführen würden. Sie wollen, dass die Verfassung abgeschafft wird und wir von Geistlichen regiert werden."

„Aber wäre es nicht gut", fragte Adila, „wenn wir nach den Gesetzen des Islam regiert würden?"

Papas Augenbrauen gingen nach oben und ich spürte, wie er und Mama ein stummes Signal austauschten, das so viel sagte wie: *Re-*

den wir lieber von was anderem. Laut sagte er: „*Inschallah*. Es wird geschehen, was Allah will, und es wird gut sein."

Mama sagte, etwas zu lebhaft: „Die werden sich schon einigen."

So begann der Bürgerkrieg und außerhalb der Hauptstadt wurden die Kämpfe und das Morden jeden Tag schlimmer.

Als die Autorität der Regierung zusammenbrach, bauten viele mächtige Männer ihre eigenen Milizen auf, die über automatische Waffen, Sprengstoff und genügend Hass auf ihre Gegner verfügten und sich gegenseitig bekriegten. Es waren schließlich fünf Hauptgruppen: die Armee, die Polizei, die sunnitischen und die schiitischen Milizen – die fünfte Gruppe bestand aus Kriminellen, die wir „die Mafia" nannten und die sich mal als Soldaten, mal als Kämpfer der Rebellen ausgaben und sich das allgemeine Chaos zunutze machten, um die verängstigten Menschen mit Diebstahl, Drohungen, Entführungen und Lösegeldforderungen zu terrorisieren.

Da wir in der Hauptstadt wohnten, waren wir lange nicht direkt betroffen. Das änderte sich im Spätsommer, als unser behagliches Leben ein Ende nahm. Plötzlich konnte es passieren, dass am Nachmittag der Strom ausfiel und erst am nächsten Morgen wieder da war. Dann fuhren keine Busse mehr, weil die Fahrer vor Scharfschützen und Überfällen Angst hatten. Es fuhren auch keine Krankenwagen mehr.

Ich erinnere mich noch an den Tag im Herbst, als ich aufhörte, zur Schule zu gehen. Es fing damit an, dass die Fernsehnachrichten einen ausgebrannten Schulbus zeigten, aus dem noch Rauch aufstieg. Die Wände des Busses waren von Maschinengewehrkugeln durchsiebt. „Vielleicht kommt ein Tag", sagte der Reporter, „wo alle in Frieden miteinander leben – Sunniten und Schiiten und Juden und Christen. Bis dahin lasst uns alle hoffen, dass Frieden und Freiheit kommen."

Bald kochte die Gerüchteküche, welche Schulen geschlossen waren. Ich ging zu meiner Schule, um zu sehen, ob sie auch geschlossen war. Es war niemand da außer mir und meiner Freundin Gamila.

Wir setzten uns auf eine Mauer und schwiegen schockiert. Dann sah ich Gamila an. „Was machen wir jetzt?"

„Am besten gehen wir nach Hause", erwiderte sie. „Unsere Eltern wissen, was wir machen sollen."

Wir rannten nach Hause. Aus der Ferne hörten wir das Rattern automatischer Waffen.

Ich stürzte durch die Tür in unsere Wohnung. Die ganze Familie war da. Mama sprang auf und schloss mich in die Arme. „Mariam! Ich hab mir ja solche Sorgen gemacht!"

Ich sagte zu meinem Vater: „Die Schule ist geschlossen."

Er antwortete: „Du und deine Schwestern, ihr lernt die nächste Zeit hier zu Hause."

Ich konnte es schier nicht glauben. Mein ganzes Leben war aus dem Lot. Plötzlich erkannte ich, was für eine Macht religiöse Differenzen hatten – dass sie Familien, ja ganze Völker spalten und zerstören konnten.

Vor unseren Augen

Den ganzen Herbst belegten Kampfflugzeuge und Hubschrauber der Luftwaffe Fahrzeuge der Milizen mit Bomben und Maschinengewehrfeuer. Die Luftangriffe unterschieden nicht zwischen Rebellen und unbeteiligten Familien, sodass wir uns bald nicht mehr trauten, mit dem Auto zu fahren. Die Straßenränder waren von liegen gebliebenen, ausgebrannten Autos gesäumt.

Sunniten und Schiiten – also islamische Brüder – lieferten sich in unserer Gegend furchtbare Kämpfe. Ein Großteil der Gefechte spielte sich südlich der Hauptstadt ab, ganz in der Nähe. Aber schlimmer noch als die Kämpfe zwischen den bewaffneten Gruppen waren die gegen Zivilisten begangenen Grausamkeiten: Bekannte Persönlichkeiten wurden ermordet, Dörfer niedergebrannt, ganze ethnische Gruppen dezimiert.

Es war ein kalter, trüber Tag, als plötzlich vor dem Nachbarhaus ein Kleinlaster vorfuhr, auf dem Männer mit Gewehren saßen. Ich wusste, dass sie keine Soldaten der Regierung waren, sondern irgendwelche Rebellen oder Milizionäre, was sie noch gefährlicher machte. Was konnten meine Schwestern und ich machen? Nur uns ganz ruhig verhalten und hoffen, dass sie nicht zu uns kämen. Adila und ich duckten uns hinter dem Fenster auf den Boden; wenn die Männer uns sahen, erschossen sie uns womöglich …

Dann hörten wir von draußen jämmerliche Schreie; es waren unsere Nachbarn, die um ihr Leben bettelten. Ich hielt es nicht mehr aus. Adila zog mich am Ellbogen, damit ich unten blieb, aber ich hob vorsichtig den Kopf und linste durch das Fenster.

Die Milizionäre hatten die Nachbarfamilie – Vater und zwei Söhne – auf die Straße gezerrt. „Sag uns, wo der Verräter sich versteckt hat!", brüllte der Anführer. „Sonst legen wir dich um!"

Die Bewaffneten waren vermummt. Nur die Augen waren zu sehen. Sie schrien unsere Nachbarn an und schlugen sie mit den Gewehrkolben.

Einer der Maskierten packte den kleineren der Jungen an den Haaren und riss ihn herum. Sein Vater machte Anstalten, ihn zu schützen; ein anderer Maskierter trat ihn in den Bauch.

Plötzlich eröffnete einer der Rebellen das Feuer; er schoss den Vater in die Hände und Füße. Es war Grausamkeit um der Grausamkeit willen. Schreiend vor Schmerzen und um Gnade flehend ging der Vater zu Boden; die Milizionäre lachten.

Ich presste die Hand auf den Mund, um nicht loszuschreien. Meine Schwester und ich klammerten uns aneinander, die Tränen schossen uns über die Wangen. Mein Herz hämmerte so laut, dass ich Angst hatte, die Rebellen unten könnten es hören. Ich zitterte am ganzen Leib. Die Bewaffneten hievten unsere Nachbarn auf die Ladefläche des Lasters, als wären sie Vieh. Dann sprangen zwei von ihnen ins Führerhaus, während die anderen zu ihren „Gefangenen" auf die Ladefläche kletterten. Der Laster brauste davon.

Wir haben diese drei Nachbarn nie mehr gesehen. Alles, was von ihnen übrig blieb, waren das Blut auf dem Asphalt und die Albträume, die mich jahrelang verfolgten. An jenem Tag begriff ich: Wer ein Gewehr besaß, hatte Macht.

Recht und Gesetz zählten nicht mehr. Die Polizei kam nicht, wenn man sie rief. Es gab niemanden mehr, der einschritt. Schiiten mordeten Sunniten und Sunniten Schiiten. Unser Land war führungslos und niemand war mehr sicher.

Die Mehrheit der Menschen in meinem Land waren Sunniten. Auch wir. Meine Familie folgte dem Propheten Mohammed seit Generationen. Mein Vater war islamischer Theologe. Ich selbst suchte im Islam den Frieden, doch jetzt sah ich mit eigenen Augen, dass es keinen Frieden gab. Der Islam ist eine Kriegsreligion; im *Dschihad*, dem „heiligen Krieg" der Gläubigen gegen die Ungläubigen, ist das Töten erlaubt, ja geboten. Aber hier töteten Muslime andere Muslime. Und die ethnischen Säuberungen, die dieser Bürgerkrieg mit sich brachte, kosteten viele, viele Juden und Christen ebenfalls das Leben.

Die, die konnten, waren schon aus dem Land geflüchtet. Für unsere Familie war es zu spät zur Flucht. Wir saßen in der Falle und erwarteten unser Schicksal. Wie lange würden wir noch überleben können? Ich wusste es nicht. Bald gab es keine Gebete in unserer Moschee mehr – zu gefährlich. Aber zu Hause verrichteten wir weiter fünfmal am Tag die vorgeschriebenen Gebete und hofften, dass Allah dem Krieg endlich Einhalt gebieten würde.

Als mein Vater verschwunden war

Einige Monate später starb ein Verwandter von uns. In unserer Kultur ist es sehr wichtig, den Verstorbenen Ehre zu erweisen und die Hinterbliebenen zu trösten. In diesem Fall war dies noch wichtiger, da der Verstorbene Jabir war, ein Onkel meines Vaters. Jabir hatte seinem Namen „Tröster" alle Ehre gemacht und sich um meinen damals ganze fünf Jahre alten Papa, seinen jüngsten Bruder und seine Mutter gekümmert, als mein Großvater im Zweiten Weltkrieg gefallen war. Für Papa war es absolute Ehrensache, zu dem Begräbnis zu fahren, obwohl meine Mutter Angst um sein Leben hatte.

Keiner von uns durfte mit; das war zu gefährlich, sagte Papa. „Aber wir dürfen uns von dem, was da geschieht, nicht davon abhalten lassen, das Rechte zu tun", sagte er zu meiner Mutter; ich hörte es zufällig mit. „Wir müssen zivilisiert bleiben, auch wenn der Rest der Welt in der Barbarei versinkt."

Jabir hatte in einer anderen Stadt gewohnt, sodass es sehr schwierig war, zur Beerdigung zu gelangen. Busse fuhren keine mehr, und das Fahren im eigenen Auto war lebensgefährlich, doch mein Vater und mehrere Cousins beschlossen, es trotzdem mit dem Auto zu wagen, denn zu Fuß hätten sie fast einen ganzen Monat gebraucht.

Mein Vater fuhr auf die Beerdigung. Drei Tage vergingen. Das Gesicht meiner Mutter wurde immer sorgenvoller. Sie versuchte tapfer, uns nichts von ihrer Angst zu zeigen, aber ich merkte, dass sie sich Sorgen machte. Noch mehr Tage vergingen, ohne dass Papa wiederkam oder wir etwas von ihm hörten, und ich sah, wie Mamas sonst so friedliches Gesicht immer gestresster aussah. Mehrere Male erwischte ich sie dabei, wie sie mit gerunzelter Stirn und ängstlichen Augen aus dem Fenster schaute.

Auch ich hatte Angst – Angst, dass meinem Vater womöglich das Gleiche passiert war wie unserm armen Nachbarn. Aber laut sagen konnte ich das natürlich nicht.

Dann hörten wir eines Abends, als es schon dunkel war, wie unten die Haustür ging. Die Armee hatte eine nächtliche Ausgangssperre über unsere Stadt verhängt. Wer sich nach Sonnenuntergang auf der Straße blicken ließ, konnte ohne Vorwarnung erschossen werden. Meine Mutter befahl uns, sofort auf unsere Zimmer zu gehen. „Schließt die Türen ab!"

Dann hörten wir Papas Stimme. „Alles gut! Ich bin's!" Nach einem ganzen Monat war er endlich wieder da.

Als Adila und ich ihn umarmten, sah ich, wie mitgenommen er aussah. Er berichtete uns, dass er um ein Haar erschossen worden wäre. Am dritten Tag ihrer Reise waren er und seine Cousins in eine Schießerei geraten und mussten um ihr Leben rennen. Soldaten nahmen sie gefangen und beschuldigten sie, Spione zu sein – ein Vergehen, für das man erschossen werden konnte.

Stundenlang wurden die Cousins, an Händen und Füßen gefesselt, separat verhört. Nach einem ganzen Tag und einer Nacht merkten die Soldaten endlich, dass sie alle die gleiche wahre Geschichte von der Beerdigung erzählten. Sie glaubten ihnen und ließen sie frei. Die Männer gingen zu der Beerdigung und dann begannen sie den langen Fußmarsch zurück in unsere Stadt.

Unser Vater war zutiefst erschrocken über das, was er mitgemacht hatte. Als er uns seine Geschichte erzählte, war er kreideweiß und zitterte. Er weigerte sich, all das Furchtbare, das er gesehen hatte, genauer zu beschreiben, und sagte lediglich, dass es viel Tod und Zerstörung im Land gab.

Ich besuche Gamila

Überall wurde gekämpft, doch in unserem Viertel wurde es ruhiger. Ich war es allmählich satt, zu Hause eingesperrt zu sein, und sehnte mich nach einem Hauch Normalität in meinem Leben.

Eines Morgens beschloss ich, ohne die anderen zu fragen, meine Freundin Gamila zu besuchen. Ich fand, dass ich groß genug war für so etwas. Meine Eltern hatten schon ohne mich genug am Hals.

Da Gamila inzwischen in einem anderen Viertel wohnte, musste ich doppelt vorsichtig sein. Und schnell. Also flitzte ich über Straßen und Plätze und drückte mich in den Schatten von Haus-

mauern. Ich genoss dieses Gefühl der Freiheit – draußen sein …
Wo waren sie geblieben, die bösen Männer? Hatte ich mich am
Ende umsonst versteckt, weil die Gefahr längst vorbei war?

Ich erreichte ohne Probleme die Wohnung von Gamilas Eltern. Gamila war überrascht, aber hieß mich herzlich willkommen. Wir saßen im Wohnzimmer beisammen und redeten, als ob
es keinen Krieg gäbe. Wir unterhielten uns über andere Freundinnen, Bücher, die wir gelesen hatten, und unsere Lieblings-
musik.

Eine Stunde mochte vergangen sein, als wir plötzlich Schüsse
hörten und kurz darauf quietschende Reifen und aufheulende Mo-
toren.

Es war uns längst zur zweiten Natur geworden, uns flach auf den
Fußboden zu werfen, wo etwaige Kugeln, die durchs Fenster kamen, uns nicht erreichen konnten. Dann krochen wir auf allen vie-
ren zum Fenster, das auf die Straße ging, und lugten hinaus.

Zwei Autos kamen in Schlangenlinien die Straße entlanggerast.
Die Männer in ihnen schossen aufeinander. Plötzlich zersplitterte
das Fahrerfenster des ersten Wagens, und einen Augenblick später
schleuderte er gegen ein geparktes Auto. Das Fahrzeug der Verfol-
ger kam mit einer Vollbremsung direkt neben ihm zum Stehen.
Vier Männer sprangen heraus und begannen, in die Seitenfenster
des verunglückten Autos zu schießen.

Ich hatte keine Ahnung, wer die Schützen waren, aber mein In-
stinkt sagte mir, dass es Rebellen waren und keine Regierungs-
soldaten.

In ein paar Sekunden war alles vorbei. Die Angreifer zogen die
Leichen aus dem Autowrack und warfen sie, blutig wie sie waren,
auf die Straße.

Wie lange würden sie dort liegen? Wer würde sie wegräumen?
Wie sollten die Verwandten dieser Toten sie finden? Mein Herz
wollte brechen vor der Grausamkeit, mit der meine Landsleute
einander umbrachten.

Der Tod war nur zu wirklich und zu nah. Er hatte mein Land im eisigen Griff. Wie lange würde es dauern, bis wir an der Reihe waren?

5
HUNGER

Der Krieg zog sich hin, die Kämpfe wurden heftiger und vieles, was wir immer für selbstverständlich gehalten hatten, wurde knapp. Die Gas- und Stromabschaltungen wurden häufiger. Wir begannen, nach Brennholz von Bäumen und Sträuchern zu suchen. Als es kein Holz mehr gab, heizten wir mit getrockneten Kuhfladen. Bald war nirgends mehr etwas Brennbares aufzutreiben, weil alle Bewohner der großen Stadt verzweifelt versuchten, etwas Wärme zu bekommen. Wir fingen schließlich an, unsere Möbel zu verheizen – die alte Holztruhe, die ein Familienerbstück war, unsere Stühle und Betten. Stück für Stück zerschlug die kalte Hand des Krieges alles in unserem Leben, was für Behaglichkeit und Normalität stand. Längst schon gab es keine Straßenreinigung mehr. Unter dem schmutzigen Schnee lagen die steif gefrorenen Leichen junger und alter Menschen.

Mein Vater und meine Brüder taten, was sie konnten, um uns mit Lebensmitteln zu versorgen. Sie brachten uns Kartoffeln, Bohnen und manchmal Äpfel.

Nachts strichen Rudel verwilderter Hunde durch die Straßen. Sie waren hungrig und gefährlich. Ich schätze, dass so mancher Hund als Fleisch in unserem Kochtopf endete. Wir stellten keine

Fragen, wenn Papa oder einer meiner Brüder mit einem Stück Fleisch nach Hause kamen, und ich stellte mir lieber nicht vor, was ich da gerade aß oder was es zum nächsten Abendessen geben würde – vielleicht Pferdefleisch? Oder Ziege oder Hund? Oder eine Taube, die nicht schnell genug gewesen war? Hauptsache, es gab überhaupt etwas.

Da unsere Wohnung keinen Kamin hatte, verbrannte Papa das Holz draußen im Hof und trug dann die Glut in einem Kochtopf nach oben in die Wohnung. Dort stellte er den Topf unter einen niedrigen Tisch im Wohnzimmer, über den er eine große Decke breitete, um die Wärme einzufangen. Nachts schliefen wir alle um diesen Tisch herum, unter dieser Decke, die uns vor Frostbeulen schützte.

Unser Lehrer, Herr Shariq

Es kam der Tag, wo wir in unserer Wohnung keine Möbel mehr zum Verheizen hatten. Es war ein verschneiter Tag im Januar, als Papa uns um sich versammelte und sagte: „Wir brauchen neues Brennholz, um die Wohnung warm zu halten, meine Kinder." Er zeigte auf die Reste eines zersägten Stuhls. „Wir haben sonst nichts Brennbares mehr im Haus. Wir müssen heute etwas finden oder wir erfrieren. Wir haben noch ein paar Stunden Tageslicht vor uns. Am anderen Ende der Stadt wird gekämpft, aber unser Viertel ist heute ruhig. Wir gehen am besten in Zweiergruppen hinaus und suchen Brennholz. Ein abgebrochener Ast, eine Holzlatte – wenn ihr irgendetwas Brennbares seht, bringt es nach Hause."

Mama fügte hinzu: „Aber seid bis Sonnenuntergang wieder da. Ihr müsst wieder drinnen sein, wenn die Hunderudel anfangen zu jagen."

„Was, wenn die Soldaten kommen?", fragte Adila.

Papa legte seine großen Hände auf unsere Schultern. „Wenn ihr

49

Schüsse hört oder dass ein Hubschrauber oder Panzer näher kommt, dreht sofort um und rennt nach Hause. Riskiert nichts. Beim ersten Anzeichen von Gefahr müsst ihr zurückkommen."

Wir alle wussten, dass überall Scharfschützen lauern konnten. Wir hofften halt, dass sie keine Kinder ins Visier nehmen oder uns als Ziel zum Übungsschießen benutzen würden.

Mamas Gesicht war blass vor Angst. Wir zogen unsere wärmsten Kleider an, dann umarmten wir uns weinend; wir wussten nicht, ob wir lebend wieder zurückkommen würden.

Die Letzten, die gingen, waren Adila und ich. Mit einem Kinderschlitten, als ob wir rodeln gehen wollten, begaben wir uns auf die verschneite Straße, um Brennholz zu suchen. Da wir die Jüngsten waren, hatten die Eltern uns eingeschärft, dass wir nur so weit gehen durften, dass wir die Fenster des Mietshauses, in dem wir wohnten, noch sehen konnten.

„Wo gibt es Holz?" Ich blickte die Straße entlang und sah zu den überfrorenen Fenstern unserer Wohnung hoch. Es schien hoffnungslos zu sein.

Meine Schwester betrachtete mit zusammengekniffenen Augen einen festgefrorenen Schneehaufen. „Papa hat gesagt, dass alles geht, was brennbar ist. Guck, da." Sie zeigte auf das untere Ende des Schneehaufens. „Ist das nicht Holz?"

Aus dem schmutzigen Schnee sah das Ende eines Holzstücks hervor. Wir begannen, mit den bloßen Händen den Schnee zu bearbeiten, um das Ding frei zu bekommen.

Da hörte ich hinter mir die Stimme meiner Freundin Gamila. „Mariam! Adila!" Sie kam zu uns gerannt.

Als sie uns erreichte, sah ich, dass ihre Augen rot waren, als ob sie geweint hätte. Sie sah dünn aus und ihre Wangen waren halb aufgesprungen von der Kälte.

„Ich hab euch vom Fenster aus gesehen." Jetzt stand sie neben uns, ganz außer Atem.

„Wir suchen Brennholz", erklärte Adila.

„Wir haben unsere Stühle zersägt", sagte Gamila. „Wir haben fast nichts mehr. Mein Vater sagt, wenn das so weitergeht, erfrieren wir." Sie machte eine Pause. „Ich hab auch gehört, wie er mit Mama über Herrn Shariq geredet hat. Habt ihr das mit Herrn Shariq auch gehört?"

Herr Shariq (der Name bedeutet „Barmherzig") war ein schiitischer Lehrer an unserer Schule. Er unterrichtete mein Lieblingsfach, Mathematik. Er war ein sehr freundlicher, gütiger Mann und hatte viel Geduld mit Schülern, die sich mit der Mathematik schwertaten. Und er war der Konrektor unserer Schule.

Wir selbst waren Sunniten, aber trotz der enormen Konflikte zwischen den Sunniten und Schiiten lebte meine Familie nach wie vor in Frieden mit Menschen aller Glaubensrichtungen.

Ich richtete mich auf und musterte Gamilas Gesicht. „Seit die Schule geschlossen ist, hab ich ihn nicht mehr gesehen. Papa sagt, dass er als Schiit in unserem Viertel in großer Gefahr ist."

Gamila nickte traurig. „Er ist tot."

Adila keuchte auf. „Tot? Herr Shariq?"

Ich rief aus: „Nein, das kann nicht sein, das muss ein Irrtum sein!" Meine Gedanken wanderten zu dem gütigen Mathematiklehrer.

Plötzlich das Geräusch eines näher kommenden Hubschraubers. Wir rannten zu unserer Haustür und sprangen hinein.

„Erzähl uns, was passiert ist, Gamila! Bist du ganz sicher, dass er tot ist?"

Und Gamila erzählte. „Sie haben ihn geholt. Irgendeine Miliz. Ich weiß nicht, ob es die Sunniten oder die Schiiten waren. Ist auch egal, es sind alles Tiere! Sie haben ihn vor den Augen seiner Frau und seiner Kinder geschlagen und abgeführt. Dann war er tagelang vermisst und dann hieß es, dass man seine Leiche am Ufer des Flusses gefunden hat." Sie begann zu schluchzen. „Er war barfuß."

Adila weinte los. „Nein, nein!", schluchzte ich.

Gamila biss sich auf die Lippe. „Was sie genau mit ihm gemacht haben, weiß keiner. Die bringen sich alle gegenseitig um und keiner weiß mehr, warum und was der ganze Krieg soll. Aber sie haben ihn also gefoltert und jetzt ist er tot!"

Weinend stiegen wir drei Mädchen die Treppe zu unserer Wohnung hoch. Ich hatte keinen Hunger mehr, ich spürte auch nicht mehr die Kälte. Ich war wie betäubt. Ich trauerte tief um Herrn Shariq, der wie ein lieber Onkel zu mir gewesen war. Er war ein toller Lehrer gewesen, der mir eine Liebe zur Mathematik vermittelt hatte.

Haltlos schluchzend berichteten wir meiner Mutter die Sache mit Herrn Shariq. Was sollte jetzt aus seiner Frau und seinen Kindern werden? Aber wir wussten: Wir konnten ihnen nicht helfen. Es war nun einmal Bürgerkrieg und sie waren Schiiten und wir Sunniten. Plötzlich war der Graben, der uns trennte, ein Tal des Todes.

Einer nach dem anderen kamen meine Brüder und Schwestern zurück, beladen mit Abfallholz. Wir weinten vor Erleichterung, dass ihnen nichts passiert war. Mama erzählte Papa von Herrn Shariq. Sie wollte auf keinen Fall, dass wir Mädchen auf die Straße gingen.

Papa legte die Hände auf meine Schultern. „Ich weiß, dass du sehr traurig bist, Mariam, aber da kann man nichts machen. Diese brutale Gewalt, das ist alles so sinnlos."

Er richtete sich wieder auf und sagte zu meiner Mutter: „Ab jetzt müssen wir immer die schlechtesten Kleider tragen, die wir haben, und die Mädchen müssen sich total verschleiern. Es ist niemand mehr sicher."

Mama nickte. „Gut, dann machen wir das so. Ich sehe das auch so. Ab jetzt keine bunten Kleider mehr, wenn wir draußen sind, auch keine Stickereien."

Als es Abend wurde, brachte Papa wieder die Glut nach oben und stellte den Topf unter den Tisch. Dann legten wir uns alle unter die Decke, mit den Köpfen nach innen, wo es am wärmsten war. Wir sahen aus wie ein großes Rad, dessen Speichen unsere Körper waren.

Ich hörte, wie Papa Mama zuflüsterte: „Ich weiß nicht, wie ich meine Töchter beschützen soll. Es gibt kein Gesetz mehr in unserem Land – nur noch Hunger, Kälte und Rache."

Jetzt wurde mir jedes Mal, wenn ich an Mathematik dachte, flau im Magen, und ich stellte mir vor, wie die Leiche meines Lieblingslehrers im Wasser trieb, die Augen ohne Licht, der Leib blutleer. Ich bekam Albträume, wenn ich nachts zu schlafen versuchte. Aber die Bomben und das Gewehrfeuer sorgten dafür, dass mein Schlaf nie sehr tief war; immer wieder schreckte ich hoch, weil es in der Nähe unseres Hauses krachte.

Herrn Shariqs Ermordung war meine Einführung in die Welt des Todes. Ich sollte bald noch viel schlimmere Dinge sehen und hören. Der Krieg hatte mir meine Unschuld und meine Kindheit gestohlen. Unser Alltag war mehr und mehr ein Kampf ums nackte Überleben.

Die hungernde Menge drückte gegen die Tore

Lebensmittel wurden immer knapper. In meinen Gebeten zu Allah bat ich immer wieder um seine Hilfe, dass wir es warm hatten und nicht hungern mussten. Aber Allah antwortete nicht auf meine Gebete. Schiiten und Sunniten brachten einander weiter um, Radikale forderten weiter den Tod der Demokratie und die Wiedereinführung der Scharia. Und weiter bat ich Allah um Hilfe, aber es kam keine.

Wenn wir Gerüchte hörten, dass es irgendwo Lebensmittel gab, hörten andere diese Gerüchte auch. Das Ergebnis waren lange Menschenschlangen – gerade das Richtige für die Scharfschützen. Es gab nur einen Ort in der ganzen Stadt, wo die Regierung Brot backen und verteilen ließ. Die offizielle Ration war ein Laib pro Person. Tausende Bürger strömten zu der Regierungsbrotfabrik, wo sie stundenlang vor dem Tor anstanden, um ihre Ration zu bekommen.

Meine Mutter und zwei meiner Schwestern waren krank und hätten das Schlangestehen in der Kälte nicht überlebt. Also mussten wir anderen einspringen und genügend für alle nach Hause bringen.

Noch vor Sonnenaufgang gingen wir nach einem tränenreichen Abschied zusammen mit unserem Vater hinaus in die Kälte und machten uns auf den Weg zur Brotfabrik. Das Knirschen des Schnees unter unseren Schuhen klang wie ferne Schüsse.

Adilas Atem stand wie eine Dampfwolke in der eisigen Luft. „Mir ist so kalt, Mariam!" Ihre Zähne klapperten, als wir uns am Ende der schier endlosen Schlange aus Tausenden ausgehungerter Bürger vor dem Fabriktor anstellten.

Ich drückte mich näher an Adila. „Stell dir vor, du bist gerade irgendwo, wo's warm ist", riet ich ihr. „Auf einer Insel in den Tropen, wo jeden Tag Sommer ist!" Ich lachte. Wir begannen, auf der Stelle zu hüpfen, damit unsere Füße nicht erfroren.

Es wurde langsam heller. Die Schlange kroch vorwärts. Soldaten mit automatischen Waffen patrouillierten an uns vorbei, um für Ordnung zu sorgen. Wir lehnten uns aneinander, um etwas auszuruhen. Irgendwann am Vormittag kamen wir an den erfrorenen Leichen eines älteren Ehepaars vorbei, das die Nacht nicht überlebt hatte.

Verschreckt starrten wir die Leichen an. „Die haben sich bestimmt hingesetzt, um auszuruhen", sagte die junge Frau hinter uns. „So was darf man nicht. Dann schläft man im Nu ein und dann – passiert so was."

Mein Vater rief einem der Soldaten zu: „Warum tragen Sie diese Leichen nicht weg?"

Der Soldat zuckte die Achseln. „Die tun doch niemandem was."

Papa stand zwischen uns und den beiden Leichen. Er versuchte, uns abzulenken mit Erinnerungen an die warmen Sommertage auf dem Bauernhof meiner Großeltern auf dem Land. „Was hat euch da am besten gefallen?", fragte er.

Ich dachte nach, bevor ich antwortete. „Die warme Sonne auf meinem Rücken am Seeufer. Das Reiten auf den Pferden. Dass ich helfen durfte, die Eier der Hennen einzusammeln."

Adila platzte heraus: „Das Frühstück. Und das Mittagessen. Und das Abendessen."

Wir lachten, aber Tatsache war, dass unsere knurrenden Mägen uns an fast nichts anderes mehr denken ließen als an Essen.

Vor uns fing eine junge Frau mit einem Säugling im Arm an zu schreien. „Mein Kind! Mein Kind! Kann mir keiner helfen? Hilfe! Bitte!"

Sie schrie immer lauter. Eine kleine Menschentraube bildete sich um sie. Ein Soldat schob sich zu ihr durch. Dann hörten wir sie, die Nachricht: „Das Baby ist tot."

„Erfroren."

„Es war sowieso schon krank."

Soldaten in schweren Mänteln führten die weinende Mutter fort.

„Warum musste sie das auch mitnehmen in dieser Kälte?"

„Arme Frau. Aber wie kann man ein krankes Kind mit in so eine Schlange nehmen?"

Adila und ich sahen uns stumm an. Wir wussten die Antwort: Entweder hier erfrieren oder zu Hause verhungern.

Die Sonne ging unter, es wurde dunkel. Von den Bergen kam ein eisiger Wind. Schneeflocken bissen uns in die Wangen. Würden wir es zum Tor der Brotfabrik je schaffen? Einige in der Schlange, die nicht mehr konnten, setzten sich in den Schnee; nicht alle standen wieder auf.

Adila flüsterte mir zu: „Wir dürfen uns nicht hinsetzen. Wir dürfen erst schlafen, wenn wir unsere Ration gekriegt haben und wieder zu Hause bei Mama sind."

Ich nickte und schloss die Augen gegen die Kälte.

Plötzlich Unruhe. Von vorne kam die Meldung, dass das Brot zur Neige ging.

„Warum dauert das so lange?", rief jemand. „Sehen die nicht, dass wir hier erfrieren?"

„Das Brot ist alle!", schrie ein anderer.

„Die haben kein Brot mehr für uns!", rief ein Mann.

Andere fielen ein. Die Stimmen wurden fordernd. Die hungernde Menge begann, gegen die Tore zu drücken.

Die Soldaten schossen in die Luft, aber die Panik wurde nur noch größer. Die Menge wurde zu einem nach vorne drängenden Mob. Papa schob sich schützend vor uns. „Bleibt bei mir!"

Jetzt flogen Gewehrkugeln an meinem Kopf vorbei. „Halt dich an meiner Hand fest!", befahl Adila. „Lass nicht los!"

Neben mir wurde jemand getroffen. Blut spritzte in den Schnee. Zwei weitere Wartende wurden von verirrten Kugeln getroffen und fielen zu Boden. Das Geschrei wurde immer lauter, bis ich die Stimme meines Vaters kaum noch hören konnte.

Adila ließ abrupt meine Hand los. „Mariam, bleib bei Papa! Ich geh!", schrie sie.

„Wohin?"

„Brot holen!"

„Das geht nicht, die erschießen dich!"

„Wenn ich's nicht mach, sterben wir hier. Ich liebe dich!"

„Adila, nein! Bitte …"

„Ich komm wieder zurück!" Und dann war sie weg, im Gedränge und Geschiebe verschwunden.

Mein Vater stemmte sich gegen den Mob, damit ich nicht zerquetscht wurde. „Wo ist Adila?"

„Weg! Sie hat gesagt, sie geht Brot holen!"

Ich hörte, wie Papa ihren Namen rief, aber es war zu spät. Wir waren in der panischen Menge gefangen. Weitere Kugeln pfiffen über uns hinweg. Direkt neben mir wurde eine Frau tödlich von einer Salve getroffen. Sie riss mich mit zu Boden. Mit schier übermenschlicher Anstrengung gelang es meinem Vater, mich davor zu bewahren, buchstäblich zu Tode getrampelt zu werden.

Der Tumult legte sich. Zu viele waren schon zu Tode gekommen. Die Soldaten forderten uns auf zu gehen, wenn wir nicht erschossen werden wollten. Über zwanzig Stunden Warten – für nichts!?

Papa hielt mich ganz fest, als wir uns einen Weg aus dem Chaos bahnten. „Mariam, wir müssen deine Schwester finden."

Ich schluchzte: „Adila, wo bist du? Adila!"

Wir standen beide keuchend in der dunklen Nacht und riefen Adilas Namen.

Ein Soldat stieß Papa den Kolben seiner Waffe in den Rücken. „Weg hier! Alle weg!"

„Aber meine Tochter … Ich muss meine zwölfjährige Tochter finden."

Wer war das plötzlich neben meinem Ellbogen? Adila!

„Hier bin ich, Papa!" Ihre Augen waren weit aufgerissen. „Kommt, beeilt euch, wir müssen gehen!"

Mein Vater weinte vor Erleichterung. „Wo warst du? Wenn dir was passiert wäre, deine Mutter hätte mir das nie vergeben. Adila, wo warst du?"

Sie antwortete nicht. Der Soldat drehte sich um und ging weiter. Adila zog Papa am Ärmel und führte uns ein Stückchen von der Menge weg. Dann blieb sie stehen und holte unter ihrem Mantel einen Sack hervor. „Sie sind noch warm", flüsterte sie.

„Was?", japste Papa.

„Ja. Noch warm. Beeil dich, Papa. Es ist so viel, dass wir anderen was abgeben können."

Wir eilten durch die dunklen Straßen nach Hause. Der Leinensack mit 36 Broten war mehr wert als ein Sack voll Gold.

Wir wagten kaum zu atmen, während wir an den Menschen vorbeihuschten, die in kleinen Gruppen dastanden und über den

Tumult vor der Brotfabrik und die vielen Toten redeten, die es dabei gegeben hatte.

Erst als wir in unsere Wohnung traten und auf den Boden sanken, wagten wir es, wieder zu reden. Durch den Mut meiner Schwester hatten wir für fast eine Woche Brot für uns und unsere Nachbarn.

Adilas Mut

Zu Hause erzählte Adila uns ihre Geschichte. Sie war furchtlos direkt zu dem hohen Zaun gelaufen, der um die Brotfabrik herumlief. Während hinter ihr die Menge protestierte und die Schüsse knallten, kletterte sie den Maschendraht hoch und warf sich hinüber. Dann rannte sie, so schnell ihre Füße sie trugen, zum zweiten Zaun. Ohne einen Augenblick zu zögern, kletterte sie auch über ihn, wobei sie sich am Stacheldraht, der ihn krönte, schnitt. Sie erwartete jeden Augenblick, von einer Kugel in den Rücken getroffen zu werden, aber der Duft von frisch gebackenem Brot zog sie weiter. Das Mündungsfeuer der Schüsse erhellte die Nacht. Wachleute und Soldaten liefen hinaus, um sich dem hungrigen Mob entgegenzustellen. Auf dem sonst so gut bewachten Fabrikgelände war kein Soldat zu sehen; alle hatten sie Stellungen an den Toren bezogen.

Adila ging vorsichtig zu dem Gebäude. Woher kam der Brotgeruch? Da, aus dem Fenster dort! Das Fenster stand einen Spalt offen; es gelang ihr, es weiter zu öffnen.

Und dann war sie plötzlich in der Brotfabrik! Große Backöfen, deren Hitze die Luft wärmte. Auf Regalen Brote in Massen, auch sie warm. Womit konnte man die Schätze forttragen? Da, auf dem Fußboden – ein zusammengeknüllter Leinensack.

Adila nahm den Sack, öffnete ihn und begann, Fladenbrote hineinzuschieben – ein Dutzend, zwei Dutzend, dann das dritte

Dutzend. Ihre Augen suchten den Fußboden nach einem zweiten Sack ab, aber sie fanden keinen.

Jetzt kamen von der Vorderseite des Gebäudes die rauen Stimmen von Soldaten und Angestellten der Brotfabrik. Sie kamen zurück auf ihre Posten.

Adila duckte sich und hastete, den Sack mit dem Brot hinter sich herziehend, zurück zum offenen Fenster. Mit einiger Mühe schob sie ihre Beute durch das Fenster, dann stieg sie hinterher. Sie zog das Fenster zu, nahm den Sack und machte sich auf den Rückweg zu uns.

Für Adila war dieses Abenteuer erst der Anfang. Je länger der Krieg dauerte, desto mutiger wurde sie. Sie wusste jetzt, wie sie an Brot kam. Sie riskierte ihr Leben für uns alle. Die Einzige, die sie ins Vertrauen zog, war ich.

Zwei Wochen später rasselte ein Panzer unter unseren Fenstern vorbei, begleitet von einer kleinen Abteilung Soldaten. Adila sah ihm hinterher. Als er um die Straßenecke bog, sagte sie: „Jetzt geh ich."

„Warte! Ich geh mit!", sagte ich, obwohl ich für mein Alter klein war und dazu geschwächt von zu wenig Essen.

Adila schüttelte den Kopf. „Nichts da. Du wärst mir nur ein Klotz am Bein." Sie bückte sich zu mir, nahm meine beiden Hände und sah mir in die Augen. Wir wussten beide, was sie riskierte: Wenn man sie allein erwischte, würde man sie erst vergewaltigen und dann umbringen.

Sie müsste zunächst durch die engen Straßen und Gassen rennen und sich jedes Mal, wenn jemand in ihre Nähe kam, verstecken. Sie würde sich der Brotfabrik von hinten nähern und müsste erneut den Zaun überwinden.

Von unserem Fenster aus sah ich, wie sie aus der Haustür trat und kurz hinter einem herrenlosen Auto in Deckung ging. Dann sauste sie über die Straße und hinein in eine Nebengasse, und dann sah ich sie nicht mehr.

Nach einer Stunde, die mir wie Tage vorkam, begann ich mir Sorgen zu machen. Adila hatte Selbstvertrauen und konnte laufen wie der Blitz. Warum brauchte sie so lange?

Dann sah ich sie endlich. Sie kam aus der Nebengasse, in der sie verschwunden war. Ich konnte sehen, dass sie einen vollen Sack dabeihatte. Sie schaute sichernd in alle Richtungen, bevor sie aus der Gasse heraustrat und kurz zu unserem Fenster hochsah. Sie konnte mich nicht sehen, aber sie nickte mir zu und hob stolz den Sack hoch, als wollte sie sagen: „Guck, was ich mitbringe."

Sie stand genau an der Ecke des Hauses an der anderen Straßenseite gegenüber unserer Wohnung. Plötzlich schlug knapp über ihrem Kopf eine Kugel in die Ziegelmauer ein. Der dunkelrote Staub regnete auf ihr Haar. Dann kam der Knall des Schusses. Irgendein Heckenschütze. Aber da rannte Adila schon wie ein geölter Blitz über die Straße. Als der zweite Schuss kam, der die Außenwand unseres Hauses traf, war sie bereits in der Sicherheit des Hauseingangs.

Ich umarmte sie weinend. Sie war um ein Haar dem Tod entronnen. Ihr Pullover war ramponiert vom Überklettern des Maschendrahtzauns und von einem engen Durchgang, durch den sie sich gequetscht hatte.

„Mach so was nie mehr!", bat ich sie.

Sie zuckte die Achseln. „Wir müssen doch was essen."

Wir beide wussten: Bevor der Krieg zu Ende war, würde es noch viele Situationen geben, die eine große Portion Mut und Cleverness erforderten.

In diesen Monaten lernten wir, auf den Knien zu leben, weil es zu gefährlich war, in unserer eigenen Wohnung zu stehen. Wir krochen buchstäblich von Zimmer zu Zimmer, damit keine Scharfschützen uns ins Visier nehmen und abknallen konnten.

Eines Nachmittags kamen von draußen Schüsse. Adila rief: „Scharfschützen im Haus gegenüber!"

Auf der Brust unserer Mutter, die gerade stand, erschien der

Infrarotlaser des Zielfernrohrs eines der Scharfschützen. Sie war buchstäblich starr vor Schreck. Ich schrie: „Mama, duck dich!"

In dem Augenblick, wo sie sich zu Boden warf, drückte der Schütze ab. Die Kugel pfiff knapp an ihrem Kopf vorbei. Meine Schwestern und ich krochen auf dem Fußboden zu ihr. An der Stelle, wo sie gestanden hatte, war ein Einschussloch in der Wand. Eine Zehntelsekunde später und sie wäre tot gewesen.

Ich umarmte sie weinend. Würde dieser Albtraum denn nie enden?

Stattdessen wurden die Kämpfe noch schlimmer. Es war, als ob wir in einem Horrorfilm lebten, der kein Ende hatte.

Ich weiß noch, wie der Lärm eines näher kommenden Hubschraubers oder Flugzeugs uns in den Keller flüchten ließ. Und wie dann die Bomben fielen.

Warum töteten Muslime Muslime? Und wo war Allah, wenn wir zu ihm beteten?

Der Gott Abrahams, Isaaks und Jakobs

Der nächste Winter kam. Der Krieg ging in sein zweites Jahr. Eines Tages hieß es, dass eine Bäckerei demnächst eine neue Brotlieferung bekäme. Als Adila und ich davon hörten, sagte Adila: „Da müssen wir hin und uns eine Ration holen."

Es war am Nachmittag und wir fanden, dass das Risiko nicht zu hoch war. Eingehüllt in Mäntel und Mützen, trabten wir in der eisigen Kälte die verlassenen Straßen entlang. Zusammen mit mehreren Hundert anderen stellten wir uns vor der Bäckerei an, um zu warten, bis sie öffnete.

Die Straßen waren schneebedeckt. Wir versuchten, uns einigermaßen warm zu halten, indem wir mit den Füßen stampften.

Es wurde dunkel. Wir konnten unseren Posten in der Schlange nicht verlassen, und so kauerten wir uns eng aneinander in den

Schnee und versuchten zu schlafen. Wir lehnten die Köpfe aneinander und beteten, dass bald der Morgen käme.

Ein älterer Mann und zwei alte Frauen erfroren in dieser langen Nacht. Adila und ich waren blau im Gesicht vor Kälte, als die Morgendämmerung über die Dächer kroch und wir aufwachten. Ich konnte meine Hände und Füße nicht mehr spüren.

Der Schnee glitzerte im Morgenlicht. Dann neue Stimmen. Viele. Sie kamen von den Neuankömmlingen, die sich zu uns gesellten. Die Straße quoll über vor Menschen.

Die Neuen hatten nicht die ganze Nacht Schlange gestanden wie wir. Sie wussten, dass sie kein Brot bekommen würden, weil sie zu spät gekommen waren. Die hungrige Menge rollte wie eine Flutwelle auf die Bäckerei zu. Männer und Frauen stiegen kurzerhand über die, die im Schnee gewartet hatten. Ein schwerer Stiefel stieß mir gegen den Kopf.

„Hilfe!", schrie ich und rappelte mich hoch, um aus der Gefahrenzone zu kommen. Dann war ich zwischen zwei großen Erwachsenen eingeklemmt und sah Adila nicht mehr. Der Rücken meines Nebenmanns drückte gegen meine Wange. Ich bekam keine Luft mehr.

Ich merkte, dass ich gleich ohnmächtig werden würde. Im selben Augenblick kam die Polizei und begann in die Luft zu schießen. Der Schraubstock der Menschenleiber um mich herum lockerte sich etwas, gerade genug, dass ich wieder Luft bekam und mich befreien konnte.

Ich war nicht mehr in Gefahr, erdrückt zu werden. Dafür schoss die Polizei nicht mehr in die Luft, sondern auf die Menschen. Viele von denen, die die ganze Nacht nach Brot angestanden hatten, wurden getötet oder von den Flüchtenden zu Boden getrampelt und schwer verletzt. Ich hatte furchtbare Angst. Überall Kugeln, die mich zum Teil um Haaresbreite verfehlten.

Ich hatte die ganze Zeit zu Allah und Mohammed geschrien und meine auswendig gelernten arabischen Gebete aufgesagt, aber es kam keine Antwort. Die Hoffnung wollte mich verlassen. In meiner Verzweiflung schrie ich in meiner Muttersprache zu dem Gott Abrahams, Isaaks und Jakobs. Ich wusste: Er war der Gott der Christen und Juden. Vielleicht konnte er mir helfen?

Ich rief: „Schöpfergott, wenn es dich gibt, dann hilf mir, bitte!" Ich wusste: Es wäre ein Wunder, wenn ich hier lebend wieder herauskam.

Plötzlich spürte ich eine unbeschreibliche innere Ruhe, einen Frieden, der nicht aus mir selbst kam. Es war, als ob ein Engel mich aus dem Chaos herausgezogen hätte.

Dann stand Adila vor mir, die Arme voller Brot. „Schnell! Wir müssen hier weg!" Sie rannte los.

Ich nahm alle Kraft zusammen und rannte hinter ihr her.

Den ganzen Weg nach Hause jagten wir durch die Straßen. Ich japste nach Luft, als wir in unsere Wohnung traten. Unser Vater war ebenfalls gerade zurückgekehrt; auch er war unterwegs gewesen, um Brot aufzutreiben.

Wir berichteten ihm, was wir erlebt hatten.

„Meine Töchter! Wäre ich nur da gewesen, um euch zu beschützen!" Er zog uns an sich, Tränen in den Augen. Es ging ihm sichtlich an die Nieren, wie nah wir dem Tod gewesen waren.

Am Abend, vor dem Einschlafen, dachte ich darüber nach, was ich erlebt hatte. Der Gott Abrahams, Isaaks und Jakobs hatte mein Gebet erhört. Bedeutete das, dass er lebte?

6
DAS HEILIGE BUCH

———◆———

*I*n den Unruhen und dem Terror des Bürgerkrieges wurden viele junge Frauen vergewaltigt und ermordet. Manchmal ließen die Täter ihre Leichen zur Warnung liegen, manchmal warfen sie sie in den Fluss.

Eine gute Schulfreundin von mir wurde mit ganzen dreizehn Jahren von Soldaten auf der Straße entführt. Nachdem sie sie brutal missbraucht hatten, ließen sie sie zum Sterben liegen, doch irgendwie brachte sie die Kraft auf, sich nach Hause zu schleppen. Sie war körperlich und seelisch gezeichnet von dem, was ihr angetan worden war. Ein Schock ging durch unsere Nachbarschaft.

Wir wussten alle, dass dieses Verbrechen nicht geahndet werden würde. Dies war Krieg und in unserer Stadt herrschte das Gesetz des Dschungels.

Meine Eltern wussten, dass sie nicht ständig bei uns Mädchen sein konnten. Jedes Mal, wenn meine Schwestern und ich loszogen, um Lebensmittel aufzutreiben, waren wir in großer Gefahr.

Am meisten Angst hatten meine Eltern um mich. Ich war die Kleinste und einfach nicht stark genug, um mich zu wehren, wenn jemand mich überfiel.

Es war mein Bruder Musa, der schließlich die rettende Idee hatte. Er besprach sie mit meinem Vater und zusammen eröffneten sie mir ihren Plan. „Ein Freund von mir gibt Karate-Unterricht", sagte Musa. „Wie wär's, wenn du da hingehst?"

Ich bekam Kulleraugen. Denn ich liebte alles, was mit Sport zu tun hatte, und dieser Unterricht wäre eine willkommene Abwechslung im grauen Alltagseinerlei. Ich war die geborene Sportlerin, obwohl ich klein war und als Kind oft Erkältungen und Kopfschmerzen gehabt hatte. Vor dem Krieg war ich eine gelehrige Kung-Fu-Schülerin gewesen. Mein Lehrer hatte sogar davon geredet, mich mit nach Ostasien zu nehmen, um Unterricht bei einem richtigen Profi zu nehmen, aber das hatten meine Eltern nicht erlaubt. Sie fanden, dass ich zu jung für so eine Reise war. In der Schule hatte ich in der Volleyball- und Basketballmannschaft gespielt und Turnunterricht genommen. Der Vater einer Freundin von mir, der in einem Zirkus arbeitete, hatte seiner Tochter und mir einiges beigebracht; sein Training hatte mich echt fit und beweglich gemacht.

Es gab bei dem Karate-Unterricht nur ein Problem: Wir hatten kein Geld. Der Bürgerkrieg hatte die Wirtschaft unseres Landes fast über Nacht ruiniert. Unsere Währung wurde wertlos, und mein Vater verlor buchstäblich von heute auf morgen sein ganzes Geld und wurde insolvent. Er war ein reicher Mann gewesen; einmal hatte er uns erzählt, dass er genug Geld hatte, um sechzehn Häuser zu kaufen. Jetzt war es alles weg.

Von dem Schock bekam er Herzschmerzen, die so heftig waren, dass die Ärzte einen Infarkt befürchteten. Der Infarkt kam dann doch nicht, aber sein finanzieller Ruin nahm ihn schwer mit und er hatte lange Zeit Depressionen. Das Erbe seiner Kinder, für das er sein ganzes Leben lang gearbeitet hatte, war in einem Augenblick vernichtet worden. Und mein Vater war nicht der einzige Bankrotteur; viele unserer Freunde und Verwandten hatten ebenfalls alles verloren.

In unserer Kultur erwartet man von einem Vater, dass er jedem seiner Söhne zu dessen Heirat ein Haus schenkt und seinen Töchtern eine ordentliche Mitgift. Bevor er alles verlor, war Papa so damit beschäftigt gewesen, für die Zukunft seiner Kinder vorzusorgen, dass er schier vergessen hatte zu leben. Jetzt, wo der Bürgerkrieg tobte, konnte er seinen Beruf als Rechtsanwalt und Philosophieprofessor nicht mehr ausüben; stattdessen akzeptierte er jeden Job, der etwas Geld ins Haus brachte. Und er nahm sich mehr Zeit für die Familie, weil er merkte, dass wir sein eigentlicher Reichtum waren.

Da Papa kein Geld hatte, konnte er mir den Karate-Unterricht nicht bezahlen. Aber mein Bruder Musa erbot sich, die Kosten zu übernehmen; er war zwar auch bankrott, aber er wurde von der Armee bezahlt.

Die Kinderbibel

Drei Tage in der Woche ging ich jetzt die fünf Minuten zur Turnhalle meiner alten Schule, wo die Karatestunden stattfanden. Es war ein Kurs für jedermann. Wir waren etwa fünfzig – Männer, Frauen und Kinder –, und ich war sofort in meinem Element.

Die Übungen und das Zusammensein mit Freunden war Balsam für meine Seele und das beste Mittel gegen den Stress des Krieges. Die meisten Kursteilnehmer waren Muslime, und oft blieben wir nach dem Unterricht noch zusammen und unterhielten uns über Allah. Viele hungerten danach, mehr über ihn zu erfahren, und so begannen wir, uns über die Hadithe auszutauschen, der Überlieferung der Aussprüche und Handlungen des Propheten Mohammed. Wir wollten lernen, wie man ein besserer Muslim wurde.

Unser religiöser Lerneifer muss wohl der Grund dafür gewesen sein, dass unser muslimischer Karatelehrer am Ende einer Übungsstunde erwähnte, er besitze eine Kinderbibel. „Hier ist sie", sagte er. „Sie ist so ähnlich wie der Koran." Und er reichte mir eine schön bebilderte, gebundene Bibel. Er fügte hinzu, dass viele der Geschichten im Koran auch in der Bibel stünden. Ich fing an, in der Bibel zu blättern, und war sofort von den Illustrationen gefesselt; so etwas gab es im Koran nicht.

Unser Karatelehrer war zwar Muslim, aber kein praktizierender. Er machte keinen Hehl daraus, dass er religiös auf der Suche war. Wohl deswegen besaß er eine Bibel. Aber ich war doch etwas schockiert, dass er so offen vor uns darüber sprach. Ich wusste: Die Bibel, das war das heilige Buch der Christen, und die Christen waren *Kafir*, also „Ungläubige". Aber ich wusste auch, dass in der Bibel Geschichten über den Gott Abrahams, Isaaks und Jakobs standen, und ich wollte mehr über diesen Gott erfahren.

Meine Freundin und Nachbarin Raschida („Recht geleitet"), die auch in den Karateunterricht ging, war genauso neugierig auf die Bibel wie ich. Sie hatte sogar ein zerlesenes Neues Testament bei sich zu Hause, ebenfalls mit Bildern, das sie oft hinausschmuggelte, damit wir es auf der Straße lesen konnten.

„Zeig das niemand anderem", schärfte Raschida mir ein. „Wenn meine Leute rausfinden, dass ich 'ne Bibel hab, krieg ich Ärger."

Ich staunte nicht wenig, als ich las, dass Jesus Kranke geheilt, ja Tote auferweckt hatte. Seine Wunder faszinierten mich; Mohammed hatte keine Wunder vollbracht, das wusste ich.

Ich begann davon zu träumen, eines Tages selbst eine Bibel zu besitzen.

Als ich angefangen hatte, in der Kinderbibel zu lesen, erschien Jesus mir mehrere Male im Traum und zeigte mir, dass er der einzige Weg war (vgl. Johannes 14,6). Er sah wie ein Mann aus dem Nahen Osten aus; er trug ein weißes Gewand und ein sehr helles Licht ging von ihm aus. Ich kann mich nicht erinnern, dass er in diesen Träumen je zu mir gesprochen hätte, aber jedes Mal, wenn ich aufwachte, hatte ich einen tiefen Frieden im Herzen. Ich merkte, wie mein Herz langsam zu ihm hingezogen wurde. Wenn wir zu Hause wieder einmal Strom hatten, zappte ich die Fernsehsender durch, bis ich auf ein amerikanisches Programm stieß, das „Superbuch – Lebendiges Buch" hieß. Es wurde in meiner Sprache ausgestrahlt und bestand aus Zeichentrickfilmen über Jesus und seine Wunder. Es wurde rasch meine Lieblingssendung. Ich klebte förmlich am Fernseher, wenn die Geschichten aus den Evangelien kamen. Die Zeichen und Wunder von Jesus ließen mich nicht los.

Neben diesem Fernsehprogramm und der Bibel meines Karatelehrers gab es noch etwas, das Jesus in mein Leben brachte. Als ich dreizehn war, kam der *Jesus*-Film in unser Viertel. Eines Tages hörten wir, dass unten auf der Straße ein Film gezeigt werden würde. Es war immer noch Bürgerkrieg, aber nach drei Jahren Töten und Gewalt waren die Menschen die ständige Angst und Unterdrückung so satt, dass sie bereit waren, ihr Leben zu riskieren, um einmal etwas Abwechslung zu haben.

Wir konnten während des ganzen Krieges nicht ins Kino gehen, sodass dieser Film für uns und unsere Nachbarn etwas echt Besonderes war. Fast zweihundert Menschen kamen, die sich am frühen Abend, bevor es dunkel wurde, auf Stühlen und Matten auf der Straße niederließen. Es war das Ereignis des Jahres, ein Grund zum Feiern sozusagen, und alle schauten sich ganz fasziniert die Geschichte von Jesus von Nazareth an. Wie er erst Zimmermann wurde und dann mit seinen Jüngern durch die Lande zog und viele Wunder tat – wir waren begeistert.

Als ich Jesus am Kreuz hängen sah, konnte ich nicht aufhören zu weinen. Meine Eltern, Geschwister und Freunde weinten auch; wir waren alle tief berührt von der Geschichte.

Dieser Film zeigte mir, dass Jesus viel mehr war, als ich gedacht hatte. Ich hatte so viele Fragen. Ich musste mit meinem Vater sprechen!

Also ging ich zu ihm und sagte: „Papa, Jesus ist der einzige Prophet, der Blinde sehend und Taube hörend gemacht und Kranke und Gelähmte geheilt hat. Er kann nicht nur ein Prophet sein, er muss mehr sein. Jesus hat nicht nur Tote auferweckt, er ist selber vom Tod auferweckt worden. Sein Grab ist leer, er lebt! Mohammeds Gebeine liegen bis heute in Mekka begraben, er ist tot. Papa, Jesus ist mein Superheld!"

Mein Vater lehnte sich auf seinem Stuhl zurück und lächelte. „Ja, Jesus war einer der größten Propheten, auch im Islam. Wir wissen, dass er am Ende der Zeiten als Richter der Welt vom Himmel kommen wird."

Jesus als Richter der Welt? Mit seinen Worten verstärkte mein Vater, ohne es zu wissen, noch meinen Wissensdurst. Jesus war ohne Zweifel ein Prophet gewesen, aber war er nicht noch mehr? Ich nahm mir vor, so lange zu suchen, bis ich die Antwort hatte. Die Wunder von Jesus hatten mein Herz ergriffen; ich *musste* wissen, wer er war!

Mein Vater war nicht böse, dass ich in der Bibel las. Als gebildeter Mann hatte er sie selbst gelesen. Er fand es richtig, dass ich es genau wissen wollte.

Hätte er geahnt, dass meine Suche mich dazu bringen würde, den Islam zu verlassen, er hätte mich gezwungen, mit diesem Lesen aufzuhören.

7
GOTTES SOHN

———◆———

*E*s war meine Freundin Munira, die mich darauf aufmerksam machte, dass ganz in unserer Nähe ein neuer Kampfsportkurs angeboten wurde. „Hast du das schon gesehen?", fragte sie ganz aufgeregt und hielt mir einen Zettel vor die Nase, den sie von einem Telegrafenmast abgerissen hatte.

„Zeig mal!" Ich riss ihr den Zettel aus der Hand. „Taekwondo", las ich. „Selbstverteidigungskurs. Anfänger willkommen."

Der Bürgerkrieg dauerte jetzt bereits mehrere Jahre, und jeden Tag hörte man von Frauen und Mädchen, die von der Straße weg entführt und vergewaltigt und oft auch ermordet worden waren.

Selbstverteidigungstechniken lernen – das war schon lange mein Ziel. Nicht nur, um mich selbst zu schützen, sondern auch, um anderen helfen zu können. Als Kapitänin mehrerer Sportmannschaften in der Schule hatte ich sie immer schon gehasst, die Rüpel und Schläger, egal, wer es war.

Drei Jahre lang hatte ich jetzt Unterricht in Kung-Fu, Kickboxen und dann Karate genommen. Ich war so weit gekommen, dass ich sogar selbst Karate für Anfänger unterrichten konnte. Doch die fortdauernde Wirtschaftskrise verschonte auch unsere

Familie nicht und eines Tages eröffnete mir mein Bruder Musa, dass er mir die Karatestunden nicht mehr bezahlen konnte.

Ich sah Munira an. „Das klingt ja nett, aber ich hab kein Geld."

„Lies doch weiter", sagte Munira triumphierend. „Das ist gratis!"

„Gratis?" Das war Musik in meinen Ohren! Tatsächlich, da stand es: Der Kurs war gratis und fand in der Turnhalle der Schule statt. Die Teilnehmer mussten lediglich ihre eigene Sportkleidung mitbringen.

„Wie können die das gratis machen?", fragte ich. „Vielleicht ist die erste Stunde gratis, und danach kostet's was."

„Nein", grinste Munira. „Guck hier: ‚Absolut keine Gebühren. Jeder kann teilnehmen.' Wie die das machen können – frag mich was Leichteres."

Ich sprach mit meinem Karatelehrer über dieses neue Angebot. Er hatte mich immer wie eine kleine Schwester behandelt und fand es schade, dass ich nicht mehr kommen konnte. Es war ihm wichtig, dass ich mit irgendetwas weitermachte. „Von diesem Taekwondo-Kurs hab ich auch gehört", sagte er. „Mach das ruhig; wenn's dir gefällt, tut es dir bestimmt gut."

Zu meiner großen Freude hatten meine Eltern nichts dagegen, dass ich in den neuen Kurs ging. Auch sie fanden es richtig, dass ich weitertrainierte. „Mach das ruhig", sagten sie. „Pass gut auf und streng dich an."

Ein liebender Gott und himmlischer Vater

Die erste Taekwondo-Stunde kam. Unser Lehrer, der Alim („Gelehrter, Experte") hieß, stellte sich vor und sagte: „Bitte setzt euch."

Wir nahmen Platz. Es gab keine Matten und so setzten wir uns direkt auf den verkratzten Holzboden der Turnhalle.

Als Nächstes fragte Alim, wie wir hießen, und schrieb sich alle unsere Namen auf. Wir waren 45 Kursteilnehmer, Jungen und

Mädchen, Männer und Frauen; das Alter lag zwischen 14 Jahren und Anfang 30. Da mein Land lange von den Kommunisten regiert worden war, gab es in der Schule und bei Kursen keine strikte Geschlechtertrennung.

45 Teilnehmer also und nur ein Kursleiter plus sein Assistent. *Taekwondo* ist Koreanisch und heißt etwa „der Weg des Fußes und der Hand". Mit einer Kombination aus blitzschnellen Tritten, Fausthieben, Stößen, Schwüngen und Blockaden versucht man, einen Angreifer mattzusetzen. Als Sport ist Taekwondo ein gutes Training in Beweglichkeit, Balance und der Konzentration von Körper und Geist.

„Für die unter euch, die neu in diesem Sport sind: Taekwondo trainiert nicht nur den Körper, sondern auch den Geist und die Seele", erklärte Alim. „Es ist wichtig, beides zu schulen. Und da der Geist stärker ist als der Körper, werden wir in jeder unserer Stunden zuerst den Geist üben. Bitte sprecht mir nach: Ich kann alles ..."

„Ich kann alles", wiederholten wir gehorsam im Chor – die bereits fortgeschrittenen Teilnehmer schwungvoll-begeistert, während Munira und ich die Worte nur murmelten.

„Ich kann alles durch Christus, der mir Kraft gibt."

„Christus?", flüsterte ich Munira zu. „Wie in ‚Jesus Christus'? Wie ‚Christen'?"

„Psst", sagte Munira. „Der kommt von den Amis, die sind alle Christen. Das hat weiter nichts zu sagen."

Aber ich war schockiert. Wir waren in einem muslimischen Land, aber dieser Alim sprach ganz offen und ungeniert über Jesus Christus. Wenn ich es wagen würde, so etwas zu machen – nicht auszudenken ... Aber gleichzeitig war ich irgendwie fasziniert.

Dann nannte er – es war nicht zu fassen – Jesus Christus den „Gott der Liebe". Im Islam hat Allah 99 Namen, aber „Liebe" ist nicht darunter. Mein ganzes Leben lang hatte ich gelernt, dass Allah ein ferner, strenger Richter war, der jeden Sünder unerbitt-

lich bestrafte. Ich hatte eine Heidenangst vor ihm, weil ich genau
wusste, dass auch ich eine Sünderin war und dass meine Sünde
zwischen mir und Allah stand.

Was hatte ich nicht alles gemacht, um Allah zu gefallen – mit
Beten, mit Fasten, mit guten Werken und allem Möglichen –, aber
ich hatte keinen Frieden. Was ich auch machte und wie sehr ich
mich auch anstrengte – tief drinnen wusste ich, dass es nicht reichte. Zu oft blieb ich weit unter der Messlatte.

Und hier war Alim und sprach von einem Gott, der nicht fern
und unnahbar war – einem Gott, der eine persönliche Beziehung
zu uns wollte. Und dann sagte er, dass Gott mich mit Namen
kannte! Der Gedanke ließ mir einen Schauer durch die Seele fahren.

Alim fuhr fort: „Bevor ich euch heute zum ersten Mal sah, wusste ich nicht, wie ihr heißt. Aber schon lange vorher, ja bevor der
Erste von euch geboren wurde, kannte Gott euch mit Namen. Er
hat einen Plan für euer Leben. Er hat jeden von euch nach seinem
Bild erschaffen. So steht es in der Bibel, in 1. Mose 1,27: ‚So schuf
Gott den Menschen als sein Ebenbild, als Mann und Frau schuf er
sie.‘"

Wieder war ich perplex. Im Islam würde der bloße Gedanke,
dass wir als Allahs Ebenbild erschaffen sind, an Gotteslästerung
grenzen. Schon als Kinder lernen wir, dass Allah keine Nachkommen hat. Ein weiterer Gottesname, der in den 99 Namen für Allah
nicht vorkommt, ist „Vater". Denn der Gott des Islam (Allah) hat
keine Kinder und ist kein Vater.

Nicht weniger erstaunlich war der Gedanke, dass dieser Gott,
von dem Alim da redete, einen Plan für mein Leben hatte. Alim
zitierte Psalm 139,13-14: „Du hast mich geschaffen – meinen Körper und meine Seele, im Leib meiner Mutter hast du mich gebildet. Herr, ich danke dir dafür, dass du mich so wunderbar und
einzigartig gemacht hast! Großartig ist alles, was du geschaffen
hast – das erkenne ich!"

Dieser Vers bohrte sich tief in mein Herz. Gott hatte mich also schon gekannt, bevor ich geboren war, und er hatte mich wunderbar erschaffen. Im Islam ist eine Frau ein Mensch zweiter Klasse, ohne Rechte, ohne Stimme und ohne Wert. Zum ersten Mal in meinem Leben wagte ich zu glauben, dass ich vor Gott echt etwas wert war – und das als Frau! Es war ein begeisternder Gedanke.

Die nächsten beiden Bibelverse, die er uns nannte, waren Jesaja 43,1 und 49,16: „Ich habe dich bei deinem Namen gerufen, du gehörst zu mir" und: „Unauslöschlich habe ich deinen Namen auf meine Handflächen geschrieben."

Da war ein Gott, für den ich wertvoll war – es war eine Offenbarung, die mich schwindlig machte. Sechs Milliarden Menschen gab es auf der Erde, aber Gott kannte mich, mich persönlich, und rief mich bei meinem Namen!

Und dann zitierte Alim Lukas 12,7: „Bei euch sind sogar die Haare auf dem Kopf alle gezählt."

Ich musste denken: *Wie bitte? Dieser Christengott muss mich wirklich wertschätzen, wenn er sogar weiß, wie viele Haare es auf meinem Kopf gibt. Also, ich weiß nicht, wie viele es sind!* Konnte es sein, dass ich Gott so wichtig war?

Und schließlich erwähnte Alim noch Jeremia 29,11: „Denn ich allein weiß, was ich mit euch vorhabe: Ich, der Herr, werde euch Frieden schenken und euch aus dem Leid befreien. Ich gebe euch wieder Zukunft und Hoffnung."

Die letzten Jahre hatte ich nichts als Hoffnungslosigkeit gekannt. Jetzt schoss ein Lichtstrahl in mein Herz. Auf einmal konnte ich glauben, dass Hoffnung möglich war.

Mir wurde das Herz warm von diesen Gedanken; so tief bewegt hatte mich noch nie etwas in meinem Leben. Aber ich hatte noch so viele Fragen.

Alim erzählte uns auch, wie Jesus sich für die Außenseiter und Unterdrückten seiner Gesellschaft eingesetzt hatte. „Was ihr hier

in eurem Training lernt, ist dazu da, dass ihr die Menschen verteidigt und beschützt, die es am meisten brauchen."

Dann erklärte er uns, wie die Unterrichtsstunden ablaufen würden und was wir zu beachten hatten. Er sagte, dass an den
Wochentagen aus den zwei Stunden eher über drei werden würden, da wir auch gemeinsam Lieder singen, beten und die Bibel
studieren würden. Er lud uns ein, sonntags zusammen mit ihm zur
Kirche zu gehen. Der Sonntag, so sagte er, war für die Christen
das, was der Freitag für die Muslime war: der heilige Tag der Woche.

Nun gut, jeder Lehrer hatte das Recht, die Atmosphäre und den
Unterricht in seiner Klasse so zu gestalten, wie er es wollte. *Und
außerdem,* dachte ich, *ist er ein bescheidener Mann und die Stunden
sind gratis, da darf man nicht so sein ...*

Zum Schluss betete Alim für uns – dass wir etwas von dem Kurs
hätten, dass uns und unseren Familien nichts passierte, dass der
Krieg in unserem Land endlich aufhörte und dass unsere Herzen
offen wären für Gott und sein Wirken.

Fast gegen meinen Willen ließen diese Worte den nächsten
Schauer durch meine Seele gehen. Sie trafen ins Schwarze meiner
heimlichen Sehnsucht nach Gott und nach einem Weg, ihn zu
erreichen.

Am Ende der Stunde fragte ich den anderen Trainer, Hakim
(„Weiser"), ob er glaubte, dass Jesus Gottes Sohn war.

Hakim kannte sich mit der muslimischen Mentalität aus. Er
konnte mir nicht platt sagen: „Jesus ist Gottes Sohn und das musst
du glauben." Hätte er das gesagt, wären bei mir sofort die inneren
Rollläden heruntergegangen und alles, was er noch gesagt hätte,
wäre an mir vorbeigerauscht, und schon gar nicht hätte ich Jesus
als Herrn anerkennen können. Für einen Muslim ist Allah so
heilig, dass die Behauptung, dass er einen Sohn hat, eine schier
unvorstellbare Gotteslästerung ist.

Als ich also Hakim fragte: „Ist Jesus Gottes Sohn?", drückte er mir einfach ein dünnes Heft in die Hand – das Johannesevangelium. „Lies das; es wird dir die Antworten geben, die du suchst."

Ich fing sofort an, das Heft zu lesen, und langsam, Schritt für Schritt und Stückchen um Stückchen kam das Licht der Wahrheit Gottes in mein Herz. Da hieß es in Johannes 3,16: „Denn Gott hat die Menschen so sehr geliebt, dass er seinen einzigen Sohn für sie hergab. Jeder, der an ihn glaubt, wird nicht zugrunde gehen, sondern das ewige Leben haben."

Ich wusste damals noch nicht, dass diese Worte mein ganzes Leben revolutionieren und mir eine Beziehung zu dem einen wahren Gott bringen würden.

8
DIE GROSSE BEGEGNUNG

———◉———

Fünfmal am Tag rief ich treu Allah an, jeden Tag, aber er erhörte nie auch nur ein einziges Gebet. Ich bat ihn um Essen und wir hungerten; ich bat ihn um Frieden und der Krieg wurde immer hässlicher.

Gamila und ich waren inzwischen beide vierzehn. Wir redeten oft darüber, wie das Leben jenseits der Grenzen unseres von Krieg und Gewalt zerrissenen Landes wohl war. Ich träumte von einer Welt ohne Tod und Krieg, in der niemand wegen seiner Religion getötet wurde. Freiheit und Demokratie, einst die große Hoffnung meines Volkes, waren in den Jahren des Bürgerkriegs in Vergessenheit geraten.

Alim lud seine Taekwondo-Schüler dazu ein, am kommenden Sonntag mit ihm in die Kirche zu gehen. Ich sagte zu und Gamila, die auch in dem Kurs war, beschloss, mich zu begleiten. Gamila und ich waren in dieselbe Schule gegangen und schon seit dem Kindergartenalter zusammen.

Wir wussten beide, dass es riskant war, einen christlichen Gottesdienst zu besuchen. Es gab Muslime, die für weniger zu Tode gefoltert wurden. Wenn meine Verwandten und Nachbarn herausfanden, was ich da machte, würden sie mich als Verräterin und

Abtrünnige betrachten. Ich begriff sehr wohl, was es bedeutete, wenn ich, eine Muslimin, in eine Kirche ging. Für die Muslime ist die Religionszugehörigkeit eine Sache der Geburt. Der Islam ist unsere Identität und nicht etwas, das man frei wählen oder ablehnen kann. Wenn ich meine Religion verwarf oder änderte, wurde ich eine Ungläubige. Mein Beschluss, zusammen mit meinem Trainer in die Kirche zu gehen, konnte mich mein Leben kosten und ich wusste: Wenn ich starb, würde ich zur Hölle fahren. Aber lebte ich nicht schon längst in der Hölle in meiner Welt? Die Angst und der Tod waren meine ständigen Begleiter.

Ich hatte keine Beziehung zu Allah. Keines meiner Gebete hatte er beantwortet. Dafür hatte ich Fragen über Jesus und den Gott Abrahams, Isaaks und Jakobs. Aber meinen Eltern oder Brüdern durfte ich keine Silbe davon sagen, dass ich in einen christlichen Gottesdienst wollte.

„Heute geh ich in die nächste Trainingsstunde", sagte ich ihnen. Welcher Art dieses „Training" war, erklärte ich nicht.

„Ich bin ja so froh, dass du lernst, dich selbst zu verteidigen", erwiderte Papa, als ich meinen Mantel anzog. Er wäre am Boden zerstört gewesen, hätte er gewusst, wo ich an diesem kalten Herbstsonntag wirklich hinwollte. Es war Mitte der 1990er-Jahre, als ich die Reise begann, die mein Leben für immer verändern sollte.

Die Liebe war förmlich spürbar

Gamila stand wie verabredet vor der Schule und wartete. Ich winkte ihr zu, dann schaute ich kurz über die Schulter, ob uns auch niemand beobachtete. Konnte man mir ansehen, dass ich im Begriff stand, etwas sehr Gefährliches zu tun?

Ich schüttelte die Angst ab. „Ich habe meinen Leuten gesagt, ich gehe in die nächste Trainingsstunde. Und du?"

„Das Gleiche. Sie haben nicht weiter nachgefragt."

Ich sagte: „Aber jetzt müssen wir gehen. Es ist eine Stunde Fuß-weg." Unsere Wangen waren von der Kälte gerötet, unser Atem hing in kleinen Wolken in der Luft. Wir würden uns an einem verabredeten Punkt mit Alim treffen und dann zusammen mit ihm zu der Kirche gehen.

„Hoffentlich kommt Alim bald, sonst kommen wir zu spät."

Es dauerte mehrere Minuten, bevor Alim mit seinem Fahrrad kam, hinter ihm sein großer Schäferhund. „Toll, dass ihr da seid", sagte er. „Ich war nicht sicher, ob ihr kommen würdet. Dann man los."

Wir gingen dicht hinter ihm her. Das rasche Gehen wärmte uns auf. Ich war halb nervös, halb begeistert. Und sehr neugierig. Was würde uns erwarten?

Nach einer Stunde waren wir da. Ich zögerte an der Tür. Denn ich dachte an die orthodoxe Kirche zurück, die ich besucht hatte. Aber als wir eintraten, merkte ich sofort, dass die Atmosphäre hier ganz anders war. An der Tür hießen uns lächelnde junge Leute willkommen. Sie sagten: „Schön, dass ihr kommt!" – „Jesus liebt euch!" – „Wir freuen uns, dass ihr da seid!"

Ich war platt.

Die Liebe war hier förmlich spürbar – die Liebe, von der Jesus redete: „Heute gebe ich euch ein neues Gebot: Liebt einander! So wie ich euch geliebt habe, so sollt ihr euch auch untereinander lieben. An eurer Liebe zueinander wird jeder erkennen, dass ihr meine Jünger seid" (Johannes 13,34-35).

An diesem Vormittag erlebte ich zum ersten Mal, was dieses Ge-bot bedeutet. Was diese Menschen hier hatten, das wollte ich auch! Ich wusste, dass in meinem Leben etwas fehlte. Ich hatte keine Freude, meine tiefe Sehnsucht nach Gott war ungestillt.

Gamila und ich hakten uns unter, als man uns zu unseren Plätzen brachte. Wir staunten beide nur so. Als Kinder hatten wir immer nur Schlechtes über die Christen und die Kirche gehört. Aber das hier war völlig anders, als was ich damals in der orthodoxen Kirche erlebt hatte. Hier kam das Licht im Saal nicht von Hunderten von Kerzen, sondern aus den Herzen der Christen, die einander begrüßten und uns willkommen hießen. Was für eine Freude sie ausstrahlten – wenn ich doch auch so eine Freude hätte! Die Brutalität des Krieges hatte mich in ein Loch von Hoffnungslosigkeit gedrückt – und hier, um mich herum, waren ganz normale Menschen, die genauso viel, ja vielleicht sogar mehr mitgemacht hatten als ich und die sich trotzdem freuen konnten. Ich war fasziniert.

Gamila und ich saßen auf unserer Bank im hinteren Teil der Kirche und versuchten, schön unauffällig auszusehen. Die Kirche war voll besetzt, es mochten 800 oder 1000 Menschen da sein. Jetzt kam der Kollektenkorb. Er war mit einem Kreuz verziert, dem Zeichen der Ungläubigen. Besser nicht anfassen, damit ich nicht unrein wurde …

Der Pastor war ein Amerikaner. Er mochte zwischen 50 und 60 sein. Sein Gesicht war voller Liebe. Er war zusammen mit dem Taekwondo-Trainer in unser Land gekommen, um Gottes Ruf zu befolgen, den muslimischen Völkern des Nahen Ostens das Evangelium des Friedens zu bringen.

Der Gottesdienst wurde in einer europäischen Sprache abgehalten, die all die verschiedenen ethnischen Gruppen in unserem Land verstanden. Die Texte der Lieder erschienen vorne an einer großen Leinwand, von der wir sie ablesen konnten.

Ich ließ meine Augen staunend durch den Saal gleiten. Das hier – das war keine Religion, das war eine lebendige Beziehung zum Schöpfer der Welt! Menschen aus vielen verschiedenen Völkern, Jung und Alt, sangen gemeinsam wunderbare Anbetungslieder, vereint in Gottes Liebe.

Ich versuchte krampfhaft, nicht zu dem riesigen Holzkreuz vorne auf dem Podium hinzuschauen. Für einen Muslim ist das Kreuz, an dem Jesus starb, ein Folterwerkzeug zur Hinrichtung von Verbrechern. Ich musste unwillkürlich denken: *Selbst hier verfolgt mich noch der Tod.*

Als die Lieder fertig waren, stand der Pastor auf und suchte den Saal mit seinem Blick ab. „Sind heute Besucher bei uns oder jemand, der zum ersten Mal da ist?"

Gamila sah mich an. „Steh nicht auf", flüsterte sie.

Unsere muslimischen Kopftücher verrieten uns natürlich. Wir versuchten, uns noch kleiner zu machen, aber es half nichts: Schon waren wir entdeckt und man bat uns aufzustehen. Und so standen wir da, wie zwei ertappte Übeltäter, und die anderen klatschten und sangen uns zu: „Wir begrüßen euch im Namen von Jesus Christus! Er liebt euch und wir lieben euch! Wir begrüßen euch im Namen von Jesus Christus!"

Ich spürte, wie die Röte in meine Wangen stieg, und lächelte schüchtern. Die Wärme und Freude um uns herum löste unsere Spannung. Als wir uns wieder setzten, hatten wir das Gefühl, dass diese Menschen hier uns liebten.

Gamila flüsterte mir zu: „Das ist spitze hier."

Ich nickte. „Ja. Ich bin echt froh, dass wir mitgegangen sind."

Der Gastredner war eine Frau aus Amerika, die von einem Dolmetscher übersetzt wurde. Sie war von einer himmlischen Kraft erfüllt, die ich noch nie in einem Menschen erlebt hatte. Wie einst Mose (2. Mose 24,18; 34,28) hatte sie vierzig Tage und Nächte gefastet und nur Wasser getrunken, bevor sie hierherkam, um zu predigen.

Ich spitzte die Ohren. Was ich hier hörte, war mir neu: „Jesus wurde in diese Welt gesandt, um ein vollkommenes Leben zu leben und für unsere Sünden zu sterben. Er ist das endgültige Opfer für deine und meine Sünden. Er starb am Kreuz, wurde begraben und ist am dritten Tag von den Toten auferstanden. Jetzt bietet er allen, die seinen Namen anrufen, Vergebung der Sünden, Gnade und ewiges Leben an!"

Dies waren tiefe Worte, die mir zu denken gaben. Konnte es sein …? Aber ich brauchte noch etwas Greifbareres, ein Zeichen, das mir ohne jeden Zweifel bewies, dass das hier wahr war.

Dann sagte die Gastrednerin: „Möchtest du diese Vergebung und dieses ewige Leben haben? Du kannst es hier und jetzt bekommen, wenn du Jesus bittest, in dein Herz zu kommen. Komm hierher nach vorne und wir werden mit dir beten."

Gamila und ich sahen einander an, mit einem Blick, der „Nein!" sagte. Egal, wie tief die Worte dieser Frau uns getroffen hatten, *das* würden wir nicht machen!

Doch dann stand der amerikanische Pastor auf und sagte: „Alle unter euch, die irgendwelche Gebetsanliegen haben, dürfen jetzt nach vorne kommen, damit wir für euch beten. Jesus ist die Antwort. Er erhört Gebete. Kommt, nehmt ihn beim Wort und probiert es aus!"

Ich musste an meine vielen Gebete zu Allah denken. Fünfmal jeden Tag betete ich zu ihm und nie hatte er mir geantwortet. Aber hatte ich nicht einmal zu dem Gott Abrahams, Isaaks und Jakobs gebetet (dem Gott der Christen) und hatte er mich nicht erhört? Als der Pastor sagte: „Jesus ist die Antwort", war ich ganz Ohr; ich wusste instinktiv, dass das die Wahrheit war.

Ich dachte: *Ich bin eine Muslimin, aber warum soll ich diese Menschen nicht für mich beten lassen?* Denn ich suchte doch nach Antworten. Konnte der Christengott dem Krieg ein Ende machen? Konnte er Frieden bringen?

Zusammen mit vielen anderen ging ich nach vorne. Als ich nach rechts schaute, sah ich, dass neben mir Gamila ging. Die Gemeinde sang: „Der Himmel zeugt von der Herrlichkeit des Herrn der Herrn" und „Würdig ist das Lamm", während wir den Mittelgang entlang nach vorne gingen. Mein Herz hämmerte ängstlich. Was, wenn andere Muslime mich jetzt sahen und erkannten? Aber ich hatte auch eine Vorahnung, dass gleich etwas Großes geschehen würde.

Dann stand ich vor dem Pastor und er legte sachte seine Hand auf meine Stirn, um für mich zu beten. Ich spürte, wie eine warme Welle durch mich schoss, als der Heilige Geist mich mit seiner

Macht berührte. Ich konnte mich nicht mehr auf den Beinen halten und ging zu Boden. Was war das? Ich versuchte, wieder aufzustehen, aber die Gegenwart Gottes war zu stark. Ich gab es auf und lag still und friedlich auf dem Fußboden, während etwas wie warmes, beruhigendes Öl mich durchströmte.

Als ich so dalag, hatte ich eine Vision des gekreuzigten Jesus. Ich sah ihn vor mir, wie er mit durchbohrten Händen und Füßen an dem Kreuz hing, und begann zu weinen. Meine inneren Augen wurden geöffnet und ich erkannte das Ungeheure, das Jesus dort getan hatte. Wie es in Johannes 1,29 heißt: „Seht, das ist Gottes Opferlamm, das die Sünde aller Menschen wegnimmt."

In dieser Vision sprach Gott zu mir und rief mich mit meinem Namen. „Mariam, du hast verdient, für deine Sünden zu sterben, aber ich bin an deiner Stelle gestorben, damit du leben kannst. Ich habe dich frei gemacht von deiner Sünde und Schande. Ich habe dir vergeben. Nimm meine Liebe und Vergebung an und versuche nicht länger, sie dir zu verdienen. Wenn du im Glauben meine Liebe annimmst, wirst du mein Kind."

Die Vision war so lebendig, dass ich das Blut, das von Jesu Kopf, Händen, Füßen und Seite tropfte, fast fühlen konnte.

„Kehr um und komm zu mir! Dann wirst du mit mir im Paradies sein, dadurch, was ich in meiner Gnade für dich getan habe. Ich habe deine Schmach auf mich genommen, damit du frei wirst vom Gericht der Hölle und der Verdammnis."

Wieder fing ich an zu weinen, wegen dieser Offenbarung der Gnade Gottes. Ich konnte mich schier nicht halten vor Freude über das unglaubliche Geschenk, das Gott mir da anbot (siehe Jakobus 1,17-18).

Bisher hatte ich geglaubt, dass jedes Jahr neu Blut für unsere Sünden vergossen werden musste, damit wir Vergebung bekommen konnten. Siebzig Tage nach dem Ende des Fastenmonats Ramadan brachten wir immer ein Lamm als Opfer dar. Ich hatte jedes Jahr vor Mitleid für das arme Tier geweint, wenn ich sein verängstigtes Blöken hörte. Jetzt wusste ich es: Kein Tieropfer der Welt konnte meine Sünden wegnehmen, sondern allein das Opfer, das Jesus ein für alle Mal am Kreuz gebracht hatte.

Als ich dort lag, begriff ich, dass Gott seinen kostbaren Sohn hingegeben hatte, um an meiner Stelle zu sterben. Das Kreuz verwandelte sich aus einem Zeichen des Todes in das große Zeichen der Liebe. Es zeigte mir, was Jesus für mich geopfert hatte: sein eigenes Leben. Der Heilige Geist berührte mein Herz und zeigte mir, dass kein anderer je für mich gestorben war. Nicht Mohammed, auch nicht Buddha oder Krishna. Allein Jesus Christus hatte seine Liebe für mich dadurch bewiesen, dass er sein eigenes kostbares Blut für mich vergoss. Er starb, damit ich Leben bekam. Nur echte, wahre, reine Liebe konnte ein solches Opfer bringen.

Mir brauchte kein Mensch zu erklären, dass Jesus der Sohn Gottes war. Jesus selbst offenbarte es mir.

Und er redete weiter zu mir: „Meine kostbare Tochter, ich habe dich vor Grundlegung der Welt als meine Prinzessin erwählt. Du bist ein Königskind, auch wenn du dich nicht so fühlst. Ich werde auf dich warten, bist du bereit bist, nach den großen Plänen, die ich für dich habe, zu leben. Ich weiß: Du weißt nicht, wo du anfangen sollst, um das zu werden, wozu ich dich berufen habe. Lass mich jeden Tag dein Lehrer sein. Fange an, indem du erkennst, wer ich bin: Der König aller Könige und Herr aller Herren. Der Bräutigam deiner Seele. Wenn wir beide uns jeden Tag treffen, wir beide ganz allein, werde ich dir zeigen, wie du die Dinge in deinem Leben loslassen kannst, die meinen Segen für dich zurückhalten."

Seine Stimme war sanft und gütig. „Denke immer daran, mein Kind: Ich habe dich nicht nur erwählt, ich biete dir auch an, meine Botin an die Welt zu sein. Wenn du willst, werde ich dir alles geben, was du brauchst, um deine Berufung zu erfüllen. Ich bin dein König und Herr, der dich erwählt hat (siehe 1. Petrus 2,9). Nicht du hast mich erwählt, sondern ich habe dich dazu berufen, hinauszugehen und Frucht zu bringen, die bleibt, sodass der Vater dir alles geben wird, um was du ihn in meinem Namen bittest."

Von diesem Augenblick an gehörte mein Leben ohne Wenn und Aber Gott. Ich spürte zutiefst, dass er mein himmlischer Vater war und ich die Tochter des Königs aller Könige. Wie es in Johannes 1,12 heißt: „Die ihn aber aufnahmen und an ihn glaubten, denen gab er das Recht, Kinder Gottes zu werden."

Stundenlang lag ich dort auf dem Fußboden und doch schienen es nur ein paar Augenblicke zu sein.

Als ich endlich wieder aufstehen konnte, war ich ein neuer Mensch geworden. Vorher war ich eine Sklavin der Angst vor den Menschen und dem Tod gewesen. Jetzt hatte meine Taufe mit dem Heiligen Geist mir unversehens eine tiefe Freude und großen Mut gegeben (vgl. Römer 8,14-16). Ich war frei geworden von meinen Albträumen.

Am eigenen Leib erlebte ich die Wahrheit von 1. Johannes 4,18: „Wenn die Liebe uns ganz erfüllt, vertreibt sie sogar die Angst." Denn als ich Jesus in mein Herz hineinließ, verließ die Angst mich, um nie wiederzukommen. Das Fundament des Islam ist die Angst, aber Gott nahm an diesem Tag den Geist der Angst aus mir weg und gab mir dafür einen Geist der Kraft.

Zum ersten Mal in meinem Leben hörte ich Gott sprechen. Ich befand mich nicht mehr in einem Monolog mit Allah, sondern in einem Dialog mit meinem Schöpfer! Wir hielten eine Zwiesprache der Herzen, wie zwischen einem Lamm und seinem Hirten (vgl. Johannes 10,27), und Jesus antwortete auf meine Gebete. Obwohl der Krieg in meinem Land weiterging, spürte ich plötzlich einen tiefen Frieden in mir – weil der Friedefürst (Jesus) in mein Herz kam und alle Stürme dort stillte.

Ich schaute in die Runde. Da war Gamila. Wir traten zueinander. Das Leuchten in ihren Augen zeigte mir, dass auch sie verwandelt worden war. „Was ist mit dir passiert?", fragte ich.

Sie lachte. „Ich hab mein Leben Jesus gegeben."

Ein Pastor führte uns in einen Nebenraum, wo er uns in unserer Muttersprache erklärte, was da mit uns geschehen war. Dann sprach er mit uns ein Übergabegebet. Er erklärte: „In Römer 10,9 heißt es: ‚Denn wenn du mit deinem Mund bekennst: Jesus ist der Herr!‘, und wenn du von ganzem Herzen glaubst, dass Gott ihn von den Toten auferweckt hat, dann wirst du gerettet werden.‘"

Gemeinsam beteten Gamila und ich: „Himmlischer Vater, du weißt, dass ich gesündigt habe und es nicht wert bin, dein Kind genannt zu werden. Aber ich glaube, dass du ein Gott der Gnade bist und dass du deinen Sohn, Jesus, gesandt hast, um am Kreuz für meine Sünden zu sterben. Und so komme ich jetzt in großer Dankbarkeit zu dir, Herr Jesus, und übergebe dir mein Leben. Bitte vergib mir alles, was gewesen ist, reinige mich von allen meinen Sünden und gib mir deinen Heiligen Geist, damit er als mein Lehrer und Freund in mir lebt.

Im Namen Jesu Christi sage ich ab dem Satan und allen Geistern der Finsternis und dem Geist des Islam und bejahe das Wort Gottes, das da sagt: ‚Wenn euch also der Sohn Gottes befreit, dann seid ihr wirklich frei.‘ Ich erkläre, dass Jesus mich von all meinen Sünden und allen Ketten des Satans frei gemacht hat. Ich bin von oben wiedergeboren worden. Ich bin ein Kind Gottes, eine neue Schöpfung und habe ewiges Leben. In Jesu mächtigem Namen. Amen, halleluja!"

Dann bekamen wir jede ein Neues Testament, mit der Anweisung, täglich in ihm zu lesen. Wir waren ganz begeistert, als wir zusammen mit Alim nach Hause gingen.

Alim war überglücklich. „Ich kenne einen Bibelkreis, in den ihr gehen könnt", sagte er. „Gott wird euch durch sein Wort lehren."

Mein Herz war übervoll. Ich konnte es nicht erwarten, in den nächsten Gottesdienst zu gehen, um den lebendigen Gott, den Gott der Liebe anzubeten. Wie es in einem Brief der Bibel heißt: „Liebe ist geduldig und freundlich. Sie ist nicht verbissen, sie prahlt nicht und schaut nicht auf andere herab. Liebe verletzt nicht den Anstand und sucht nicht den eigenen Vorteil, sie lässt sich nicht reizen und ist nicht nachtragend. Sie freut sich nicht am Unrecht, sondern freut sich, wenn die Wahrheit siegt. Liebe ist immer bereit zu verzeihen, stets vertraut sie, sie verliert nie die Hoffnung und hält durch bis zum Ende. Die Liebe wird niemals vergehen. Einmal wird es keine Prophetien mehr geben, das Reden in unbekannten Sprachen wird aufhören und auch Erkenntnis wird nicht mehr nötig sein" (1. Korinther 13,4-8).

Aber ich wusste noch etwas anderes: Das, was da mit mir geschehen war, würde mein ganzes weiteres Leben verändern ... einschließlich meiner Beziehung zu meiner Familie.

9
ERSTE SCHRITTE MIT JESUS

*A*ls ich an diesem Sonntag nach Hause kam, konnte ich meine Begeisterung nicht verbergen. Ich fühlte mich wie neugeboren. Mein Gesicht leuchtete und ich strahlte bis über beide Ohren. Mit meinen vierzehn Jahren war ich überwältigt von der Entdeckung, dass Jesus mich liebte. Ich hatte immer dieses Gefühl gehabt, dass in meinem Leben etwas fehlte, aber sosehr ich es auch versuchte: Ich hatte nie herausfinden können, was das war. Jetzt wusste ich es: Den Frieden, nach dem ich mich sehnte, gab es nur bei Jesus.

Ich war verwandelt worden. Meine äußere Situation nicht. Unser Land befand sich immer noch im Bürgerkrieg. Aber statt der ständigen Angst spürte ich jetzt eine Freude, die nicht aus mir kam, und jenen Frieden, von dem Jesus spricht: „Meinen Frieden gebe ich euch; einen Frieden, den euch niemand auf der Welt geben kann. Seid deshalb ohne Sorge und Furcht!" (Johannes 14,27)

Meine Familie hatte keinen Schimmer, was mit mir geschehen war. Ich war verliebt in Jesus Christus und konnte die gute Nachricht von ihm nicht für mich behalten! Ich wollte der ganzen Welt von meinem geliebten Erlöser erzählen, angefangen bei meinen Eltern, Geschwistern und sonstigen Verwandten, bei meinen

Freunden und Nachbarn. Aber ich musste vorsichtig sein und auf die passende Gelegenheit warten – den richtigen Ort und den richtigen Zeitpunkt. Wenn ich sofort damit herausgeplatzt wäre, wären meine Eltern nur entsetzt gewesen und hätten mir verboten, noch einmal in diese Kirche zu gehen.

So bat ich Gott, mir zu zeigen, wie ich das, was ich da gefunden hatte, am besten weitergab. Ich verließ mich ganz auf die Führung des Heiligen Geistes. Und er zeigte mir, dass der richtige Weg der persönliche Kontakt zu Verwandten, Freunden und anderen Muslimen war, wobei ich ständig auf die herrschende Kultur zu achten hatte. Als Einzelkämpferin gegen meine ganze Kultur anzugehen, konnte mir den Tod bringen, aber wenn ich Einzelnen die gute Nachricht von Jesus weitergab, konnte das Seelen retten.

Das Neue Testament, das ich in der Kirche bekommen hatte, verschlang ich nur so. Ich versteckte es unter meinem Kleid und schloss mich mit ihm in der Toilette ein, wo man mich nicht damit erwischen konnte. Wenn ich gar zu lange drinnen blieb, hämmerten meine Lieben manchmal an die Tür, worauf ich das Neue Testament schnell zurück unter meine Kleidung schob, irgendeine Entschuldigung murmelte und das Bad verließ – und auf die nächste Gelegenheit wartete, heimlich in Gottes Wort zu lesen. Da ich zu Hause kein Zimmer hatte, wo ich ungestört beten konnte, betete ich in der Dusche. Ich ließ das Wasser laufen, während ich betete und sang.

Ich fing an, zusammen mit Gamila und Alim jeden Sonntag in die Kirche zu gehen. Jedes Mal empfing mich die Gemeinde mit derselben Liebe und jedes Mal verschlang ich förmlich die Predigten.

An einer der Wände in der Kirche prangte folgender Bibelvers: „Rufe zu mir, dann will ich dir antworten und dir große und geheimnisvolle Dinge zeigen, von denen du nichts weißt!" (Jeremia 33,3) Dieser Vers wurde mir wie ein Befehl des Himmels und ich befolgte ihn und bat Gott, mir seine Wahrheit zu offenbaren.

In Jakobus 5,16 lernte ich die Macht des Gebets kennen: „Des Gerechten Gebet vermag viel, wenn es ernstlich ist." Ich wusste: In Gottes Augen war ich jetzt eine „Gerechte", da durch Jesu Tod am Kreuz meine Sünden vergeben waren, und so schüttete ich meinem Erlöser mein Herz aus und bat ihn, auch meine Familie zu sich zu führen. Ich wusste: Ich musste ihnen eine Brücke bauen, damit sie Jesus in ihr Herz aufnehmen konnten.

Anfangs sagte ich meinen Verwandten nicht, was mit mir geschehen war, aber mein Tun sprach lauter als meine Worte. Im Laufe von wenigen Wochen veränderte sich mein Leben drastisch. Bald betete ich nicht mehr fünfmal am Tag zu Allah; ich ging auch nicht mehr zu dem Mullah. Ich lebte jetzt in einer Liebesbeziehung zu meinem Schöpfer. Zu ihm betete ich, und das in meiner Muttersprache. Dem Mullah fiel natürlich auf, dass ich nicht mehr kam, und er schickte meine Mitschülerinnen zu mir, um zu fragen, warum. Ich sagte ihnen, dass ich halt keine Lust mehr hatte.

Ich riss mich nicht mehr um die Anerkennung der Menschen um mich herum. Denn ich hatte keine Angst mehr davor, was andere von mir dachten, weil ich jetzt nur noch für Einen lebte – meinen Geliebten, Jesus Christus.

Als Zeichen meiner neuen Freiheit hörte ich sogar auf, die traditionelle islamische Frauenkleidung mit dem Kopftuch zu tragen. Als Nesthäkchen der Familie hatte ich meist eine ziemliche Narrenfreiheit gehabt, aber dass ich plötzlich mit unbedecktem Haar auf die Straße ging, konnten meine Eltern nur schwer schlucken; was war da nur in ihre Jüngste gefahren?

Aber ich ließ mich nicht unterkriegen. Ich dachte an 1. Samuel 16,7, wo Gott zu Samuel sagt: „Ich urteile nach anderen Maßstäben als die Menschen. Für die Menschen ist wichtig, was sie mit den Augen wahrnehmen können; ich dagegen schaue jedem Menschen ins Herz." Und ich erklärte meinen Eltern: „Ich möchte Gott mehr gefallen als den Leuten. Ich möchte ihn mehr fürchten als die

Menschen. Und er sieht mein Herz an, nicht meine äußerliche Frömmigkeit."

Jesus befahl mir, meiner Familie seine Botschaft nicht zu sagen, sondern selbst diese Botschaft zu *sein* – ihnen ganz praktisch seine Liebe zu demonstrieren. Ich folgte seinem Beispiel, eine Dienerin für alle zu sein, und begann, meiner Familie zu dienen, indem ich freiwillig putzte, Besorgungen für meine Mutter machte und meinen Geschwistern meine ganze Liebe schenkte. Wie es in Markus 10,45 heißt: „Auch der Menschensohn ist nicht gekommen, um sich bedienen zu lassen. Er kam, um zu dienen und sein Leben hinzugeben, damit viele Menschen aus der Gewalt des Bösen befreit werden." Bevor ich eine Christin wurde, hatte ich mich von meiner Familie bedienen lassen; jetzt fing ich an, ihnen zu dienen, und sie staunten nur so. Dass ich ihnen auf einmal mit selbstloser, aufopfernder Liebe begegnete, ließ ihr Herz weich werden.

Mein neuer Name

Ich wusste, dass das Wirken von Jesus das Wirken eines Dieners war, und ich wollte so werden wie er. Vor meiner Bekehrung war ich viel unter Freundinnen aus unserer Straße gewesen, die gerne fluchten, und das hatte auf mich abgefärbt. Über Nacht hörte ich mit dem Fluchen auf.

Als Jesus sich mir offenbarte, sagte er mir unter anderem, dass ich in ihm eine neue Identität hatte und er mir einen neuen Namen geben würde. Ich wurde nicht weniger als ein neuer Mensch und begriff die Bedeutung der Worte in 2. Korinther 5,17: „Gehört jemand zu Christus, dann ist er ein neuer Mensch. Was vorher war, ist vergangen, etwas Neues hat begonnen."

Namen sind in der Kultur des Nahen Ostens sehr wichtig. Ich glaube, dass sie das Wesen des Namensträgers benennen und prophetisch sind. Man wird das, was man heißt. In 1. Mose 17,5 benennt Gott *Abram* („erhabener Vater") um in *Abraham* („Vater der vielen" oder „Vater der Völkermenge"); das war sein Erbe. Gott änderte auch den Namen von Abrahams Frau *Sarai* zu *Sara* (V. 15). *Sarai* bedeutet vielleicht „streitsüchtig", doch dann änderte Gott die letzten beiden Buchstaben zu *ah*, einem Symbol seines Atems. Das *ah* von *Jahwe* macht Sarai neu; jetzt heißt sie nicht mehr „streitsüchtig", sondern „Prinzessin" oder „Fürstin" – die Tochter des Königs. Auch Jesus änderte die Namen einiger seiner Jünger, besonders der drei, die ihm am nächsten standen; so wurde aus *Simon* der „Fels", *Petrus*.

Ich muss staunen, wenn ich sehe, wie Gott selbst in den Namen des Stammbaums Jesu in Lukas 3 spricht:

Adam bedeutet „Mensch".

Set bedeutet „Ersatz".

Enosch bedeutet „Mensch", „schwach", „sterblich".

Kenan bedeutet „Kummer".

Mahalalel bedeutet „Aufleuchtend ist Gott".

Jered bedeutet „Er wird herabkommen".

Henoch bedeutet „Der, der lehrt".

Metuschelach bedeutet „Sein Tod wird bringen".

Lamech bedeutet „Der Verzweifelnde".

Noah bedeutet „Trost und Ruhe".

Ein Mensch, der eingesetzt und sterblich ist, der Kummer trägt und gesegneter Gott ist, wird herabkommen und Gottes Wort verkündigen, und sein Tod wird den Verzweifelnden Trost und Ruhe bringen. Das ist Jesus!

———◉———

An dem Tag, wo ich Jesus in mein Herz hereinließ, sagte er mir, dass ich in ihm eine neue Identität hatte. Ich fragte mich, was wohl mein neuer Name war, aber ich brauchte nicht lange zu warten. Zuerst zeigte Gott selbst ihn mir und dann bestätigte er ihn durch meine Freundin Munira. Sie prophezeite, dass ich einen neuen Namen hatte: *Samaa*.

Samaa bedeutet „Himmel, Paradies" – wer möchte nicht dorthin?

Ich wusste sofort, dass dieser Name von Gott kam, denn Gott selbst hatte mich auf ihn vorbereitet. Jedes Mal, wenn ich in der Bibel das Wort „Himmel" las, schien es schier von der Buchseite zu springen. Als Munira also diesen Namen nannte, schlug mein Herz schneller und ich hatte die tiefe innere Gewissheit, dass dies wirklich Gottes Name für mich war. Dadurch, dass ich an Jesus Christus glaubte, hatte ich ja schon die Verheißung des Himmels. Der Name *Samaa* sprach von meiner Berufung, den Menschen vom himmlischen Paradies zu erzählen, das auf alle wartet, die an Jesus glauben.

In der Gemeinde war ich bald als *Samaa* bekannt, da Munira und andere Freundinnen anfingen, mich den anderen unter diesem Namen vorzustellen. Zu Hause war das anders; als ich meiner Familie eröffnete, dass Gott mir einen neuen Namen gegeben hatte und dass sie mich bitte ab jetzt Samaa nennen sollten, verstanden sie die Welt nicht mehr. „Was?", rief mein Vater aus. „Ich habe dich *Mariam* genannt! Das ist dein Name und nicht Samaa!"

Auch meine Mutter war verschnupft. „Dein Vater hat dir so einen schönen Namen gegeben! Wie kannst du so undankbar sein und ihn auf einmal nicht mehr wollen? Warte nur, bis du selber Kinder hast und die dir so etwas antun; dann wirst du anders denken!"

Ich konnte nur antworten: „Mama, ich muss Gott gehorchen."

Meine ganze Familie wehrte sich gegen meinen neuen Namen. Alle waren frustriert, als ich nur noch auf *Samaa* reagierte und nicht mehr auf den Namen, den ich bei meiner Geburt bekommen hatte. Doch als sie merkten, dass es mir ernst war, gaben sie schließlich nach und fingen an, meinen neuen, „himmlischen" Namen zu benutzen.

„Das ist ein Wunder!"

Ich las, sooft ich konnte, heimlich das Neue Testament, das ich in der Kirche bekommen hatte. Jetzt versteckte ich es unter meinem Kopfkissen und las es abends und morgens. In Römer 14,11 las ich: „So wahr ich lebe, spricht der Herr: Vor mir werden alle niederknien und alle werden bekennen, dass ich der Herr bin!" Ich bekannte jetzt in meiner Muttersprache, dass Jesus mein Herr war.

Während ich versuchte, meinen neuen Glauben in meiner Familie zu leben, heilte Gott meinen Körper. Ich war wie erwähnt schon als Kind kränklich gewesen und hatte oft Erkältungen, Kopfweh und andere Beschwerden gehabt. Jetzt war ich dauernd müde gewesen, hatte Schmerzen in allen Knochen gehabt und nur schwer Luft bekommen. Vor Kurzem hatte meine Mutter mich sogar im Krankenhaus untersuchen lassen, weil sie Angst hatte, dass ich die Herzkrankheit geerbt hatte, die ihren Vater das Leben gekostet hatte.

Als ich Jesus in mein Leben eingeladen hatte, bat ich ihn um Heilung – und siehe da, die Symptome verschwanden restlos. Ich fühlte mich richtig fit und konnte wieder normal atmen.

„Ich bin geheilt!", sagte ich zu Mama.

Am liebsten hätte ich meine Medikamente auf der Stelle in den Müll geworfen, aber Mama bestand darauf, dass ich mich zuerst noch einmal untersuchen ließ.

Im Krankenhaus erklärte die Ärztin mich für kerngesund. Sie konnte sich meine plötzliche Genesung nicht erklären. „Das ist ein Wunder!", sagte sie, als sie sich von uns verabschiedete.

Mich überraschte meine Heilung nicht; ich fand sie völlig normal. Hatte Jesus nicht in Markus 16,18 gesagt: „Kranke, denen sie die Hände auflegen, werden gesund"? Seit meiner Bekehrung hatte ich schon viele Wunder erlebt. Ich ging sogar zusammen mit Rasul („Bote", ein Evangelist aus der Gemeinde) in die Krankenhäuser unserer Stadt, wo es zu so vielen Heilungen kam, dass die muslimischen Ärzte uns baten, doch wiederzukommen. Chronisch Kranke, Blinde, Lahme, Unfruchtbare und Herzkranke – sie alle wurden im Namen von Jesus geheilt. Ich hatte einen schlichten Glauben und tat einfach das, was Jesus mir gebot. In Markus 16,17 verheißt er, dass er die, die an ihn glauben, durch Wunder bestätigen wird, und genau so geschah es.

10
KRAFT VON OBEN

———◆———

Gamila und ich übten weiter unsere Wurf- und Falltechniken. Es waren die Übungen, die ich am wenigsten mochte, aber mit die, bei denen man sich am wenigsten Fehler leisten konnte, weil wir keine Matten in der Turnhalle hatten. Wer falsch auf dem Fußboden landete, konnte sich verletzen.

Ich hatte keine Angst vor Verletzungen. Eher schon davor, dass meine Eltern mich nicht mehr in den Taekwondo-Unterricht gehen lassen würden, wenn ich mir das Handgelenk brach oder das Knie verstauchte.

Nach einem Hüftwurf, bei dem ich Gamila zu Boden brachte, während ich ihre Hand festhielt, schnellte sie sofort wieder hoch und sagte: „Und jetzt ich!"

Ich muss wohl nicht richtig aufgepasst haben, denn anstatt wie ein Gummiball vom Boden abzuprallen, fiel ich wie ein nasser Sack hin, dass mir die Luft wegblieb. Der Trainer kam zu mir und half mir, mich aufzusetzen und aufzustehen.

Auf seine typische, zurückhaltende Art zeigte er mir, wie man es richtig machte. Während ich zuschaute, demonstrierte er in Zeitlupe die richtige Technik. Dann wiederholte er sie und ließ sich von Gamila zu Boden bringen.

Er stand auf und lächelte mich aufmunternd an. Je besser ich diesen Mann kannte, desto mehr mochte ich ihn – nicht nur seine starke Persönlichkeit, sondern mehr noch seine tiefe Liebe zu seinem Freund Jesus. Er hatte mir erzählt, dass unser Pastor schon wegen seines Glaubens verprügelt worden war. Und dass man sie beide schon oft bedroht hatte: „Haut ab aus unserem Land oder wir bringen euch um!"

Er erklärte mir: „Mein christlicher Glaube sagt mir, dass ich keine Angst vor denen zu haben brauche, die den Leib töten können. In der Bibel steht: ‚Der in euch ist' – das ist Jesus – ‚ist größer als der, der in der Welt ist' (1. Johannes 4,4). Ich habe keine Angst und du brauchst auch keine zu haben."

Weder mein Pastor noch mein Trainer *mussten* in unserem Land sein. Es war nicht ihre Heimat. Aber sie blieben dort wegen ihres Glaubens an Jesus Christus.

Mein erster Taekwondo-Wettkampf

Um beim Taekwondo von einer Stufe zur nächsten aufzusteigen, mussten wir eine Reihe von Prüfungen ablegen. Das war nur zweimal im Jahr möglich und stets mit einem Wettkampf verbunden.

Als mein erster Wettkampf seine Schatten vorauswarf, war ich sehr nervös. Ich wusste, dass meine Eltern nicht kommen würden, weil sie beide nichts von Kampfszenen hielten, aber mehrere meiner Geschwister hatten vor zu kommen. Ich war entschlossen, mein Bestes zu geben und die Familienehre hochzuhalten.

Was ich nicht erwartet hatte, war, dass viele Leute in unserer Stadt von dem Wettkampf Wind bekommen hatten und mit eigenen Augen sehen wollten, was es mit diesem Taekwondo auf sich hatte.

Als ich zusammen mit den anderen Prüfungskandidaten aus dem Umkleideraum kam, war die Turnhalle gerammelt voll. Zuschauer überall. Sie saßen auf den Stühlen und Bänken, standen an den Wänden und schauten durch die Türen herein! Es mussten mehrere Hundert sein.

Plötzlich hatte ich Schmetterlinge im Bauch. Mit so vielen Zuschauern hatte ich nicht gerechnet. Aber als wir unsere Aufwärmübungen, einschließlich Gebet, hinter uns hatten und die Wettkämpfe begannen, war meine Nervosität wie weggeblasen. Die Hunderte von Zuschauern waren nicht mehr schlimm. Ich hatte gelernt. Ich hatte trainiert. Ich hatte ein Ziel: die Prüfung zu bestehen und meinen Gürtel zu bekommen ... Und ich bekam ihn.

Mein zweiter Wettkampf

Das Ende des Bürgerkriegs bedeutete nicht, dass in meinem Land über Nacht Recht und Ordnung herrschten. Und die frühmorgendlichen Gebetsversammlungen, zu denen ich ging, als es noch dunkel war, sowie unsere regelmäßigen Gebetsnächte am Freitag erhöhten die Gefahr für mich noch. Nachts sah man nach wie vor keine Menschen und Autos auf den Straßen. Niemand ging nach Sonnenuntergang aus dem Haus, aus Angst vor Überfällen.

Aber ich war verliebt in Jesus und manchmal ließ mich diese Liebe Dinge tun, die ich normalerweise nicht getan hätte. Sie machte mich mutig.

Ich war jetzt sechzehn Jahre alt und seit zwei Jahren Taekwondo-Schülerin. Inzwischen hatte ich zuerst meinen gelben und dann meinen grünen Gürtel bekommen.

Johnnys Taekwondo-Schulen hatten sich über das ganze Land verbreitet. Obwohl alle Gruppen gleichzeitig Minikirchen waren, kamen Hunderte Muslime, um die Kunst der Selbstverteidigung zu lernen. Viele von ihnen lernten dort Jesus als ihren Erlöser und Herrn kennen und bekennen, auch wenn ihnen dies Verfolgung und Schläge durch ihre Verwandtschaft einbrachte. Manche bekamen sogar Morddrohungen.

Die nächsten Taekwondo-Prüfungen und -Wettkämpfe standen vor der Tür. Obwohl dies nicht mehr meine erste Prüfung war, war ich doch wieder nervös. Es gab mehrere Hundert Teilnehmer. Das Programm begann mit Andacht und Predigt; darauf folgten die eigentlichen Prüfungen und zum Schluss die Preisverleihung.

Immer mehr Teilnehmer hatten sich die „richtige" Taekwondo-Kleidung besorgt. Wir waren ein imposanter Anblick für die Hunderte von Zuschauern, als wir in unseren schwarzweißen Uniformen, mit Gürteln in allen Regenbogenfarben, in der Turnhalle antraten.

Als der Tag zu Ende war, hatte ich die nächste Stufe erklommen und war stolze Besitzerin des blauen Gürtels.

Ich war eine höchst eifrige und ehrgeizige Schülerin. Nur sehr wenige von uns Anfängern hatten auch nur den gelben oder grünen Gürtel, aber als die fortgeschrittenen Taekwondo-Schüler kamen, um uns bestimmte Techniken vorzuführen, hatte es für mich bald nur ein Ziel gegeben: So einen schwarzen Gürtel wollte ich auch haben, und das sobald wie möglich.

Da es bei dieser zweiten Prüfung so viele Teilnehmer gab, war es schon fast dunkel, als sie endlich zu Ende war. Aber mein Tag war noch lange nicht zu Ende. Jetzt würde ich nach Hause sausen, mich umziehen und dann gleich wieder gehen, in unsere Kirche, wo um 22 Uhr wie jeden Freitag unsere Gebetsnacht begann, die bis fünf Uhr morgens dauerte.

Ich bat Jesus um seinen Schutz

Ein paar Freundinnen und ich hatten an dem Abend das Glück, das einzige öffentliche Verkehrsmittel zu erwischen, das es zurzeit gab: einen Minibus, vollgestopft mit Menschen, die nicht zu Fuß im Dunkeln unterwegs sein wollten. Wir fuhren zusammen, bis eine Freundin und ich in einen anderen Minibus umsteigen mussten.

Ein paar Haltestellen weiter verließ ich diesen Bus, an einem Punkt, von dem es etwa zwanzig Minuten Fußweg zu mir nach Hause waren, während meine Freundin noch etwas weiter fuhr. „Kommst du alleine zurecht?", fragte sie mich.

Ich versicherte ihr, dass ich es schaffen würde. Wir umarmten uns zum Abschied, gratulierten uns noch einmal zu unserem Erfolg, und dann sauste ich hinaus in die Dunkelheit.

Ich trug eine Jeans und ein weißes Sweatshirt. In der Hand hielt ich meinen Turnbeutel mit meiner Taekwondo-Kleidung und mein Neues Testament. Einen Mantel brauchte ich nicht, da die Luft recht warm war.

Kaum war der Minibus um die Ecke verschwunden, begann es zu regnen. Dicke Tropfen landeten auf meinem Gesicht. Als ich sie wegwischte, sah ich, wie ein groß gewachsener, muskulöser Mann auf mich zukam. Er mochte Mitte zwanzig sein.

Instinktiv wusste ich, dass dieser Mann nichts Gutes vorhatte – gleichzeitig spürte ich einen tiefen Frieden, der nur von Gott sein konnte.

Jetzt musste ich an dem Mann vorbeigehen.

„Hey", sagte er. „Möchtest du, dass ich mit dir gehe? An meiner Seite bist du sicher."

„Danke", erwiderte ich. „Das ist nett von Ihnen, aber ich schaffe das alleine."

Ich hoffte, dass er mich in Ruhe lassen würde, aber er sagte: „Nein, ich gehe mit dir."

„Das möchte ich aber nicht", sagte ich. „Lassen Sie mich bitte in Ruhe."

Er tat, als hörte er mich nicht. Als ich meinen Schritt beschleunigte, wurde er auch schneller. „Hey, nicht so schnell", sagte er.

Der Regen wurde stärker. Das Wasser auf dem Gehsteig spritzte an meine Jeans. Das Pflaster glänzte, aber die Nacht wurde immer dunkler. Ich bat Jesus innerlich um seinen Schutz und seine Leitung, wie ich mich verhalten sollte.

Plötzlich hatte ich eine Idee: Was, wenn ich mit dem Fremden ein Gespräch über Gott anfing? „Wissen Sie eigentlich, wo Sie hinkommen, wenn Sie sterben?", fragte ich ihn.

„Na, doch hoffentlich in den Himmel."

„Gut! Dann kennen Sie also den Weg in den Himmel?" Und ohne seine Antwort abzuwarten, begann ich ihm zu erklären, dass Jesus für unsere Sünden gestorben war und dass er das große Opfer und der einzige Weg in den Himmel war. Die ganze Zeit lief ich im Marschschritt weiter.

Da hinten war unser Mietshaus. Aber um dorthin zu gelangen, mussten wir zwischen zwei Gebäuden durch, wo es unter einem Baum besonders dunkel war. Als wir an die allerdunkelste Stelle kamen, packte der Kerl mich plötzlich, dass ich den Turnbeutel und die Bibel fallen ließ.

Er drückte mich gegen den Baum und versuchte, mir die Kleider vom Leib zu reißen. Ich wehrte mich heftig, aber er war größer und stärker als ich.

Ich war schockiert, dass er auf mich losging, während ich über Gott sprach. Hatte er mir überhaupt nicht zugehört? Aber wie heißt es in Hesekiel 12,2: „Du lebst in einem widerspenstigen Volk. Sie haben Augen, sehen aber nichts; sie haben Ohren, doch sie wollen nicht hören, denn sie lehnen sich gegen mich auf."

Vom ersten Tag meines Lebens mit Jesus an hatte ich erlebt, wie er meine Gebete erhörte. Ich glaubte fest an Gottes Versprechen in Psalm 46,2: „Gott ist unsere Zuflucht und Stärke, ein bewährter Helfer in Zeiten der Not." Und so schrie ich innerlich: *Jesus, hilf mir!*

Die Hand meines Angreifers presste sich auf meinen Mund. Im gleichen Augenblick füllte Gott mich mit derselben übermenschlichen Kraft, die er David gegeben hatte, als er gegen den Riesen

Goliat kämpfte: „David aber sprach zu dem Philister: Du kommst zu mir mit Schwert, Lanze und Spieß, ich aber komme zu dir im Namen des Herrn Zebaoth, des Gottes des Heeres Israels, den du verhöhnt hast" (1. Samuel 17,45).

So wie David den Riesen mit den bloßen Händen und fünf Steinen besiegen konnte, kämpfte ich jetzt mit einer Kraft, die nicht von mir kam. Ich kämpfte nicht nur um meine Reinheit, sondern um mein Leben! Zuerst schlug ich mit der Handkante gegen das Kinn des Mannes. Dann packte ich sein Handgelenk, riss es von mir los und wirbelte ihn herum. Ich sah, wie er mich perplex anschaute. Mit aller Kraft stieß ich ihn von mir weg, sodass er auf dem feuchten Pflaster ausrutschte und hinfiel.

Das Ganze hatte nur einen Augenblick gedauert. Ich rannte los, so schnell ich konnte, und hielt erst an, als ich zu Hause war. Meine Taekwondo-Kleidung und mein Neues Testament waren futsch, aber mir war nichts passiert.

Bevor ich ins Haus trat, holte ich Luft und sammelte mich. Ich zitterte noch von dem Schock meines Erlebnisses, aber meinen Eltern durfte ich nichts sagen, damit sie mir nicht womöglich verbaten, abends wegzugehen. Ich wollte doch in ein paar Stunden in unsere Freitagsgebetsnacht. Jeden Freitag gingen die Muslime in die Moschee, um zu beten, und so hatten wir den Freitagabend als regelmäßige Gebetsnacht eingeführt, in der wir für unsere Familien und Freunde beteten, die Jesus noch nicht kannten. Ich hatte immer noch vor hinzugehen, zusammen mit meinen Schwestern. Wir warteten immer, bis alle in der Wohnung schliefen, bevor wir uns hinausschlichen.

An diesem Abend gingen meine Schwestern und ich den gleichen Weg, auf dem ich um ein Haar vergewaltigt worden war. Ich hoffte, meinen Turnbeutel mit der teuren Kleidung (ein Geschenk meines Bruders Musa) und mein Neues Testament wiederzufinden. Aber obwohl ich sogar unter dem Baum suchte, fand ich nichts, bis auf eine abgerissene Schnur von der Kapuze meines

Sweatshirts. Ich betete, dass mein Angreifer, falls er mein Neues Testament an sich genommen hatte, dieses lesen und zu Gott finden möge.

Als der Abschnitt der Gebetsnacht kam, wo man berichten konnte, was man mit Gott erlebt hatte, stand ich auf und erzählte der Gemeinde, wie Jesus mich beschützt und gerettet und mir Kraft gegeben hatte. Ich zitierte Psalm 121,1-2: „Ich schaue hinauf zu den Bergen – woher kann ich Hilfe erwarten? Meine Hilfe kommt vom Herrn, der Himmel und Erde gemacht hat!" Ja, er war bei mir gewesen in dieser Nacht!

Gott befahl mir, nicht wegzurennen

Einige Monate, nachdem Gott mir die Kraft seines Heiligen Geistes gegen den Angreifer in der dunklen Straße gegeben hatte, geriet ich erneut in eine Situation, wo ich innerlich um seine Hilfe schrie. Meine Schwester Iman, ich und eine Freundin gingen in die Stadt, um den Stoff zu kaufen, aus dem meine Schwester Malika mir eine neue Taekwondo-Kleidung nähen wollte.

Während wir durch die Straßen gingen, fingen drei große junge Männer an zu pfeifen und zu rufen: „Hey, ihr drei Hübschen!" Sie lachten rau.

Wir versuchten, sie nicht zu beachten, aber sie folgten uns. Ihre Bemerkungen wurden aggressiver. „Hey, kommt mit, damit wir euch verwöhnen können! Habt ihr schon Freunde? Macht nichts, ihr wollt doch richtige Männer wie uns, oder?"

Gott befahl mir, nicht wegzurennen. Eine innere Stimme wies mich an, die Konfrontation zu suchen.

Ich blieb stehen. „Stopp!", rief ich. „Haut ab!"

Der eine winkte spöttisch mit der Hand und grinste noch breiter. „Spinne ich, oder was? Ihr seid drei Mädchen, wir sind drei Jungs, das ist doch perfekt. Also, wie wär's?"

In muslimischen Ländern werden Frauen und Mädchen ohne männliche Begleitung leicht als Freiwild angesehen. Diese Typen dachten, dass sie mit uns machen konnten, was sie wollten, weil wir keine Männer dabeihatten, die uns beschützten.

Mehrere Passanten, die die Szene mitbekamen, gingen vorsichtshalber auf die andere Straßenseite. Von ihnen konnten wir keine Hilfe erwarten.

Ich sah die Angst in Imans Augen.

Einer der drei grinste sie an. „Hey, Süße, nicht so schüchtern! Wenn du's mir gut besorgst, revanchier ich mich! Komm, du willst das doch!"

Iman schob sich hinter mich.

Es war keine Polizei in der Nähe, niemand, den wir um Hilfe bitten konnten, außer Gott. Ich begriff, dass dies hier auch ein geistlicher Kampf war. Ich begann zu beten.

Iman versuchte, die Burschen nicht anzusehen und weiterzugehen. Der, der sie gerade angesprochen hatte, zwickte sie, dann packte er sie. Sie schlug mit den Armen nach ihm. Ich sah, wie sein Gesicht hart wurde vor Gier.

Ich betete unhörbar zu Jesus gegen die finsteren Mächte, die den Mann im Griff hatten. Die anderen beiden Männer nahmen uns von den Seiten in die Zange. Sie versuchten, uns in einen Durchgang zu drängen.

Plötzlich kam dasselbe Feuer über mich, das ich in der Nacht nach dem Taekwondo-Wettkampf erlebt hatte. Wieder verspürte ich eine Kraft, die nicht aus mir kam. Als die Burschen auf uns losgingen, holte ich zum Gegenangriff aus. Meine Beine wirbelten in perfekt gezielten Tritten. Meine Fäuste schlugen zu. Meine Füße und Hände flogen in alle Richtungen gleichzeitig.

Passanten, die keinen Finger gerührt hätten, um uns zu helfen, blieben stehen. Es wurden immer mehr. „Schaut euch das an!", rief einer. „Tarzan ist nichts dagegen!"

„Das ist eine Superfrau!", rief ein anderer.

Ich holte zu einem Highkick aus, gefolgt von einer blitzschnellen Kombination verschiedener Karateschläge. Mit einem Fuß traf ich die Nase eines der Angreifer. Seine Hände gingen an sein Gesicht, eine Blutfontäne schoss ihm aus der Nase. Den zweiten traf ich mit der Faust am Ohr, dass er vor Schmerzen brüllte.

Meine Zuschauer johlten und klatschten. „Weiter, Superfrau! Mach sie fertig!" – „So was hab ich im Leben noch nicht gesehen!"

Der Dritte – der, der Iman gekniffen hatte – versuchte, einem Handkantenschlag von mir auszuweichen. Als er sich duckte, wirbelte ich herum und meine Ferse traf ihn am Kinn. Er fiel rückwärts auf das Pflaster.

Und schon war der Kampf vorbei. Die gedemütigten Helden traten mit hängenden Köpfen den Rückzug an. Der eine drückte ein Taschentuch an seine heftig blutende Nase. Der Zweite hielt sich mit schmerzverzerrtem Gesicht das Ohr. Zusammen versuchten sie, den Dritten zu stützen, der wie betäubt aussah und kaum einen Schritt vor den anderen bekam.

Die Menge johlte und lachte. Der Anführer des Trios murmelte: „Wir machen nie mehr Mädchen an, ehrlich." Und sie machten sich davon.

Mein Puls normalisierte sich wieder. Nachträglich staunte ich genauso wie alle hier. Ich holte tief Luft und dankte Gott für seine wunderbare Hilfe.

Die Umstehenden sparten nicht mit Komplimenten und guten Wünschen. „Gut gemacht, Superfrau!" – „Du solltest Karatelehrerin werden und unsere jungen Frauen und Mädchen trainieren, damit die Straßen sicherer werden!"

Der Tag würde tatsächlich kommen, wo ich meinen schwarzen Gürtel bekam, wirklich eine Trainerin wurde und das Evangelium gerade so weitergab, wie ich es bekommen hatte.

Nicht durch menschliche Kraft

Ein anderes Mal wollten Munira und ich an einem Freitag zu unserer Kirche. Der öffentliche Nahverkehr in unserer Stadt funktionierte zu dieser Zeit sporadisch. Manchmal kamen die Busse und Taxis, manchmal nicht. Wir beschlossen, an der Bushaltestelle zu warten. Wir warteten und warteten, doch es kam kein Bus.

Dann näherte sich ein Auto. Es wurde langsamer und hielt neben uns an. Ich hatte ein mulmiges Gefühl.

Wir gingen wohl besser. Aber da sprangen plötzlich mehrere Männer mit Gewehren aus dem Auto. Da sie ganz offensichtlich keine Polizisten waren, mussten es Kriminelle sein. Sie riefen uns zu, mit ihnen zu kommen. Wir wussten, was sie vorhatten; wir hatten genug Geschichten von Frauen gehört, die brutal vergewaltigt und ermordet worden waren. Blitzschnell fassten wir uns an den Händen und rannten los, aber es war schon zu spät. Die Männer packten uns und zerrten uns zu dem mit laufendem Motor wartenden Auto.

Wieder schrie ich zu Gott und wieder fiel der Heilige Geist auf mich. Ich betete in Zungen, während ich schlug und trat und meine ganze Karate- und Taekwondo-Kunst einsetzte. Schon war ich frei und wollte wegrennen. Ich dachte nichts anderes, als dass Munira mitkam, aber als ich mich umdrehte, sah ich, wie sie gelähmt vor Angst ins Auto verfrachtet wurde. „Munira!", rief ich und rannte zurück. Ich durfte sie nicht im Stich lassen!

Mit einer Kraft, die nicht meine war, packte ich Munira, um sie den Männern zu entreißen. Es war ein harter Kampf, aber zum Schluss waren wir beide frei, auch wenn wir blaue Flecken hatten und bluteten. Wir rannten weg, so schnell unsere Beine uns trugen. Erst später dämmerte es mir, dass die Männer nicht auf uns geschossen hatten, obwohl sie bewaffnet waren. Ich wusste: Das hatte Gott gemacht; wieder hatte er uns beschützt.

In Sacharja 4,6 sagt Gott: „Was du vorhast, wird dir nicht durch die Macht eines Heeres und nicht durch menschliche Kraft gelingen: Nein, mein Geist wird es bewirken!" Die Kraft dieses Geistes hatte ich einmal mehr erfahren; sie hatte meine Freundin und mich aus den Händen böser Männer gerettet.

Trotz der nur zu realen Gefahren auf den Straßen hörte ich nie auf, in die Kirche oder meine Taekwondo-Stunden zu gehen. *Der Glaube gibt nie auf!*, sagte ich mir. Mein Hunger nach der Wahrheit und der Gemeinschaft mit anderen Christen war größer als meine Angst.

11

Gott erhörte unser Schreien

———◆———

Den ganzen Krieg lang wussten wir: Wenn die Muslimbruderschaft siegte, würde unser Land ein streng islamischer Staat werden, in dem die Scharia herrschte. Und am allermeisten würde dies die Frauen treffen; wir würden keine Arbeit mehr bekommen und dürften nicht mehr Auto fahren oder auch nur alleine auf die Straße gehen. Außerhalb der Wohnung müssten wir immer die Burka tragen, die buchstäblich bis auf einen Sehschlitz die ganze Person verhüllt.

Das Einzige, das wir tun konnten, um das Blutvergießen zu stoppen, war Beten, und so fasteten viele Gemeinden, darunter auch unsere, für die Freiheit des Landes und ein Ende des Bürgerkriegs. Unser Pastor schlug vor, dass wir drei Wochen lang für unser Volk beten sollten. Gesagt, getan. Verschiedene Gemeindeglieder verpflichteten sich, eine bestimmte Anzahl Tage zu beten – einige einen bis drei Tage, andere sieben, zehn oder sogar die ganzen einundzwanzig Tage, so wie Gott sie führte.

Als die drei Wochen vorbei waren, spürten wir, dass wir weitermachen mussten, und so fasteten und beteten wir in „Schichten" weiter, insgesamt vierundzwanzig Stunden am Tag und sieben Tage in der Woche. Ich betete jeden Tag vier bis sieben

Stunden lang und flehte Gott an, Erbarmen mit unserem Volk zu haben.

Dies ging mehrere Jahre so weiter, dann erhörte Gott unser Schreien. Nach fünf Jahren Krieg wurde in unserem Land die Religionsfreiheit eingeführt. Von einer Gesamtbevölkerung von etwa 6 Millionen Menschen waren ungefähr 150.000 (die allermeisten Zivilisten) zu Tode gekommen. Weitere eineinhalb Millionen hatten ihr Zuhause verloren und waren in die Nachbarländer geflohen.

Offiziell war der Krieg jetzt zu Ende, doch es gab weiter Zusammenstöße zwischen bewaffneten Gruppen. Nach den jahrelangen Kämpfen ging das Land am Stock. Es sollte noch lange dauern, bis sich das Leben wieder normalisierte. Immer noch waren Lebensmittel knapp, öfters fiel der Strom aus, es gab nächtliche Ausgangssperren und man war auf den Straßen nicht sicher.

Da die Schulen während des Krieges geschlossen gewesen waren, hatten wir eine Art Hausunterrichtssystem improvisiert. Lehrer, die in der Nähe wohnten, kamen und auch meine Mutter gab uns Unterricht.

Als der Krieg vorbei war, wurden die Schulen wieder geöffnet, und ich konnte endlich mein Abgangszeugnis der Highschool bekommen. Mein großes Ziel war es, Sprachen zu studieren, und so bewarb ich mich an der Universität um einen Studienplatz in Sprachen und Informatik. Ich konnte es nicht erwarten, mich mit Menschen aus anderen Kulturen in ihrer Sprache zu unterhalten.

Aber da gab es ein Problem: Meine Eltern hatten kein Geld mehr. Ich bat also Gott, mir die nötigen Mittel zu schenken, getreu der Verheißung in Philipper 4,19: „Aus seinem Reichtum wird euch Gott, dem ich gehöre, durch Jesus Christus alles geben, was ihr zum Leben braucht."

Damals war in unserer Gemeinde ein Gastbibeldozent aus den USA, der ursprünglich aus Asien stammte. Dr. Kim war ein sehr gütiger Mann, der sieben Söhne, aber keine Töchter hatte. Er behandelte mich, als sei ich seine Tochter. Seine Fürsorge war so groß, dass ich den Eindruck hatte, Gott selbst zeigte mir durch ihn sein Vaterherz.

Grün und blau geschlagen

Im folgenden Oktober fuhr ich zusammen mit Adila und Malika das zweite Mal zu einer Einkehrfreizeit in den Bergen. Diesmal gingen wir als Mitarbeiter hin. Iman, die sich im Sommer hatte taufen lassen, kam als Mitarbeiterkandidatin mit.

Während wir dort waren, fragte der Bibeldozent aus Asien mich, was für Pläne ich für meine Zukunft hatte. Ich erzählte ihm von meinen Studienträumen. Er hörte mir aufmerksam zu – und bot mir an, mir die gesamten Studiengebühren zu zahlen!

Ich war so platt, dass mir die Tränen kamen. Was für ein Geschenk! Es zeigte mir einmal mehr Gottes Treue! Meine Schwestern und ich waren innerlich auf Wolke sieben, als wir von der Freizeit zurückkamen.

Doch dann versuchte der Teufel sofort, uns unsere Freude zu stehlen. Er tat es durch meinen Bruder Musa, dem unsere Reise in die Berge merkwürdig vorgekommen war und der durch andere Kanäle erfahren hatte, was wir dort machten. Am folgenden Sonntag ging er zu unserer Kirche, um uns herauszuholen.

Der Gottesdienst an diesem Tag war ein echtes Fest; wir berichteten, was Gott während der Freizeit in unserem Leben getan hatte. Adila und ich sangen im Chor, wo wir nicht zu erreichen waren, aber ein Platzanweiser kam zu Malika und sagte ihr, dass unser Bruder da war und uns suchte.

Malika traute sich nicht, zur Tür hinzusehen; sie wusste, was uns blühte.

Musa vermied es, in den Gottesdienstraum zu treten, wo er sich „verunreinigt" hätte. Er blieb im Vorraum. Nach dem Gottesdienst gingen Adila, Malika, Iman und ich zu ihm. Als ich die Wut in seinem Gesicht sah, wusste ich, dass die nächsten Schläge auf uns warteten.

„Warum gehorcht ihr mir nicht? Ich habe euch doch verboten, da hinzugehen!", zischte er.

Wir gingen die drei Treppen nach unten, an die frische Luft. Innerlich betete ich die ganze Zeit.

Kaum waren wir draußen, begann Musa, uns an den Kleidern und Haaren die Straße entlangzuzerren. „Was habt ihr auf dieser Freizeit gemacht? Und warum geht ihr immer noch in die Kirche und macht noch mehr Proselyten unter euren Geschwistern?", brüllte er, während er uns schlug und schlug.

Ich weinte und bat ihn, uns loszulassen. Stattdessen packte er mich und schlug mich voll ins Gesicht, sodass ich zu Boden ging. Der Schmerz war betäubend und ich spürte, wie klebriges Blut aus meiner Nase floss.

Mehrere Gemeindeglieder, die uns gefolgt waren, versuchten einzugreifen und Musa von uns wegzuziehen. „Hast du keine Furcht vor Gott?", fragten sie.

„Das geht euch nichts an! Wenn ihr nicht das Maul haltet und verschwindet, kriegt ihr auch Prügel!", schrie Musa.

Wir fuhren alle mit dem Bus nach Hause. Wir Mädchen saßen schweigend da, während Musa weiter tobte und drohte. Als wir in unserer Wohnung waren, packte er mich am Kopf und rammte ihn gegen die Wand. Ich wurde fast ohnmächtig. Musa packte die nächste meiner Schwestern und machte das Gleiche mit ihr. „Ihr bockigen Weiber! Warum gehorcht ihr mir nicht?", kreischte er.

Musa fühlte sich von uns gedemütigt. Er war entschlossen, uns alle zum Islam zurückzubringen, koste es, was es wolle. Wieder und wieder schrie er: „Warum bringt ihr Schande über unsere Familie?"

Als er mit uns „fertig" war, waren wir alle grün und blau, aber unsere Entschlossenheit war unverändert. Wir waren bereit, uns für Jesus zusammenschlagen zu lassen. Was uns auch passierte – er war es wert.

In den folgenden Wochen kochte Musas Wut weiter und wir versuchten alle, ihm aus dem Weg zu gehen. Unsere Mutter flehte uns an, ihm zu gehorchen. Ich erklärte ihr, dass das nicht ging. Wenn diese Schläge der Preis dafür waren, dass wir Jesus nachfolgten, dann bereiteten wir uns am besten innerlich auf die nächsten Prügel vor. Wir klammerten uns an 2. Korinther 1,5: „Weil wir Christus gehören und ihm dienen, müssen wir viel leiden, aber in ebenso reichem Maße erfahren wir auch seine Hilfe."

Gnade vor Recht

Der Wiederaufbau nach dem Krieg dauerte lange, aber allmählich wurde das Leben wieder normal und die Polizei fing wieder an, für Recht und Ordnung zu sorgen. Eines Tages, als ich mit meiner Schwester Adila auf einem Markt war, wurde mir mein teures Handy gestohlen. Ich rannte schnell genug, um den Dieb zu packen, aber der warf mein Telefon einem Komplizen zu, der damit über alle Berge ging. Ich brachte den Täter zur Polizei, damit er seine gerechte Strafe bekam. Die Polizei verhörte ihn, aber er nannte nicht die Namen der anderen Mitglieder der Bande und verriet nicht, wo das Handy hingekommen sein konnte. Die Polizei behielt ihn mehrere Tage in Haft.

Ein paar Tage nach dem Vorfall klingelte es an unserer Wohnungstür. Als ich öffnete, stand die Mutter des Diebes da, die meine Adresse von der Polizei erhalten hatte. Sie begann, bitterlich zu weinen, und bat mich, Erbarmen mit ihrem Sohn zu haben und die Polizei zu bitten, ihn freizulassen. Ich hatte ja selbst erlebt, wie Gottes Gnade über das Gericht triumphiert, und so hatte ich Erbarmen mit dieser Frau und ihrem Sohn – unter der Bedingung, dass sie einen Monat lang mit mir in unsere Kirche gingen. Das sagten sie zu, und ich konnte beiden das Evangelium erklären und darum beten, dass Gottes Liebe ihre steinernen Herzen zu Herzen aus Fleisch machen würde.

„Und wenn die Welt voll Teufel wär"

Ungefähr zu dieser Zeit kamen die UNO und das Internationale Rote Kreuz in unser Land, um beim Wiederaufbau zu helfen. Freiwillige aus beiden Organisationen boten Seminare in englischer Sprache an meiner Universität an, da viele der Dozenten und Lehrer im Krieg ums Leben gekommen waren oder das Land verlassen hatten. Ich war begeistert, dass ich jetzt mit Ausländern Englisch reden konnte.

Meine Universität war mein Missionsfeld, da die meisten meiner Studienkollegen Muslime waren.

Ich schrieb für mich eine Liste aller Personen in meinem Kurs. Dann brachte ich ihnen das Evangelium und fastete und betete für sie. Mehrere von ihnen wurden Christen. Einer der Dozenten kam aus England. Ich erzählte auch ihm von der Liebe von Jesus, worauf er sonntags in unsere Kirche kam. Er nahm sogar an den Gebetsnächten am Freitag teil und blieb bis zum Ende morgens um 5 Uhr.

Ein schönes Mädchen namens Uzma („Die Größte") schien immun gegen meine Gebete zu sein. Sie verhielt sich arrogant und schaltete auf Durchzug, wenn ich ihr von Jesus erzählen wollte. Ich betete weiter, in der Hoffnung, dass sich ihr Herz eines Tages öffnen würde.

Als ich ein, zwei Jahre später eines Sonntags wieder in unsere Kirche trat, wen sah ich da vor mir? Uzma! „Was machst du denn hier?", fragte ich überrascht.

Sie erzählte mir, dass sie sich in einen christlichen Mann verliebt hatte. Durch ihn war sie selbst eine Christin geworden und vor

Kurzem hatten sie geheiratet. Als ich ihr verriet, dass ich täglich für sie gebetet hatte, kamen ihr die Tränen. Auch ich musste weinen und wir umarmten uns, in dankbarem Staunen über das, was Gott da getan hatte. Sie war nicht die Einzige in meinem Kurs, die zu Jesus fand.

Nach meinem ersten Studienjahr wurden während der Frühjahrsferien plötzlich alle ausländischen Dozenten des Landes verwiesen (warum, erfuhren wir nie). Als wir wieder zu den Seminaren erschienen, waren nur noch die einheimischen Dozenten da. Meine sämtlichen Sprachlehrer waren fort. Aber wenn Gott ein Fenster schließt, öffnet er eine Tür!

Mein großer Traum war jetzt, auf das College für Internationale Beziehungen zu gehen. Dies war die beste Universität unseres Landes, aber hatte ich überhaupt eine Chance, dass sie mich nehmen würde? Sicher, ich hatte jetzt die finanzielle Unterstützung von Dr. Kim, aber da war die Aufnahmeprüfung, die ich ablegen müsste. Ich ließ mir einen Termin beim Rektor der Universität geben und eröffnete ihm, dass ich Internationale Beziehungen studieren wollte. Ich fragte ihn, ob es möglich war, dass ich die Aufnahmeprüfung machte; ich wolle gerne als Diplomatin arbeiten und etwas für den Frieden tun.

Der Rektor erlaubte mir, die Prüfung zu machen. Ich bestand sie und bekam tatsächlich einen Studienplatz. Es war ein echtes Wunder. In meinen wildesten Träumen hätte ich mir nicht vorstellen können, dass ich an solch einer Prestige-Uni studieren könnte. Wieder nahm ich es als Zeichen der Treue Gottes. Ich erkannte ihn als *Jahwe-Jireh* – das ist Hebräisch und bedeutet „Der Herr ist mein Versorger".

Jetzt war ich voll beschäftigt. Mein Studium brachte mir Freiheit und Hoffnung. Das Kontrastprogramm dazu war, wie unsere Verwandten meine Schwestern und mich behandelten. Am schlimmsten schlug uns nach wie vor Musa. Seine Reizbarkeit war furchtbar. Er und Suleyman wohnten jetzt beide in ihren eigenen Häusern, weil sie verheiratet waren, aber manchmal kamen sie am Sonntag (dem Tag, an dem wir zur Kirche gingen) zu uns. Wenn wir nicht da waren, warteten sie, bis wir zurückkamen, und fragten uns, wo wir gewesen waren. Egal, was wir ihnen antworteten, sie rasteten aus, aber wir wehrten oder rächten uns nie.

Bei unseren muslimischen Verwandten, Nachbarn und Freunden waren meine Schwestern und ich inzwischen unten durch. Sie alle wussten ja, dass wir vom Islam zum christlichen Glauben konvertiert waren, weil wir keine Angst hatten, ihnen von unserem neuen Glauben zu erzählen. In unserer Stadt war es üblich, dass man am Spätnachmittag auf der Straße vor den Häusern zusammenhockte, Pistazien knabberte, Tee trank und sich unterhielt. Meine Schwestern und ich nutzten dann jede Gelegenheit, von Jesus zu erzählen.

Viele machte das, was wir da sagten, nachdenklich und betroffen, doch die meisten wurden ärgerlich und bezeichneten uns als Abtrünnige. Manche hoben drohend Steine auf, wenn wir vorbeigingen. Sie taten uns nie wirklich etwas, setzten dafür aber umso mehr die Männer in unserer Familie unter Druck, endlich etwas gegen uns zu unternehmen. „Seid ihr nicht die Männer in eurem Haus?!", mussten meine Brüder sich dauernd von ihren Freunden anhören.

Doch trotz aller Verfolgung, die wir erfuhren – es gab Menschen in unserem Viertel, die Christen wurden. Ein Nachbar war psychisch krank. Er hatte jede Nacht Albträume und kein Arzt konnte ihm helfen. Wir luden ihn in unsere Kirche ein, wo Adila ihm vom Evangelium erzählte. Sie betete zu Gott, ihn zu heilen, und er wurde vollständig wiederhergestellt und gesund.

Wir hörten nicht auf, den Menschen Jesus zu bringen. Dies hatte seinen Preis, der Verfolgung hieß, aber tief drinnen hatten wir eine Freude und einen Frieden, die nichts erschüttern konnte.

12

EIN BESONDERER BODYGUARD

———◦————

Wenn ein Muslim Christ wird, wird er das gründlich. Der Preis dafür, für Jesus zu leben, ist hoch, aber dieses Leben bringt eine solche Freude und Freiheit, dass, selbst wenn man mit dem Leben dafür bezahlt, der Lohn das Opfer mehr als wert ist.

Morgens standen meine Schwestern und ich um 4 Uhr auf, um zum Morgengebet zu gehen. Den ganzen Weg lang beteten wir um Gottes Schutz vor möglichen Angreifern. Regen, Schnee, Krieg – nichts konnte uns aufhalten. Wir gingen in diese Gebetsversammlung, weil wir dort ganz offen und frei in Gottes Gegenwart treten konnten, während wir zu Hause unseren Glauben verstecken mussten.

Nur unsere Mutter wusste, wohin wir da gingen; unser Vater und unsere Brüder hatten keinen Schimmer. Sie standen früh auf, um zur Arbeit zu gehen, und nahmen an, dass wir noch schliefen.

Wenn wir in der Kirche ankamen, machte unser Trainer von 6 bis 7 Uhr Fitnesstraining mit den Taekwondo-Schülern. Wir liefen dabei in unserer weißen Sportkleidung durch die Straßen und riefen unsere Bibelverse. Ich rief zum Beispiel aus voller Kehle: „Alles kann ich durch Christus, der mir Kraft und Stärke gibt!"

(Philipper 4,13) Damals war es morgens auf den Straßen nicht allzu gefährlich.

Die meisten Kampfsportarten haben tiefe Wurzeln in den fernöstlichen Religionen. Beim Taekwondo ist das anders. Es wurde in den 1950er-Jahren in der südkoreanischen Armee entwickelt, als Mittel zur Selbstverteidigung und zum effizienteren Kämpfen. Zur Taekwondo-Philosophie gehören Liebe, Güte, Großherzigkeit, Mitfühlen und Charakterstärke. Ihre fünf Grundsäulen lauten: Höflichkeit, Integrität, Ausdauer, Selbstbeherrschung und ein unbeugsamer Geist.

Der amerikanische Missionar, der uns mit Taekwondo vertraut gemacht hatte, sah darin ein geeignetes Mittel, Nachfolge Jesu vorzuleben und den christlichen Glauben unter die Leute zu bringen. Gott gibt jedem seine Talente und Gaben, und selbst Sportarten kann er dazu gebrauchen, sein Reich auszubreiten. In Apostelgeschichte 1,8 sagt Jesus: „Ihr werdet den Heiligen Geist empfangen und durch seine Kraft meine Zeugen sein in Jerusalem und Judäa, in Samarien und auf der ganzen Erde."

Um diesen Missionsbefehl umzusetzen, organisierte unsere Gemeinde evangelistische Einsätze in der Stadt. Wir besuchten Krankenhäuser und predigten mutig den Gott der Bibel. Das Gebet und die Gottesdienste in unserer Kirche füllten uns mit dem Heiligen Geist, der uns das Evangelium in unsere Stadt und die umliegenden Dörfer tragen ließ. Die Gemeinde schickte uns jeweils zu zweit aus, wie in Lukas 10,1+4 beschrieben ist: „Danach wählte Jesus siebzig weitere Jünger aus und schickte sie immer zu zweit in die Städte und Dörfer, in die er später selbst kommen wollte ... ,Nehmt kein Geld, keine Tasche, keine Schuhe mit, und wenn ihr unterwegs Leute trefft, dann führt keine langen Gespräche!'"

Bei diesen Einsätzen zogen wir daher wie diese Jünger los, ohne Proviant und Geld (vgl. auch Markus 6,8). In jeder Region, die wir besuchten, fragten wir als Erstes unseren himmlischen Herrn, in welches Haus wir gehen sollten. Dann klopften wir dort an. Da in unserer Kultur Gastfreundschaft großgeschrieben wird, ließen uns die Leute gewöhnlich ein und gaben uns eine Mahlzeit und ein Schlafquartier. Sie waren so gastfreundlich, dass sie uns glatt ihre eigenen Betten überließen und selbst auf dem Fußboden schliefen.

Doch wenn wir ihnen dann sagten, warum wir gekommen waren, war es mit der Freundlichkeit oft vorbei. Zornige Mullahs beschimpften uns und mehr als einmal wurden wir aus dem Dorf hinausgejagt und fast gesteinigt.

Einmal waren wir mit etwa sieben Christen in einem Dorf und aßen mit den Bewohnern. Dann begannen wir zu erklären, warum wir da waren. Kaum hörten die Leute, dass wir Christen waren, forderten sie uns lautstark auf, sofort wieder zu gehen. Wir hatten keine andere Wahl, als den Rückzug anzutreten, und zwar schnell, denn schon begannen die Ersten, Steine aufzuheben. Ich war traurig, aber wir hielten uns an die Worte in Matthäus 10,14: „Wenn ihr in einer Stadt oder in einem Haus nicht willkommen seid und man eure Botschaft nicht hören will, so geht fort und schüttelt den Staub von euren Füßen ..." Wir beteten also für diese Menschen und zogen weiter.

Ein anderes Mal zog uns ein ganzes Dorf mit Knüppeln und anderen Waffen entgegen. Wir mussten buchstäblich um unser Leben rennen – und wurden prompt von einem Polizisten wegen Störung der öffentlichen Ordnung verhaftet. Er wollte ein Bestechungsgeld für unsere Freilassung. Stattdessen schenkten wir ihm mehrere Broschüren, die das Evangelium erklärten, und nutzten die Gelegenheit, ihm aus unserem Leben zu berichten. Er ließ uns schließlich frei. Sein Herz wurde angerührt von der Wahrheit und der Liebe Gottes; bevor wir gingen, lud er uns sogar ein, zusammen mit seiner Familie zu essen.

Trotz aller Verfolgung sahen wir bei diesen Missionseinsätzen viel Frucht; viele Menschen kamen zu Jesus.

Der Gott, der Herzen verwandelt

Adila, die eine begeisterte Predigerin war, liebte diese Missionseinsätze. Einmal fuhr sie zusammen mit Nuh in eine Gegend unseres Landes, wo es gerade eine kleine Erweckung gab. Nuh war ein sehr gebildeter Mann, der vor seiner Bekehrung zu Christus in den frühen 1990er-Jahren ein Mullah gewesen war. Jetzt waren er und sein Schwager Yunus („Friedenstaube") entschiedene Jünger von Jesus.

Bei dieser Erweckung hörten 400 Menschen nicht nur das Evangelium, sondern wurden geheilt, darunter ein von Dämonen besessenes Mädchen. Als das Missionsteam über einen Dolmetscher in der Sprache der Einheimischen predigte, kam aus diesem Mädchen plötzlich eine Männerstimme, die in unserer Sprache (die das Mädchen nicht beherrschte) sagte: „Jesus ist in euch!" Unsere Mitarbeiter trieben den Dämon aus; es war eine große Befreiung für das Mädchen. Von da an ging es in eine Gemeinde und heiratete schließlich einen Christen.

Eines Tages wurden Adila und Malika in unserer Stadt auf dem Weg zum Gottesdienst von Mitgliedern einer Straßengang verfolgt. Adila betete, worauf Gott ihr die Idee eingab, so zu tun, als habe sie eine Pistole in ihrer Handtasche. Sie sagte zu Malika: „Gleich hol ich meine Kanone raus und knall die Burschen ab." Die Jugendlichen suchten prompt das Weite. Wieder hatte Gott selbst sie beschützt.

Als unsere Kirche am Stadtrand eine neue Gemeinde gründete, machte Adila bei einem fünftägigen Missionseinsatz mit Straßenevangelisation und Predigten mit. Das Team erlebte zahlreiche Heilungen und etliche Menschen vertrauten ihr Leben Jesus an.

Am Ende der Woche wollte Adila in die Freitagsgebetsnacht unserer Gemeinde. Einen Teil des Weges fuhr sie zusammen mit einem anderen Mädchen im Bus, doch ihre Freundin wollte, bevor sie in die Gemeinde ging, erst nach Hause, um zu duschen. Sie sagte Adila, an welcher Haltestelle sie aussteigen musste und wie sie von dort aus die Kirche erreichte. Dann ging sie.

Es war schon dunkel, als Adila aus dem Bus stieg, und obwohl sie versucht hatte, sich die Wegbeschreibung zu merken, hatte sie sich bald verirrt. Plötzlich erschien ein Mann in Soldatenuniform, der ein Gewehr trug. „He, wer bist du?" Er versuchte, sie an der Hand zu packen. „Komm, unterhalte dich mit mir."

Adila schüttelte ihn ab und ging weiter, aber sie wusste immer noch nicht, wo sie war.

Der Mann gab nicht auf. Er schob sich neben sie und wollte sie küssen.

„Lass mich in Ruhe!", rief sie. „So was ist eine Sünde!" Adila hasste alles Böse. Wie dieser Kerl sie behandelte! Der Zorn der Gerechten stieg in ihr hoch. Sie erzählte dem Soldaten das Evangelium und forderte ihn auf, Buße zu tun. Ihre Worte hatten so eine Kraft, dass er es schließlich aufgab und sich trollte, aber nicht, bevor sie ihm ein Traktat mit der Botschaft des Evangeliums gegeben hatte.

Meine Schwester ging weiter, verirrt und allein. Allmählich hatte sie Angst und da sie wusste, dass die Angst uns Gottes Segen stehlen will, fing sie an, Jesus um Hilfe zu bitten.

Dann kam ihr ein anderer Mann entgegen. Als er bei ihr war, fragte er sie, wohin sie wollte und warum sie so spät alleine unterwegs war; das war gefährlich, sagte er.

Er war groß und kräftig. Seine Sprache klang gebildet und er sah gutbürgerlich und anständig aus. Sie fand, dass sie ihm vertrauen konnte.

„Ich habe mich verlaufen", sagte sie. „Ich will zu der Kirche. Können Sie mir helfen?" Und sie nannte die Straße, in der die Kirche lag.

„Die Straße kenne ich gut", sagte er. „Ich bringe dich dorthin. Aber könntest du mir erst einen kleinen Gefallen tun?" Er sagte, dass er gerade auf dem Weg zur Wohnung seiner Freundin sei, und schlug vor, dass Adila zuerst mit ihm dorthin ging; dann würden sie sie beide zu der Kirche bringen. Seine Freundin wohnte auf dem Weg.

Adila ließ sich darauf ein und während sie gingen, erzählte sie dem Fremden von ihrem Glauben an Jesus. Er tat interessiert und stellte viele Fragen, und sie redete und redete, ganz glücklich darüber, dass der Mann ihr zuhörte, sodass sie nicht merkte, wo sie hingingen.

Plötzlich merkte Adila, dass der Mann sie in ein verrufenes Stadtviertel geführt hatte. Ihr wurde unbehaglich. „Wie weit ist es noch bis zu Ihrer Freundin?", fragte sie.

„Wir sind gleich da", erwiderte er und ging weiter.

Sie kamen zu einer Mauer. In der Mauer war eine Öffnung. „Da durch", sagte Adilas Begleiter. „Nach Ihnen."

Adila spürte, wie der Heilige Geist sie warnte, aber sie wusste nicht, was sie machen sollte. Sie traten durch das Loch in der Mauer und befanden sich auf dem freien Feld! Kein Haus und kein Mensch waren zu sehen. Adila sank das Herz. Der Mann hatte sie ausgetrickst. Klar, der wollte sie vergewaltigen.

Da kam es schon. Er sagte, ganz ruhig: „Na, kann ich mit einer Christin schlafen?"

„Nein!", antwortete Adila entsetzt.

„Jetzt hab dich nicht so", sagte der Mann. „Denkst du, du bist eine reine Lilie? Du bist nachts alleine draußen auf der Straße, das macht kein anständiges Mädchen!" Er lachte verächtlich.

„Bitte", bettelte Adila. „Sie haben gewusst, dass ich mich verlaufen hab. Bitte machen Sie das nicht."

„Dann machen wir's schnell, dann kannst du wieder gehen."

„Sind Sie verrückt?", rief Adila. „Ich bin eine Jungfrau. Machen Sie das nicht!"

Der Mann änderte seine Taktik. Jetzt behauptete er, dass ein Mann, der keinen Sex haben kann, krank wird. „Und ich will dich doch gar nicht vergewaltigen, nur ein bisschen kuscheln." Und er machte Anstalten, Adila die Kleider vom Leib zu reißen.

Adila hatte keine Ahnung, was sie machen sollte. Sie fing an zu schreien, aber das machte den Fremden nur wütend. Er schrie zurück: Wenn sie nicht endlich still war, würden viele andere Männer kommen und sie ebenfalls vergewaltigen. Er presste sie zu Boden und knurrte: „Natürlich hab ich dich angelogen! Ich hab dich hierhergebracht, damit ich dich vernaschen kann. Dieses Feld gehört meinen Kumpeln; hier bringen wir Frauen hin, um sie zu vergewaltigen und anschließend umzubringen."

Adila schrie innerlich zu Gott um Hilfe. Da kam der Heilige Geist auf sie und sie schob den Mann mit übermenschlicher Kraft von sich weg. Dann legte sie ihre Hände auf seinen Kopf und begann laut, in Sprachen zu beten.

Der Fremde machte einen Satz zurück, als habe er sich verbrannt. Sein Körper ruckte wie von einem elektrischen Schlag. „Hör auf", sagte er. „Ich hab dich nicht berührt. Hör auf zu beten!"

Aber kaum hatte sie aufgehört, veränderte sich sein Gesicht wieder. „Bist du fertig?" Er stieß sie ins nasse Gras. „Na los!"

Adila hätte an diesem Punkt resignieren können, aber das tat sie nicht. Sie war voller Kampfgeist. Wieder legte sie ihre Hände auf den Kopf des Mannes und betete im Geist, jetzt noch lauter. Sie befahl dem Geist der sexuellen Gier, aus dem Mann zu weichen. Sie sah das Dämonische in seinen Augen und wusste, womit sie es hier zu tun hatte.

Während ihr die Tränen über die Wangen strömten, wirkte der Heilige Geist. Sie kämpfte einen doppelten Kampf, körperlich und geistlich.

Dann spürte sie, wie ihr Gott ein Wort der Erkenntnis gab. „Wissen Sie eigentlich, was für eine Schande mir das bringen wird?", fragte sie durch ihre Tränen hindurch. „Was wäre, wenn das Ihrer Schwester passierte?"

Ihre Worte trafen den Fremden wie ein Hammerschlag. Fast augenblicklich wurde er anders; selbst sein Blick veränderte sich.

Adila wusste, dass Gott Umkehr und Befreiung bringt. Jungfräulichkeit und Reinheit sind in unserer Kultur sehr wichtig. In der Hochzeitsnacht vollziehen der Bräutigam und die Braut ihre Ehe auf einem weißen Betttuch. Später zeigt der Bräutigam den Blutfleck von dem zerrissenen Jungfernhäutchen den Hochzeitsgästen, um zu beweisen, dass seine Frau eine Jungfrau war. Ein Mädchen, das nicht mehr Jungfrau ist, gilt als entehrt und wird nicht leicht einen Mann finden.

„Ent-, entschuldige", stotterte der Mann. „Ich bring dich jetzt zu deiner Kirche."

Diese Wendung der Dinge war ein Wunder. Adila weinte Tränen der Freude und Erleichterung. Gott selbst hatte sie bewahrt.

Als die beiden zurück durch die Mauer gehen wollten, kamen plötzlich sieben Komplizen des Mannes. Sie lachten, johlten und pfiffen, als sie meine Schwester sahen.

Adila erstarrte. Was würde jetzt passieren?

„Hey", rief einer. „Hast du uns 'ne Neue gebracht?"

„Super!", fielen die anderen ein. „Ran an den Speck! Wer will zuerst?"

„Haut ab!", rief der Fremde und verteidigte Adila jetzt so entschlossen, wie er sie eben noch hatte missbrauchen wollen. „Das ist meine Freundin, die kriegt ihr nicht!" Er führte Adila hastig zurück in die Stadt.

Die Furcht Gottes war über ihn gekommen, sodass er Adila beschützte. Dieser Mann hatte es böse gemeint, aber Gott hatte es zum Guten gewendet. Der Fremde brachte sie tatsächlich sicher bis zur Kirche, nicht ohne ihr zu raten, nie mehr allein im Dunkeln auf die Straße zu gehen.

Adila zitterte immer noch, als sie mir die Geschichte erzählte. Gott hatte ihr gezeigt, dass er sie beschützen konnte. Wir staunten beide wieder darüber, wie Gott für Frauen sorgte.

Der Gott der Liebe achtet Frauen. Er ist ein Gott, der die Schwachen beschützt.

Und er ist auch ein Gott, der Herzen verwandeln kann. Jener Mann, der Adila erst kriminell begehrt und dann verteidigt hatte, kam später in unsere Gemeinde. Jesus hatte angefangen, sein Herz zu verändern.

13
SAMEN, DIE AUFGEHEN

Seit ich erkannt hatte, dass Jesus mein Herr war, dass es den Himmel wirklich gab und dass ich eines Tages dahin gehen würde, wollte ich nicht allein dorthin. Jeden Tag hatte ich den Heiligen Geist gebeten, in die Herzen meiner Familie hineinzusprechen und sie weich zu machen. Leidenschaftlich hatte ich für meine Mutter, meinen Vater und meine Geschwister gebetet.

Meine erste Gelegenheit war schon etwa einen Monat gekommen, nachdem ich Jesus als meinen Heiland und Herrn angenommen hatte, der mit seinem kostbaren Blut meine Erlösung erkauft hatte. Meine Schwester Malika war siebzehn, ungefähr drei Jahre älter als ich, als ich anfing, ihr von meinem neuen Glauben zu erzählen. Sie war begabt und kreativ und bei einer Modedesignerin in der Ausbildung, die in unserem Haus wohnte.

Malika war eine fromme Muslimin und stark durch unseren Vater und eine Schulfreundin geprägt. Aus eigenem Antrieb verschleierte sie ihr Haar und tat all das, was von einer frommen Muslimin erwartet wurde.

Im 1. Korintherbrief schreibt Paulus vom Samen des Glaubens, den er aufgehen sieht: „Ich habe gepflanzt, Apollos hat begossen, aber Gott hat euren Glauben wachsen lassen" (1. Korinther 3,6).

Auch bei Malika ging ein Same auf. Der *Jesus*-Film, den sie in unserer Straße gesehen hatte, hatte sie tief angesprochen. Sie sah, dass Jesus ein guter Mann war, und sagte zu mir, dass sie nicht verstand, warum man ihn getötet hatte, denn er war doch unschuldig.

Ich lud sie in den Taekwondo-Kurs ein und da Selbstverteidigung sie interessierte, kam sie mehrere Male mit. Malika hörte aufmerksam zu, wie Alim das Evangelium erklärte, aber sie erzählte mir nie, was sie wirklich dachte.

Nach ein paar Wochen sagte sie mir, dass sie gerne einmal mit in den Gottesdienst gehen würde. Sie saß neben unserer Freundin Gamila, da ich im Chor sang. Der Gottesdienst begann und ich sah auf Malikas Gesicht Gefühle, die ich von mir selbst kannte. Auch ihr machte das große Kreuz vorne an der Wand Angst, aber die Musik und die Lieder schienen positiv auf sie zu wirken; ich sah, wie ihre Stirn sich glättete, als Liebe und Friede in ihre Seele flossen, genauso wie damals bei mir.

Als die Einladung ausgesprochen wurde, nach vorne zu kommen, stand Malika auf und kam. Gamila begleitete sie. Das Licht der Gegenwart des Heiligen Geistes erleuchtete das Gesicht meiner Schwester, als sie ihr Leben Jesus übergab.

Als ich mich endlich neben sie setzen konnte, sagte Malika: „Jesus lebt wirklich!"

Ich umarmte sie und flüsterte, während mir die Tränen die Wangen hinunterliefen: „Ich weiß!"

Meine Schwester lächelte so breit wie noch nie und verkündete: „Das müssen wir allen erzählen! Allen! Das ist zu wunderbar, um es für uns zu behalten!"

Das Herz wollte mir platzen vor Freude! Gott hatte meine Gebete erhört. Malika war die Erste in meiner Familie, die nach mir zu Jesus fand, und ich war gewiss, dass die anderen ihr folgen würden. Sie war gewissermaßen die Anzahlung auf die Erlösung meiner ganzen Familie, und das sah sie auch so. Wir nahmen uns vor, beharrlich für jeden unserer Verwandten zu beten.

Von diesem Tag an hatte Malika einen richtigen Hunger nach Gott. Als sie die Jesushingabe und Liebe einer der Missionarinnen in unserer Gemeinde sah, wollte sie das auch haben. Sie ließ keinen Gottesdienst aus, weder am Sonntag noch am Freitagabend. Den Taekwondo-Kurs machte sie nicht weiter; er hatte seinen Zweck als „Begießer" der zarten Pflanze ihres Glaubens erfüllt.

Zur Freude über Malikas Fortschritte im Glauben kam die Hoffnung, dass es jetzt besser werden würde mit unserem Land und unserer Familie. Die langen Bürgerkriegsjahre hatten uns Hoffnungslosigkeit und Angst gebracht, doch jetzt begannen sich die dunklen Wolken wie schon erwähnt zu verziehen.

In unserer Gemeinde beteten wir ernsthaft um die Erfüllung der Verheißung in 2. Chronik 7,14: „Wenn dieses Volk, das meinen Namen trägt, seine Sünde bereut, von seinen falschen Wegen umkehrt und nach mir fragt, dann will ich ihnen vergeben und ihr Land wieder fruchtbar machen."

Aber der Krieg war damals, als Malika zu Jesus fand, noch nicht wirklich vorbei. Wir beteten um ein Ende des Krieges, um die Bekehrung unserer Verwandten und Freunde und darum, dass unsere Regierung uns allen Frieden und Freiheit bringen würde. Das war noch, bevor Adila zu Jesus fand.

Jeden Freitagabend kamen wir zusammen, um viele dunkle Stunden lang zu beten und Gott anzuflehen, sich über unser Volk zu erbarmen. Bevor Malika zum Glauben an Jesus kam, war es nicht einfach für mich, an diesen Versammlungen teilzunehmen, die ich so liebte. Ich musste mich jedes Mal buchstäblich aus unserer Wohnung schleichen und dann nicht zu unserer Kirche gehen, sondern rennen. Es war jedes Mal ein Risiko. Die dunklen Straßen waren menschenleer wegen der Ausgangssperre und der allgemeinen Gefahr, und eigentlich hatten wir zwischen Sonnenuntergang und Sonnenaufgang zu Hause zu sein. Aber meine Sehnsucht nach Gottes Gegenwart war unwiderstehlich. Jeden Freitagabend nahm ich die beiden Risiken auf mich, die mein Gang zur Gebetsnacht mit sich brachte: den Zorn unserer Eltern, falls sie mein nächtliches Abenteuer entdeckten, und die Gefahren, die auf der Straße lauerten.

Gott erinnerte mich an seine Verheißung in 2. Timotheus 1,7: „Denn Gott hat uns keinen Geist der Furcht gegeben, sondern sein Geist erfüllt uns mit Kraft, Liebe und Besonnenheit."

Einmal stand ich auf dem Rückweg von der Kirche nach Hause auf einmal einem Rudel großer, hungriger Hunde gegenüber. Knurrend und mit gebleckten Zähnen kamen sie näher. Ich kannte die Geschichten von Passanten, die von solchen Hunden angefallen und getötet worden waren. Als ich das Heulen der Meute hörte, betete ich um Gottes Schutz: „Herr, ich weiß, die Geschichte von Daniel in der Löwengrube ist wahr! Du hast damals den Rachen der Löwen verschlossen, sodass sie Daniel nichts tun konnten. Ich bitte dich: Verschließe jetzt auch den Rachen dieser wilden Hunde!"

Die Hunde kamen nicht näher, als ob ich von einer feurigen Mauer umgeben wäre. Ich gelangte sicher nach Hause und wusste: Gott war mit mir in den Straßen meiner vom Krieg zerrissenen Stadt.

Oft lieh ich mir Mantel und Mütze meines Bruders aus, um mich als Mann zu verkleiden. Ich weiß nicht, ob jemand auf die Verkleidung hereinfiel, aber ich kam mir weniger schutzlos vor. Und bald war ich nicht mehr allein, wenn ich zur Gemeinde ging, weil Gamila und Malika ihr Herz Jesus anvertrauten. Jetzt gingen wir zusammen ins Freitagnachtgebet.

Diese Gebetsstunden taten uns so gut. Das Wirken des Heiligen Geistes war von wunderbaren Zeichen begleitet. Viele lachten vor Freude im Glauben. Die Gegenwart des Herrn schien sie wie betrunken zu machen, wie bei den Aposteln zu Pfingsten. Viele Anwesende wurden auch geheilt oder von Dämonen befreit.

In einem dieser Gottesdienste wiederholte sich ein anderes Phänomen des Pfingstfestes: „Zum Beginn des jüdischen Pfingstfestes waren alle Jünger wieder beieinander. Plötzlich kam vom Himmel her ein Brausen wie von einem gewaltigen Sturm und erfüllte das ganze Haus, in dem sie sich versammelt hatten. Zugleich sahen sie etwas wie züngelndes Feuer, das sich auf jedem Einzelnen von ihnen niederließ. So wurden sie alle mit dem Heiligen Geist erfüllt und redeten in fremden Sprachen, jeder so, wie der Geist es ihm eingab" (Apostelgeschichte 2,1-4).

Als ich in den Saal trat, war es schon passiert, aber voll ehrfürchtigem Staunen hörte ich zu, wie die Anwesenden von der Kraft Gottes erzählten. Der Heilige Geist war wie ein Sturm gekommen, sagten sie, so mächtig, dass die Fensterscheiben zerbrachen! Viele Gemeindeglieder hatten sich vor der mächtigen Gegenwart Gottes zu Boden geworfen, sie weinten vor Reue und beteten mit erneuerter Leidenschaft für unser Land. Ich schaute um mich und sah, dass es alles stimmte.

Während des dreitägigen Fastens, von dem ich schon erzählt habe, blieb meine Schwester Malika zu Hause und ich berichtete ihr, was sich in der Kirche tat.

Ein ungewohntes Neujahrsfest

Das erste Neujahrsfest, nachdem ich Christin geworden war, war etwas ganz Besonderes. In meiner Gemeinde war es üblich, das neue Jahr mit Fasten und Beten zu begrüßen.

Ich hatte auch als Muslimin gefastet, doch das Ramadan-Fasten bedeutet lediglich, dass man bis zum Sonnenuntergang nichts essen und trinken darf. Das Fasten in der Kirche bedeutete, dass ich drei Tage und Nächte lang nichts aß und nur Wasser trank, während wir das gesamte Neue Testament vorlasen. Die Lesungen wurden durch Gebet und Anbetungslieder unterbrochen.

Viele Teilnehmer schliefen in diesen drei Tagen in der Kirche, aber Malika und ich mussten zwischendurch nach Hause, damit unsere Eltern nicht zu viele Fragen stellten. Doch ich war dankbar für die Stunden, die wir in der Kirche sein konnten.

Das Fasten half mir, mich auf Gott zu konzentrieren. Ich fragte ihn, wofür ich fasten sollte, worauf mir zwei Dinge sehr klar wurden: Erstens wollte der Herr, dass ich für meine Familie und ihre Erlösung fastete; es war mir ein Herzensanliegen, dass auch sie Jesus kennenlernten. Und zweitens wollte auch ich die himmlische Sprache kennenlernen, die manche „Zungenreden", andere „Sprachengebet" nennen. In der Bibel wird sie im Zusammenhang mit anderen Gaben so beschrieben: „So verschieden die Gaben auch sind, die Gott uns gibt, sie stammen alle von ein und demselben Geist. Und so unterschiedlich auch die Aufgaben in der Gemeinde sind, so dienen wir doch alle dem einen Herrn. Es gibt verschiedene Wirkungen des Geistes Gottes; aber in jedem Fall ist es Gott selbst, der alles bewirkt. Wie auch immer sich die Gaben des Geistes bei jedem Einzelnen von euch zeigen, sie sollen der ganzen Gemeinde nützen. Dem einen schenkt er im rechten Augenblick das richtige Wort. Ein anderer kann durch den Geist die Weisheit Gottes klar erkennen und weitersagen. Wieder anderen schenkt Gott durch seinen Geist unerschütterliche Glaubenskraft und dem Nächsten die Gabe, Kranke zu heilen. Manchen ist es gegeben, Wunder zu wirken. Einige sprechen in Gottes Auftrag prophetisch; andere sind fähig zu unterscheiden, was vom Geist Gottes kommt und was nicht. Einige reden in unbekannten Sprachen und manche schließlich können das Gesagte für die Gemeinde auslegen" (1. Korinther 12,4-10).

Einmal kam eine Gastpredigerin zu uns in den Gottesdienst. Sie forderte alle, die die Gabe des Sprachengebets wünschten, auf, nach vorne zu kommen, damit sie für sie beten konnte. Als sie die Hand auf meine Stirn legte, spürte ich eine plötzliche Wärme, als ob in mir von Kopf bis Fuß ein Feuer brannte. Ich begann, „Halleluja!" zu rufen – und dann strömten Worte der Anbetung und des Lobes aus meinem Mund, die ich nicht kannte. Ich war überglücklich, dass ich diese Gabe bekommen hatte. Bald sprach oder sang ich in Zungen, wo ich nur konnte, besonders wenn ich draußen auf der Straße war und Gott bat, mich zu beschützen. Die Freude Gottes erfüllte mich wie nie zuvor. Auch das Fasten brachte mich näher zu ihm.

Gott erfüllte mich auch mit den Früchten des Geistes, die Paulus in Galater 5,22-23 beschreibt: Liebe, Freude, Friede, Geduld, Freundlichkeit, Güte, Treue, Besonnenheit und Selbstbeherrschung. Bis heute füllt der Heilige Geist mich immer mehr mit seinen Gaben und Früchten.

Das Gemeindefest

Als das Fasten zu Ende war, spürte ich, wie Gott mich drängte, Adila zum Gemeindefest einzuladen. Ich liebte sie so sehr und sehnte mich danach, dass auch sie Gottes Liebe kennenlernte. Ich spürte, dass Gott mir sagte: „Dies ist die richtige Gelegenheit."

Viele Muslime reagieren allergisch, wenn sie das Wort *Kirche* hören. Adila wäre nie mitgekommen, wenn ich sie zu einem „Gemeindefest" eingeladen hätte. Also nannte ich das Ganze eine Party mit mir und meinen Taekwondo-Freunden. „Das wird echt gut", sagte ich ihr. „Es gibt tolles Essen und Tanzen, aber mehr kann ich dir nicht sagen; es ist eine Überraschung."

In unserer Kultur hat Tanzen einen hohen Stellenwert. Bei Geburtstagen, Hochzeiten und anderen Festen wird immer viel gesungen und getanzt. Schon als kleine Mädchen hatten Adila und ich mit Begeisterung Tanzunterricht genommen, aber in den letzten Jahren hatte es wenig Anlässe zum Tanzen gegeben.

Die Kombination aus Tanzen und jeder Menge gutem Essen, und das noch im Krieg, war ein Angebot, dem Adila nicht widerstehen konnte. „Ich komm mit", sagte sie.

Mein Pastor begrüßte uns herzlich. „Und das ist deine Schwester? Willkommen bei uns! Ich freue mich, dass du dabei sein kannst. Samaa hat mir so viel von dir erzählt. Viele von uns waren schon ganz gespannt auf dich. Darf ich dich eben vorstellen?"

Gastfreundschaft wird im Orient sehr groß geschrieben. Der Gastgeber bedient seine Gäste persönlich; sie sollen sich rundum willkommen fühlen. So machte mein Pastor es auch bei Adila und sie fühlte sich echt geehrt.

Er mischte sich mit ihr unter die Festgesellschaft. Ihr Gesicht sprach Bände: Sie mochte es, unter so vielen feiernden jungen Menschen zu sein.

Mit der tatkräftigen Hilfe einiger amerikanischer Gemeinden war es meinem Pastor gelungen, uns einen reich gedeckten Tisch zu bieten. Es gab Lamm und andere Köstlichkeiten – ein Fest nach den Hungerjahren. Ich muss wohl genauso gestrahlt haben wie Adila beim Anblick all der dampfenden, duftenden Teller und Schüsseln. Es gab sogar Lammkebab, unser Lieblingsgericht.

Als Adila und ich uns zum Essen setzten, erschien in der Tür des Saales ein Obdachloser. Er gehörte nicht zur Gemeinde, hatte aber offensichtlich Hunger. Adila stand unvermittelt auf und reichte dem Fremden ihren Teller. „Bitte, nehmen Sie doch, ich brauche nicht so viel", sagte sie.

Es war schon lustig: Wegen des guten Essens war meine Schwester mitgegangen und jetzt verschenkte sie ihre Portion. Der Pastor, der in der Nähe saß, beugte sich zu mir und flüsterte: „Deine Schwester ist nicht weit weg vom Reich Gottes."

Nach dem Essen tanzten wir unseren Nationaltanz. Wir lachten und freuten uns unseres Lebens und unserer Hoffnung.

Adila machte mit, ohne zu zögern. „Danke, dass du mich eingeladen hast", sagte sie zu mir. „So schön habe ich es schon lange nicht mehr gehabt."

Nach dem Tanzen sangen wir Lieder und beteten. Diese Christen beteten echt laut. Mit Ehrfurcht in den Augen schaute meine Schwester zu, wie sie zu Jesus riefen und für die weinten, die ihn noch nicht kannten. Andere lachten und zitterten, als die Freude des Herrn über sie kam. Meiner Schwester schien der Gottesdienst zu gefallen, aber das Wirken des Heiligen Geistes verstand sie sichtlich nicht. Dann schaute sie wieder zum Kreuz vorne hin und ihr Blick wurde ängstlich. Ich erklärte ihr geduldig, was hier vorging und wer Jesus war, und ihre Nervosität nahm etwas ab.

Nach dem Gemeindefest gab ich Adila ein Heft, das das Evangelium erklärte, und sie sprach das Übergabegebet an Jesus, das dort abgedruckt war.

Verwandelte Herzen

Am folgenden Sonntag ging Adila mit Malika und mir in den Gottesdienst. Ich war begeistert. Nach nur ein paar Monaten gingen bereits zwei meiner Schwestern mit in die Kirche! Ich dankte Gott dafür, wie er ihre Herzen verwandelt hatte.

Nach dem Gottesdienst staunte Adila nur so. „Das ist ja ganz anders, als ich erwartet hatte", sagte sie.

Ihre Ängste verflogen, auch sie war überwältigt von der Liebe dieser Menschen und der Liebe Gottes. Man betete für sie und sie wurde frei von ihrer Angst vor dem Tod. Ihre Albträume, die sie seit ihrer Kindheit geplagt hatten und in denen sie grausige Bilder und Schlangen sah, hörten auf und kamen nie wieder.

Ich lud sie auch in den Taekwondo-Kurs ein. Sie ging einmal mit, fand aber, dass die Gottesdienste besser waren. In einer der Freitaggebetsnächte war sie ganz fasziniert, wie mein Freund Mustafa („Der Erwählte") mit hoch erhobenen Händen und auf den Knien betete. Eine solche Beziehung zu Gott, das wollte sie auch.

Später ging Mustafa in ein anderes Land, um Arbeit zu finden, und Adila und ich besuchten öfters seinen Vater, der sehbehindert war und eine sehr dicke Brille trug. Als wir für ihn beteten, geschah ein Wunder: Er bekam sein volles Augenlicht zurück. Die

Tränen strömten ihm über die Wangen, als er uns umarmte und mit uns Jesus lobte und dankte.

Malika, Adila und ich besaßen keine ganze Bibel, nur das Neue Testament, das wir in der Kirche bekommen hatten. Wir sehnten uns nach der ganzen Bibel, aber sie war noch nicht in unsere Sprache übersetzt. Es war schließlich ein Freund aus der Gemeinde, Fadil („Tugendhafter, Großzügiger"), der Adila ihre erste Bibel schenkte. Ich freute mich mit ihr, aber wie gerne hätte ich auch meine eigene Bibel gehabt. Doch woher nehmen und nicht stehlen?

„So eine Bibel, das ist mein großer Traum", sagte ich zu Fadil.

Er grinste. „Warum betest du nicht um eine?"

Also gut. In der folgenden Woche betete und fastete ich drei Tage und bat Gott, mir eine eigene Bibel zu schenken.

Als ich am folgenden Sonntag wieder im Gottesdienst war, grinste Fadil über das ganze Gesicht. „Hier, ich hab was für dich." Er reichte mir ein Päckchen. Darin steckte eine schöne Bibel. Ich war auf Wolke sieben. Ich wusste nicht, wie Fadil an die Bibel gekommen war, aber ich dankte ihm überschwänglich und drückte die Bibel ans Herz. Sofort fing ich an, bei jeder Gelegenheit darin zu lesen und Verse auswendig zu lernen. Was in Matthäus 4,4 steht, verstand ich sofort: „Der Mensch lebt nicht vom Brot allein, sondern von einem jeden Wort, das aus dem Mund Gottes geht."

Nachdem ich alle 66 Bücher der Bibel gelesen hatte, besonders die Evangelien, zeigte der Heilige Geist mir, dass Jesus Gott und Mensch ist. In ihm nahm Gott unser Fleisch an. Er ist der große Schöpfer, für den nichts unmöglich ist. Jesus Christus ist beides: ganz Gott und ganz Mensch.

Das Studium der Bibel ließ mich ein Juwel finden – die Erkenntnis, dass die ganze Bibel von Jesus handelt. Das Alte Testament ist die Prophezeiung des kommenden Messias und das Neue Testament ist die Erfüllung dieser Vorhersage. Der Messias kam in die Welt, um sie zu retten; wenn er zum zweiten Mal kommt, wird er kommen, um seine Braut (die Gemeinde) zu sich zu holen.

Besonders angetan hatten es mir die Frauen in der Bibel, deren Leben ich sorgfältig studierte. Gott zeigte mir, wie er schwache Frauen als seine Werkzeuge gebraucht hatte:

- Eva fiel in Sünde, aber einer ihrer Nachkommen überwand den Satan.
- Sara bekam durch ihren Glauben noch als alte Frau den verheißenen Sohn.
- Durch die Richterin Debora schenkte Gott Israel den Sieg.
- Rut war eine Heidin – doch aus ihrer Linie kam Jesus.
- Rahab war eine Hure, aber weil sie die israelitischen Kundschafter aufnahm, blieben sie und ihre Familie am Leben.
- Ester wurde geboren, um die Juden in Persien zu retten; durch ihren Mut handelte Gott.
- Hanna, eine Prophetin, die Gott mit Fasten und Beten diente, durfte den Messias sehen.
- Durch ihren Gehorsam brachte Maria Jesus zur Welt, den Heiland und König.
- Maria, die Schwester von Marta und Lazarus, salbte die Füße von Jesus und nahm damit die Salbung für sein Begräbnis vorweg.
- Maria Magdalena war der erste Mensch, der Jesus nach seiner Auferstehung sah.

Ich begann zu begreifen, wie Jesus die Frauen wertschätzt.

Natürlich passte ich auf, dass meine Brüder und meine älteren Schwestern mich nicht beim Bibellesen erwischten, denn das hätte sie nur provoziert und wütend gemacht.

Im Laufe der Zeit wurde ich schließlich die stolze Besitzerin von vier Bibeln in verschiedenen Übersetzungen, und ihre Lektüre war sowohl für mein biblisches Wissen als auch sprachlich ein Gewinn. Mittlerweile habe ich die Bibel mindestens dreißigmal von der ersten bis zur letzten Seite gelesen. Ich versuche, jeden Tag ein biblisches Buch zu lesen. Gerne lese ich auch den hebräischen bzw. griechischen Urtext.

Adila in der Schuldenfalle

Gottes Wille war es, jede von uns zu einer Arbeiterin in seinem Reich zu machen. Sein Wort lernen war das eine, nach seinen Geboten leben das andere. Manchmal war es leicht, sich von ihm von den Dingen dieser Welt frei machen zu lassen, aber es konnte auch sehr schwierig werden.

Als Adila Christin wurde, rauchte sie seit über einem Jahr. Bei Kunden, für die sie arbeitete, hatte sie Geschmack an teuren Zigarren gefunden. „Schlechter Umgang verdirbt gute Sitten" (1. Korinther 15,33). Sie war keine Kettenraucherin, aber als sie ihr Herz Jesus gab, hörte sie auf der Stelle mit dem Rauchen auf; Jesus hatte sie frei gemacht von ihrer Nikotinsucht.

Im Krieg tut man, was man kann, um Geld zu verdienen. Adila war, wie so viele im Orient, recht geschäftstüchtig. Wir sind die geborenen Händler. Es gab nichts, was Adila nicht verkaufen konnte. Schon als Teenager fing sie an, Kleider zu verkaufen und was sich sonst noch so ergab. Später handelte sie mit Gold, Diamanten und anderen Edelsteinen. Eine Zeit lang war sie sehr erfolgreich … bis sie durch eine Betrügerin alles verlor.

Die Sache begann damit, dass sie eine Frau kennenlernte, die sich bereit erklärte, Adilas gesamtes Warenlager zu kaufen. Das war einen großen Batzen Geld wert. Ich assistierte Adila damals, und so ging ich mit ihr zu dem Haus der Frau. Es lag in einem reichen Viertel der Stadt; nein, arm war diese Frau offenbar nicht. Bevor wir in die eigentlichen Geschäftsverhandlungen einstiegen, erzählten wir der Frau von Jesus, und siehe da, sie vertraute, wie es schien, ihr Leben Jesus an. Dann sagte sie uns, dass sie gerade kein

Geld im Haus hatte, aber wenn wir die Kleider und Juwelen einfach daließen, würde sie sie gleich am folgenden Tag bezahlen.

Adila ließ sich darauf ein. Wir vertrauten dieser Frau, die doch gerade Jesus in ihr Herz gelassen hatte ... Wie naiv wir waren! Als Adila am nächsten Tag wiederkam, war die Dame nirgends zu finden. Wir erfuhren später, dass sie eine Prostituierte war und gar nicht in dem Haus wohnte. Sie war mit den Waren meiner Schwester über alle Berge. Damit war Adila über Nacht bankrott. Sie hatte alles verloren und damit keine Möglichkeit, ihre gewaltigen Schulden zu bezahlen.

Meine Eltern wollten in den Boden versinken, als bewaffnete Schuldeneintreiber auftauchten und nach meiner Schwester fragten. Sie zerrten sie vor den Augen der Nachbarn auf die Straße, schlugen sie und sagten ihr, dass es ihr noch viel schlimmer ergehen würde, wenn sie nicht das Geld auftrieb.

Mein Herz wollte brechen, als ich das Blut von Adilas Gesicht abwischte. Alles, was ich tun konnte, war beten. Ich hatte kein Geld, um ihr zu helfen. Ihre Schulden waren eine Last und Schande für die ganze Familie, und der Einzige, der genügend Geld hatte – Musa –, weigerte sich, es Adila zu geben, weil er gehört hatte, dass sie eine Christin geworden war.

Dieses Erlebnis ging Adila an die Nieren und sie flehte Jesus um Hilfe an. Sie war verzweifelt, denn sie wusste, dass sie im Gefängnis landen konnte.

Als sie so betete, zeigte Jesus ihr, dass ihr Erfolg ihr Herz von ihm weggeführt hatte. Adila hatte viel Geld verdient und war in schlechte Gesellschaft geraten. Sie glaubte zwar nach wie vor an Jesus, aber folgte ihm nicht mehr von ganzem Herzen. Gott benutzte ihre Insolvenz, um ihr Herz wieder ganz auf ihn auszurichten.

Wenn ich jetzt morgens um 5 Uhr zum Morgengebet in die Kirche ging, war Adila schon da. Sie engagierte sich stärker im Gemeindeleben und fing an, in einen von Hakim geleiteten Bibelkreis zu gehen sowie in eine von mir geleitete Gebetsgruppe. Und Gott erhörte sie und sorgte für eine Lösung.

Malika, die mittlerweile eine bekannte Damenschneiderin war, bekam von Adilas Gläubiger den Auftrag, einen größeren Posten Vorhänge und Kissenbezüge für sein Haus zu nähen. Er bot an, diese Arbeit als Teilrückzahlung von Adilas Schulden zu verrechnen. Malika nahm dieses Angebot an und nähte viele Stunden lang (oft bis tief in die Nacht) Vorhänge und Kissenbezüge.

Mit Malikas Nähauftrag, der Hilfe meines Vaters und dem Einkommen aus einer neuen Arbeitsstelle konnte Adila ihre Schulden schließlich voll abzahlen. Die Zinsen erließ man ihr. Der Gesinnungswandel von Adilas Gläubigern war schier unglaublich. Sie waren hartgesottene Männer, die die Macht hatten, sie ins Gefängnis zu werfen, aber auf einmal waren sie weicher geworden.

Von Engeln getragen

Eines Nachts, nach dem Freitagsgebet, beschlossen Adila, Malika und ich, mit dem Minibus nach Hause zu fahren. Da es so gefährlich war, nachts unterwegs zu sein (vor allem für Frauen), würde der Bus die Passagiere direkt vor ihrer Haustür absetzen. Wir lachten und machten Witze, während wir einstiegen. Dann fragte jemand: „Wer betet eben?" Wir beteten vor jeder Fahrt, denn jedes Mal, wenn wir mit dem Bus oder Auto unterwegs waren, riskierten wir unser Leben.

„Ich!", sagte Adila, die vorne neben dem Fahrer saß. Und sie betete: „Herr, segne unsere Fahrt jetzt. Wir stellen diesen Bus und uns selbst unter das Blut von Jesus. Schicke deine Engel, dass sie uns beschützen. Wir rufen Psalm 91 über diese Fahrt aus – dass der, der unter dem Schutz des Höchsten wohnt, bei ihm Ruhe findet ... dass du uns bewahrst vor versteckten Gefahren und tödlicher Krankheit. Du wirst uns unter deine Flügel nehmen, deine

Treue wird unser Schild sein. Wir brauchen keine Angst zu haben vor den Gefahren der Nacht oder des Tages, weder vor der Pest, die im Dunkeln kommt, noch vor dem Fieber, das am hellen Tag wütet. Mögen Tausend, ja Zehntausend neben uns umkommen, wir werden bewahrt bleiben."

Und dann sagte sie nicht „Amen", sondern betete laut in Zungen weiter.

„He, Adila, nicht so fromm!", rief jemand von hinten. Wir lachten, aber sie hörte nicht auf.

Plötzlich stieß unser Minibus gegen irgendein Hindernis. Im nächsten Augenblick flogen wir durch die Luft. Alle schrien, aber der Bus wurde von unsichtbaren Händen getragen, wie von Engeln. Wir landeten mit einem Bums und kamen schleudernd zum Stehen, wobei ein Reifen abfiel.

Niemand war verletzt. Eigentlich hätte der Bus nur noch ein Schrotthaufen sein dürfen. Es war ein Wunder, dass niemandem etwas passiert war.

Der Fahrer und ein anderer Mann stiegen aus, um den Reifen wieder aufzuziehen, und bald konnten wir weiterfahren. Wir saßen nachdenklich schweigend da.

Uff, das war knapp gewesen! Ich legte meine Hand auf Adilas Schulter. Sie drehte sich zu mir um und sagte: „Ich hatte das Gefühl, dass ich ganz fest beten musste. Das ist wohl der Grund, warum Gott uns so bewahrt hat."

Später erfuhren wir, dass es an der gleichen Stelle am Nachmittag einen schweren Autounfall mit mehreren Toten gegeben hatte. Ich bin überzeugt, dass Adilas geistliches Gespür und ihr Gebet wirklich der Grund für unsere wunderbare Bewahrung waren.

Ihre geistliche Sensibilität zeigte sich auch in anderen Lebensbereichen. Adila hatte eigentlich vor, Volkswirtschaft zu studieren, aber sie fragte sich, ob Gott vielleicht wollte, dass sie stattdessen im Ausland auf eine Bibelschule ging. Unsere Gemeinde hatte Beziehungen zu einer Bibelschule in Osteuropa. „Herr, wenn du willst, dass ich auf die Bibelschule gehe", betete Adila, „dann gib, dass ich keinen Studienplatz in Volkswirtschaft bekomme."

Sie machte die Aufnahmeprüfung für die Universität, aber obwohl sie sehr intelligent war, bekam sie keinen Studienplatz. Sie nahm dies als Gottes Zeichen, dass sie auf die Bibelschule gehen sollte. Allerdings musste sie noch warten, bis sie neunzehn war. Ende der 1990er-Jahre schrieb sie sich an der Bibelschule ein, und dieses Jahr verwandelte ihr ganzes Leben. Sie genoss es, in einem Land zu sein, wo man als Christ nicht verfolgt wurde, und die Dozenten und Mitstudenten mochten sie. Sie war die Beste ihrer Gruppe, und die Leitung der Schule bot ihr an, zu bleiben und als Pastorin zu arbeiten. Sie betete darüber und beschloss, stattdessen zurück nach Hause zu gehen, um bei ihrer Familie zu sein und ihrem Volk zu dienen, trotz des Risikos erneuter Verfolgung.

14
Das Alte wird neu

———————◆———————

Ungefähr acht Monate, nachdem ich zum Glauben gekommen war, wurde ich mit dem Thema „Taufe" konfrontiert. Eines Sonntags predigte unser Pastor über Matthäus 28,19-20: „Geht hinaus in die ganze Welt und ruft alle Menschen dazu auf, mir nachzufolgen! Tauft sie im Namen des Vaters, des Sohnes und des Heiligen Geistes! Lehrt sie, so zu leben, wie ich es euch aufgetragen habe. Ihr dürft sicher sein: Ich bin immer bei euch, bis das Ende dieser Welt gekommen ist!"

Ich wusste, dass auch Jesus sich hatte taufen lassen (Matthäus 3,13-17), und ich wollte seinem Beispiel folgen. Dies war keine leichte Entscheidung. Nach der Taufe gäbe es für mich kein Zurück mehr. Ich hätte ja öffentlich erklärt, dass ich nicht mehr dem Propheten Mohammed nachfolgte, sondern Jesus Christus. Für Muslime hat so etwas Folgen – nicht nur persönlich, sondern für die ganze Familie. Für sie ist jemand nicht einfach ein Individuum, sondern „der Vater von" und „der Sohn von". Es ist eine Stammeskultur und Meilen entfernt vom Individualismus des Westens.

Aber ich hatte die kostbare Perle gefunden, die Erlösung meiner Seele, und ich war bereit, alles andere aufzugeben, um noch mehr von Jesus zu haben.

In unserer Gemeinde gab es einmal im Jahr Taufen, in einem See außerhalb der Stadt. Zusammen mit Gamila, Malika und Adila meldete ich mich zur Taufe an. Wir waren alle bereits mit dem Heiligen Geist getauft und unser Leben war verwandelt worden. Jetzt war es Zeit, öffentlich zu bezeugen: „Was vorher war, ist vergangen, etwas Neues hat begonnen" (2. Korinther 5,17).

Die Sonne schien hell und warm an dem Samstag, als wir getauft wurden. Meine Bekehrung lag jetzt etwa ein Jahr zurück. Wir trafen uns in aller Frühe in der Kirche, um Gott zu loben und eine Predigt über die Taufe zu hören. Dann fuhren an die 200 Freunde und ihre Verwandten in gemieteten Bussen eine Stunde weit in die Berge. An einem schönen See, dessen Ufer mit Wacholder bewachsen waren, hielten wir an. Ich atmete die frische Luft ein und mein Herz hämmerte vor Vorfreude. Dort am Seeufer lobten wir Gott, und dann wateten unser Pastor und der Taekwondo-Trainer ins kühle, klare Wasser. Die Täuflinge stellten sich in einer Schlange auf, bevor sie einzeln ins Wasser gingen. Wir trugen Badeanzüge und darüber weiße Taufgewänder.

Jetzt war ich an der Reihe. Ich watete in den See.

Mein Pastor fragte: „Samaa, sagst du deinen Sünden ab und nimmst Christus an?"

„Ja", erwiderte ich feierlich. Ich wusste: Jetzt starb ich meinem alten Ich ab; ich starb zusammen mit Christus und stand zusammen mit ihm wieder auf.

„Dann taufe ich dich, im Namen des Vaters und des Sohnes und des Heiligen Geistes." Der Pastor legte die Hand auf meinen Kopf und drückte mich ins Wasser hinunter.

Voller Freude kam ich wieder hoch und hob die Hände hoch über den Kopf. Ich lachte und pries Jesus, während das Wasser von meinem Gesicht troff. Alle klatschten und jubelten; es war ein richtiges Fest, wie nach der Geburt eines Kindes.

Adila, Malika und Gamila wurden ebenfalls getauft. Den Rest des Tages blieben wir an dem See und aßen köstliche Wassermelonen und über dem offenen Feuer zubereitetes Lammkebab. Zusammen mit meinen Schwestern und Freunden schwamm ich im See. Es war ein Freudentag; die Schrecken des Krieges waren für eine Weile vergessen.

Eine Schande für die Familie

Schon bald waren meine Schwester und ich das Gespräch der Nachbarschaft; wir waren nicht nur Christinnen geworden, jetzt hatten wir uns auch noch taufen lassen. Auf der Straße kannten uns alte Bekannte nicht mehr; manchmal flogen Steine.

Unsere Verwandten kamen nicht mehr auf Besuch. Dies war für meine Mutter am schlimmsten. Sie weinte und weinte. Unsere Taufen bedeuteten, dass die ganze Familie über einen Kamm geschoren wurde. Wir waren alle „Ungläubige" geworden.

Die Ältesten der nahe gelegenen Moschee beschwerten sich bei meinem Vater über mich; ich sei ein schlechtes Vorbild für die jungen Leute. Sie forderten ihn auf, mich zu bestrafen. „Wenn Sie's nicht machen, übernehmen wir das", sagten sie. Im Klartext: Sie waren bereit, uns zu töten ... vor allem mich.

Doch ich war so freimütig geworden, dass ich jede Gelegenheit nutzte, den Menschen von Gottes Liebe zu erzählen – sogar Musas Freunden. Sie beschwerten sich darüber bei ihm, teils mit Spott, teils mit Drohungen, was für ihn sehr demütigend war. Ich wusste, dass sie mich umbringen konnten, aber ich lernte, mit den Worten aus Matthäus 10,28 zu leben: „Habt keine Angst vor den Menschen, die zwar den Körper, aber nicht die Seele töten können! Fürchtet vielmehr Gott, der Leib und Seele in der Hölle vernichten kann."

Alle Menschen in unserer Umgebung – Nachbarn, Verwandte, alle – gingen uns aus dem Weg. Aber das hielt mich nicht davon ab, meinen Glauben an Jesus zu bekennen.

143

Verfolgung

Der Gegensatz zwischen unserem sonnendurchfluteten, seligen Tauftag und der Finsternis, die darauf folgte, hätte größer nicht sein können. Später ging mir auf, dass Jesus ja nach seiner Taufe in die Wüste musste, wo er vom Teufel versucht wurde. Nach meiner Taufe schien es, als ob alle Hunde der Hölle losgelassen waren. Meine eigene Familie fing an, mich wegen meines Glaubens zu verfolgen.

Meine Schwestern und ich hatten jede eine Taufurkunde bekommen. Wir hängten sie stolz in unseren Zimmern an die Wand. Als mein Bruder Musa die Urkunden sah, riss er sie voller Wut ab und stürmte ins Wohnzimmer, wo wir gerade saßen. „Was soll das sein? Seid ihr Christen geworden?"

„Ich hab mich taufen lassen", erwiderte ich. Ich hatte keine Lust, die Wahrheit zu verbergen vor dem Bruder, der Opfer für mich gebracht hatte und für den ich täglich betete.

Er wusste, dass wir in die Kirche gingen, hatte aber nicht gedacht, dass es uns so ernst war mit unserem neuen Glauben. Er und der Rest der Familie hatten die Klagen gehört, dass wir Christen geworden waren, die ihre Freunde und Nachbarn für Jesus zu gewinnen versuchten. Aber sie dachten, dass das eine Marotte war, die vorübergehen würde. Sicher würden wir bald wieder gute Musliminnen werden. Unsere Taufen aber waren ein Alarmsignal ersten Ranges: Das hier war doch kein Tick, das war der Ernstfall!

Ich stand auf und trat zu Musa. Mit ruhiger Stimme versuchte ich ihm zu erklären, dass ich den Gott der Liebe kennengelernt hatte. Aber das steigerte seine Wut nur noch. „Was ist denn deine Mutter?", schrie er. „Was ist dein Vater? Was waren deine Vorfahren? Es sind alles *Muslime,* und du auch! Willst du etwa, dass wir alle anfangen, deinem Christus nachzufolgen? Sogar *ich?*" Er zitterte buchstäblich vor Wut.

„Ja. Und nicht nur du und unsere ganze Familie. Ich möchte, dass die ganze Welt gerettet wird und die Wahrheit erkennt, denn die Wahrheit macht uns frei!" Ich sah, wie seine Wut hochkochte, und meine Augen füllten sich mit Tränen. Mutig fuhr ich fort: „Jesus liebt dich. Er ist auch für dich gestorben. Er ist der Weg, die Wahrheit und das Leben. Er ist mein Ein und Alles. Er ist nicht nur ein Prophet, sondern der Sohn Gottes."

Musas Hand schoss nach vorne. Er schlug mich voll ins Gesicht. Meine eigene Hand ging instinktiv an meine plötzlich heiße Wange. Ich war schockiert. Ich war doch seine Lieblingsschwester, er hatte mich sein ganzes Leben lang beschützt. Wie konnte er so auf mich losgehen?

Er packte mich an den Schultern, warf mich zu Boden und ließ seiner ganzen Wut und seinem Frust in einem Hagel von Schlägen freien Lauf. Mein Bruder war stark und ein durchtrainierter Boxer. Einer der Hiebe nahm mir fast das Bewusstsein. Ich schrie auf vor Schmerzen. Ich dachte, dass Musa mich totschlagen würde.

Aber mitten in all den Schlägen hörte ich innerlich eine leise Stimme: „Wenn jemand dir eine Ohrfeige gibt, dann halte die andere Wange auch noch hin" (Lukas 6,29). Ich wusste: Ich durfte mich nicht mit meinem Taekwondo oder Karate wehren. Und so ließ ich die Prügel über mich ergehen, und während ich innerlich betete, musste ich an Matthäus 5,10-12 denken: „Glücklich sind, die verfolgt werden, weil sie nach Gottes Willen leben. Denn ihnen gehört Gottes neue Welt. Glücklich könnt ihr sein, wenn ihr verachtet, verfolgt und verleumdet werdet, weil ihr mir nachfolgt. Ja, freut euch und jubelt, denn im Himmel werdet ihr dafür reich belohnt werden! Genauso haben sie die Propheten früher auch verfolgt."

Der Trost des Wortes Gottes gab mir die Kraft, mich nicht zu wehren. Meine Schwestern versuchten dazwischenzugehen; Musa schlug sie auch. Ich wusste: Wir nahmen teil am Leiden von Christus; das aber hieß, dass wir auch an seiner Freude teilhaben würden. Bei jedem Schlag meines Bruders sagte ich: „Jesus liebt dich!" Das steigerte seine Wut noch und er spuckte mich an.

Als Musa endlich von mir abließ, lag ich halb tot auf dem Fußboden. Mein Körper war grün und blau; aus meiner Nase lief das Blut, aus meinen Augen die Tränen. Ich fühlte mich, als ob mein Herz in tausend Stücke brechen wollte – doch gleichzeitig spürte ich die Gegenwart Gottes, der mir seinen Frieden gab.

Musa schlug auch meine beiden Schwestern und sie wehrten sich ebenfalls nicht. Mich schlug er am heftigsten, weil er mich als die Anstifterin sah; ich war ja schuld daran, dass jetzt auch meine Schwestern den Islam und unsere Familie verraten hatten.

„Ihr seid nicht mehr meine Schwestern", zischte er, als er sich ausgetobt hatte.

Doch die ganze Zeit war mir klar, dass hinter Musas rasender Wut gewissermaßen seine Liebe für mich stand. Es wollte ihm das Herz brechen, dass ich so „verblendet" war. Durch das, was ich getan hatte, hatte ich die ganze Familie „verunreinigt".

Doch ich war frei geworden von dem Joch der Angst und ich wollte, dass das neue Leben, das ich da gefunden hatte, auch zu meinen Verwandten und Freunden kam.

Als Musa mich so schlug, war mein Vater nicht zu Hause, nur meine Mutter. Da in der muslimischen Kultur immer der Mann das Haupt der Familie ist und die Autorität hat, konnte sie nicht eingreifen, sondern saß im Nebenzimmer und betete weinend zu Allah, dass meine Schwestern und ich aufhören sollten, zur Kirche zu gehen, damit wir nicht mehr geschlagen wurden.

Später, als mein Vater mit Suleyman, meinem ältesten Bruder, nach Hause kam und hörte, was wir getan hatten, war er wütend und gleichzeitig am Boden zerstört. „Du bist doch meine Jüngste! Wie konntest du das machen?", fragte er mich.

Nach den Regeln des Islam hatte mein Vater jedes Recht, uns zu töten. Das wäre ein Ehrenmord gewesen, denn wir lebten in einer Kultur der Ehre und Schande, in der die einzige Sühne für Schande der Tod war. Und die größte Schande, die man sich überhaupt vorstellen kann, ist, dass jemand den Islam verlässt und Christ wird.

„Jesus ist der einzige Weg, Papa, und er liebt dich", antwortete ich.

Die Gesichter meines Vaters und meiner Brüder verzerrten sich vor Zorn. „Wenn du Jesus nicht auf der Stelle absagst, bist du nicht mehr meine Tochter!", schrie mein Vater. „Wenn du nicht zum Islam zurückkehrst, bist du des Todes!"

„Papa, Jesus absagen, das kann ich nicht." Die Tränen rollten über mein von Musas Schlägen geschwollenes Gesicht.

„Du sagst ihm ab oder ich verstoße dich!" Mein Vater stürzte sich auf mich, gefolgt von meinen Brüdern. Seine rauen Hände packten mich am Hals, um mich zu erwürgen. „Du musst zurück zum Islam! Als Muslimin bist du geboren und als Muslimin musst du sterben!"

Während er mir die Luft abdrückte, kamen mir zwei Bibelstellen ins Gedächtnis: „Wer sich vor den Menschen zu mir bekennt, zu dem werde ich mich auch vor meinem Vater im Himmel bekennen. Wer aber vor den Menschen nicht zu mir steht, zu dem werde ich auch vor meinem Vater im Himmel nicht stehen" (Matthäus 10,32-33).

„Danach wandte sich Jesus an alle: ‚Wer mir nachfolgen will, darf nicht mehr sich selbst in den Mittelpunkt stellen, sondern muss sein Kreuz täglich auf sich nehmen und mir nachfolgen. Wer sich an sein Leben klammert, der wird es verlieren. Wer aber sein Leben für mich einsetzt, der wird es für immer gewinnen. Denn was gewinnt ein Mensch, wenn ihm die ganze Welt zufällt, er aber dabei sich selbst verliert oder Schaden nimmt? Wer sich schämt, sich zu mir und meiner Botschaft zu bekennen, den wird auch der Menschensohn nicht kennen, wenn er in seiner Macht und in der Herrlichkeit des Vaters und der heiligen Engel kommen wird'" (Lukas 9,23-26).

„Ich werde nie Jesus absagen", keuchte ich. „Ohne Jesus kann ich nicht leben. Er ist für mich treu gewesen bis zum Tod, und ich werde für ihn treu sein bis zum Tod." Ich rang nach Luft.

„Du bist verrückt!", schrie er, frustriert über meinen Starrsinn (wie er es sah). Er packte meinen Hals noch fester.

„Ja, verrückt für Jesus", flüsterte ich. „Ich gebe mein Leben für ihn." Dann wurde ich ohnmächtig.

Als ich wieder zu mir kam, lag ich dort, wo ich hingefallen war. Ich war ganz allein.

Mein Vater hatte mich zusammengeschlagen auf dem Boden liegen gelassen, aber er hatte mich nicht getötet. Als ich ohnmächtig wurde, hatten die anderen gedacht, dass ich tot war, und waren aus dem Zimmer geflüchtet.

Mit dem Rest meiner Kraft kroch ich in mein Zimmer. Ich legte mich auf mein Bett und schrie stumm zu Gott um Hilfe. Als Kind hatte ich von meiner Familie nichts als Liebe erfahren; jetzt erlebte ich zum ersten Mal, wie die Menschen, die ich am meisten liebte, mich verfolgten und schlugen, und es brach mir das Herz. Wie einst Josef im Alten Testament war ich von meinen Brüdern verraten worden, aber ich baute darauf, dass Gott auch diesmal das Böse zum Guten wenden würde (vgl. 1. Mose 50,19-20). Ich klammerte mich an die Verheißung in Römer 8,28: „Das eine aber wissen wir: Wer Gott liebt, dem dient alles, was geschieht, zum Guten. Dies gilt für alle, die Gott nach seinem Plan und Willen zum neuen Leben erwählt hat."

Die Stunden krochen dahin. Meine Schwestern und ich durften unsere Zimmer nicht verlassen. Der Tag wollte kein Ende nehmen. Das Leben war hart geworden, seit ich Jesus nachfolgte. Ich wusste: Der Weg war schmal und konnte mich das Leben kosten, aber das war Jesus mir wert. Sie hatten mich bis zur Bewusstlosigkeit geschlagen, aber meine Liebe zu Jesus war fest geblieben.

Ich habe meinen Vater und meinen Bruder nie gehasst. Gottes

Liebe und Gnade gab mir die Kraft, ihnen zu vergeben und nicht verbittert zu werden. Ich konnte sie verstehen: Gerade weil sie mich liebten, wollten sie mich mit allen Mitteln zurückreißen von dem Weg, den sie für den falschen, Verderben bringenden hielten. Ich spürte deutlich, was der Heilige Geist mir sagen wollte: Wenn ich selbst den Kampf aufnahm, wären seine Hände gebunden, aber wenn ich losließ und ihm ganz vertraute, würde er mich beschützen. Das Wort Gottes gab mir Trost. Es waren besonders zwei Verse, die mir damals halfen: „Seid stille und erkennet, dass ich Gott bin!" (Psalm 46,11) und: „Habt keine Angst! Verliert nicht den Mut! Ihr werdet erleben, wie der Herr euch heute rettet" (2. Mose 14,13). Deswegen konnte ich, als mein Vater und meine Brüder mich schlugen, immer wieder sagen: „Ich liebe dich und Jesus liebt dich auch." Sie konnten mich nicht zum Schweigen bringen.

Mein Vater sagte uns, dass er uns bestrafen würde, wenn wir je wieder versuchten, zur Kirche zu gehen. Er nahm meinen Schwestern und mir die Straßenkleider ab und sperrte uns in unsere Zimmer ein.

Ich wusste, dass er es ernst meinte, aber selbst von der Angst vor dem Tod ließ ich mich nicht stoppen.

Ich betete Tag und Nacht

Am folgenden Tag wartete ich, bis mein Vater und meine Brüder das Haus verlassen hatten, um Arbeit zu suchen, bevor ich flüchtete.

Unsere Wohnung lag im ersten Stock. Ich stieg über das Balkongeländer, hielt mich an den Wasserrohren fest, die über Putz verliefen, und sprang nach unten. Mit meinen halb zugeschwollenen Augen konnte ich kaum etwas sehen. Ich hatte eine Sonnenbrille aufgesetzt und hoffte, dass niemand die blauen Flecken erkennen würde.

Ich fühlte mich für meine Schwestern verantwortlich, die sich zusammen mit mir hatten taufen lassen. Mir war klar, dass ich den Heiligen Geist um seine Leitung bitten musste. Und dass ich meinen Schwestern ein Wort des Trostes und der Ermutigung mitbringen musste. Und so betete ich 2. Korinther 1,3-4: „Gepriesen sei Gott, der Vater unseres Herrn Jesus Christus, der Vater voller Barmherzigkeit, der Gott, der uns in jeder Not tröstet! In allen Schwierigkeiten ermutigt er uns und steht uns bei, sodass wir auch andere trösten können, die wegen ihres Glaubens leiden müssen. Wir trösten sie, wie Gott auch uns getröstet hat."

Mein ganzer Körper tat mir weh. Ich humpelte zu unserer Kirche, die damals rund um die Uhr zum Gottesdienst und zum Gebet geöffnet war. Ich öffnete die Eingangstür und ging hinauf zum Gebetsraum. Als ich eintrat, sah ich meinen Pastor.

„Samaa, bist du das?", fragte er. Er klang besorgt.

„Ja", erwiderte ich mit schwacher Stimme, während mir die Tränen übers Gesicht liefen.

„Warum weinst du?", fragte er. Dann sah er die blauen Flecken an meinen Armen und am Hals und rang nach Luft.

Ich sagte: „Ich weine nicht wegen der Schmerzen, sondern weil ich nicht will, dass meine Familie verloren geht." Dann erzählte ich ihm alles.

Mein Pastor, der wie ein geistlicher Vater zu mir war, hatte Tränen in den Augen, als ich berichtete, wie sie meine Schwestern und mich geschlagen hatten.

Als ich fertig war, beteten wir gemeinsam und baten Gott, zu uns zu reden.

„Ich glaube, das ist im Grunde ein geistlicher Kampf", sagte mein Pastor schließlich. Ich musste unwillkürlich an Epheser 6,12 denken: „Denn wir kämpfen nicht gegen Menschen, sondern gegen Mächte und Gewalten des Bösen, die über diese gottlose Welt herrschen und im Unsichtbaren ihr unheilvolles Wesen treiben."

Ich wusste: Der Feind waren gar nicht meine Verwandten, sondern eigentlich der Teufel. In Matthäus 17,21 heißt es dazu: „Solche Geister können nur durch Gebet und Fasten vertrieben werden."

Ich spürte, dass ich sieben Tage lang fasten sollte, und sagte das meinem Pastor. Er meinte, wenn das ein Wort Gottes für mich sei, müsse ich gehorchen, aber ich solle vorsichtig sein. Ich hatte ja noch nie so lange gefastet und wusste nicht, wie ich das anstellen sollte. Aber Gott sprach zu meinem Herzen: „Meine Gnade ist alles, was du brauchst! Denn gerade wenn du schwach bist, wirkt meine Kraft ganz besonders an dir" (2. Korinther 12,9).

Seine Stimme machte mich innerlich ruhig. Damals war ich erst fünfzehn Jahre alt und hatte noch nie länger als drei Tage gefastet, und selbst das war nicht einfach gewesen. Ich wusste nicht, wie ich eine ganze Woche schaffen sollte, aber ich wusste: Gott würde mir helfen und ich musste ihm gehorchen. Ich liebe gutes Essen, aber Jesus liebe ich noch mehr; mein Hunger nach ihm war stärker als mein Hunger nach Essen.

Johnny, mein Taekwondo-Trainer, der gerade auch in der Kirche war, fuhr mich anschließend nach Hause. Unterwegs sprach er mir Mut zu und betete für mich. Kurz bevor mein Vater und meine Brüder zurückkamen, war ich wieder zu Hause.

Ich konnte wieder hoffen und erzählte Adila und Malika von meinem Gespräch mit dem Pastor. Sie beschlossen, drei Tage lang zu fasten; ich musste gehorsam sein und eine ganze Woche fasten.

Während dieser Fastenwoche betete ich Tag und Nacht und spürte Gottes Gegenwart so stark, dass eine Stunde mir wie fünf Minuten vorkam. Bald merkte ich gar nicht mehr, dass ich nichts aß, weil ich gleichsam an Gottes gedecktem Tisch saß. Jeden Morgen, wenn mein Vater und meine Brüder das Haus verlassen hatten, schlich ich mich hinaus und ging zur Kirche.

Meine Mutter wusste, wohin ich ging, aber sie sagte meinem Vater nichts, aus Angst, was er sonst womöglich mit mir machen würde.

Der Gebetsraum in der Kirche wurde meine Zuflucht. Stundenlang war ich dort mit Gott zusammen und betete, sowohl in Zungen als auch in meiner Muttersprache. Hier konnte ich so laut beten, wie ich wollte. Das Hören des Wortes Gottes (vgl. Römer 10,17), das Gebet und das Singen von Jesusliedern bauten meinen Glauben auf.

Während ich so fastete und betete, meditierte ich über Bibelverse, zum Beispiel Josua 24,15: „Ich aber und meine Familie, wir wollen dem Herrn dienen" und Apostelgeschichte 16,31: „Glaube an den Herrn Jesus, dann werden du und alle, die in deinem Haus leben, gerettet." Ich nahm sie als Verheißungen in Anspruch und sprach sie als Gotteslob aus. Im Voraus dankte ich Gott für den Tag, an dem meine ganze Familie gerettet werden würde. Wenn der Tag zu Ende ging, machte ich mich wieder auf den Weg nach Hause; ich kam immer kurz vor meinem Vater und meinen Brüdern an.

Während dieser sieben Fastentage redete Gott zu mir über jeden meiner Lieben. Er sagte, dass Musa wie Saulus im Neuen Testament war, der zuerst die Christen verfolgte – bis er auf der Straße nach Damaskus seine dramatische Begegnung mit Jesus hatte und ihm sein Leben anvertraute. Gott gab ihm damals einen neuen Namen – Paulus. Ich spürte, wie Gott mir sagte: „Heute ist Musa ein Eiferer für den Islam, doch der Tag kommt, wo er ein noch größerer Eiferer für Christus sein wird." Gott bestätigte dies durch eine Freundin, die genau das Gleiche voraussagte. Suleyman würde wie Petrus, der Fels, werden, und mein Vater wie Mose, der noch im Alter dem lebendigen Gott begegnete, sagte sie.

Das Gebet für meine Brüder und Papa brachte mich näher zu Jesus. In Matthäus 5,44 sagt Jesus: „Betet für alle, die euch verfolgen!" Als ich diesem Gebot von Jesus gehorchte, konnte ich Gottes Stimme deutlicher hören und war frei von aller Verbitterung und nachtragenden Gedanken.

Ich versuchte, mein Fasten zu verbergen, aber am vierten Tag merkte meine Mutter, dass ich nichts aß. „Samaa, iss doch etwas", mahnte sie. Sie machte sich Sorgen um mich nach den Schlägen.

Da ich die Jüngste war, hatte sie mich immer verwöhnt und mir extra Leckerbissen zugeschoben.

„Das geht nicht, Mama", erwiderte ich.

„Fastest du?", fragte sie mich geradeheraus.

Ich konnte nicht lügen. „Ja, Mama."

„Warum fastest du, Spatz? Im Krieg musstest du hungern. Jetzt ist es Zeit, wieder zu essen. Du musst zusehen, dass du wieder zu Kräften kommst." Sie stellte mir einen Teller mit Obst hin.

Als ich standhaft blieb und nichts aß, sagte sie mir, dass sie dann auch fasten würde.

Ich sagte: „Mama, ich faste aus Gehorsam zu Gott und da hilft mir der Heilige Geist. Aus eigener Kraft schaffst du das nicht."

Sie hörte nicht auf mich und fing an, selbst zu fasten, aber nach drei Tagen wurde sie vor Schwäche ohnmächtig. Man rief einen Arzt, der meiner Mutter Infusionen gab, denn sie war halb ausgetrocknet.

„Was hast du mit unserer Mutter gemacht?", rief Musa zornig, als er nach Hause kam.

Ich begriff damals noch deutlicher, dass wir ohne Gott nichts können. Auch fasten kann man nur mit seiner Hilfe. Mein Herz wollte mir brechen, als ich für meine Mutter betete. Sie war sehr schwach von dem Fasten, aber kam mit Gottes Hilfe wieder zu Kräften.

Als meine sieben Fastentage vorbei waren, merkte ich, dass in unserer Familie etwas geschehen war. Mein Vater und meine Brüder waren sichtlich ruhiger geworden. Sie waren so damit beschäftigt, Arbeit zu finden, dass sie meine Schwestern und mich vergessen zu haben schienen. Ich glaube, in Wirklichkeit machte Gott ihre Augen blind.

Mein siebentägiges Fasten war auch für mich selbst ein Durchbruch. In Apostelgeschichte 13,2 heißt es von einigen der ersten Christen, dass sie „dem Herrn dienten und fasteten". Auch für mich wurde das Fasten ein Lebensstil, eine Art, den himmlischen

König anzubeten. Nach diesem Durchbruch fastete ich immer wieder, manchmal zwei oder drei Tage lang, manchmal auch sieben, zehn oder gar einundzwanzig Tage. Jedes Mal war mein Fasten die Antwort auf einen konkreten Befehl von Jesus und der Heilige Geist gab mir die Kraft, auf Essen zu verzichten. Ohne seine Hilfe, nur mit meiner eigenen Kraft, hätte ich auch nicht *eine* Mahlzeit auslassen können. Ich liebte das Fasten, weil es mich näher zu Jesus brachte.

15
Mutiger Glaube

———◆———

*I*m Herbst nach unserer Taufe in dem See, als das Laub sich bunt färbte, fuhren Adila, Malika und ich mit unserer Gemeinde auf eine dreitägige Freizeit in die Berge. Als der Bus die schmale, kurvenreiche Straße hochfuhr, waren der Krieg und alles Leid vergessen. Über den Berggipfeln strahlte der Himmel in tiefem Blau und die Luft war klar und frisch.

Die Freizeit wurde im Rahmen einer internationalen Gemeindeerneuerungsbewegung durchgeführt. Jeder Teilnehmer hatte in den letzten drei Monaten vor der Freizeit als geistlicher Partner für einen anderen Teilnehmer gefastet und gebetet und sich auf den Austausch mit ihm vorbereitet, Jungen für Jungen und Mädchen für Mädchen.

Unseren Eltern hatten wir gesagt, dass wir in ein Taekwondo-Trainingscamp in den Bergen fuhren, was auch stimmte. Was wir nicht erwähnten, war, dass die Fahrt von unserer Kirche organisiert war und auch dem geistlichen Training diente.

Ich war damals erst fünfzehn. Eigentlich musste man für diese Freizeit sechzehn sein, aber ich hatte meinen Pastor gebeten, eine Ausnahme zu machen. Es war mir so ein Anliegen, mitzufahren und näher zu Gott zu kommen, dass ich dafür fastete und betete.

Der Pastor gab schließlich nach und ich wusste: Gott selbst hatte sein Herz bewegt.

Für meine Schwestern und mich war diese Freizeit ein Geschenk. Wir waren vierhundert oder fünfhundert Teilnehmer, die dort vor der majestätischen Bergkulisse Unterricht in der Liebe Gottes bekamen, und Jesus war spürbar nahe. Ich musste weinen, als die Frau, die mir als Partnerin zugeteilt worden war, mir die Füße wusch, so wie einst Jesus die Füße seiner Jünger gewaschen hatte. In diesem bewegenden Augenblick erblickte ich in ihr ein Stückchen von der Demut und dem Dienerherzen von Jesus, und mein Herz wurde weit vor Liebe zu meinem Herrn.

Wir wussten, dass unsere Eltern und muslimischen Geschwister uns sehr liebten. Aber dass wir unsere angestammte Religion gegen Jesus eingetauscht hatten, hatte einen Graben zwischen uns und ihnen gezogen.

Meine Schwestern und ich gehörten jetzt zur „Familie" der Gemeinde. Wir erlebten aus erster Hand die Worte aus Matthäus 19,29: „Jeder, der sein Haus, seine Geschwister, seine Eltern … zurücklässt, um mir zu folgen, wird dies alles hundertfach zurückerhalten und das ewige Leben empfangen." Sagte Jesus hier nicht, dass er genau wusste, was unsere Treue zu ihm uns kostete und was für ein Opfer wir brachten, um ihm nachzufolgen? Wie sehnte ich mich danach, dass alle in meiner Familie zu Jesus kommen würden! Wie oft am Tag betete ich um das Wunder, dass sie ihn erkannten! Und ich glaubte fest, dass Jesus diese Gebete erhören würde.

Iman kommt zu Jesus

Kurz nach dieser Freizeit kam meine Schwester Iman zum Glauben an Jesus. Mit ihren zwanzig Jahren war sie fünf Jahre älter als ich und seit einem Jahr betete ich für sie. Wenn ich ihr dann und wann etwas von meinen Erfahrungen mit Jesus erzählt hatte, hatte sie höflich, aber ohne großes Interesse zugehört.

Dann hatten wir in einem großen Zirkuszelt, das die Kirche gemietet hatte, ein Nachtreffen der Freizeitteilnehmer. Ich lud Iman dazu ein – eigentlich ohne große Hoffnung, denn als praktizierende Muslimin würde sie bestimmt Nein sagen. Aber siehe da, sie kam mit.

Während des Gottesdienstes wurde sie vom Heiligen Geist berührt und fing an zu weinen.

Als der Pastor fragte, ob jemand wollte, dass für ihn gebetet wurde, flüsterte ich: „Wenn du nach vorne gehen willst, geh ich mit."

Iman schaute nach vorne, wo der Pastor stand und den Menschen die Hände auflegte. Viele von ihnen fielen zu Boden. Sie senkte den Blick und sagte: „Das kann ich nicht, dazu bin ich zu schüchtern. Wenn ich auch umfalle und alle gucken mich an … Und was ist, wenn meine Kleider dreckig werden dabei?"

Es war eine Ausrede nach der anderen. Ich war sicher, dass sie eigentlich nach vorne wollte, aber nur, wenn ich ihr eine Brücke baute. Ich lächelte und nahm ihre Hand. „Komm, wir gehen zusammen."

Und so gingen wir, Arm in Arm, nach vorne. Als die Kraft Gottes Iman berührte, gab es kein Halten mehr. Sie ließ innerlich los und sank zu Boden. All ihre Ängste waren wie weggeblasen und tiefe Freude erfüllte sie. Sie weinte und weinte. Meine Schwester lag Jesus zu Füßen und er begegnete ihr.

Am folgenden Sonntag kam sie mit in den Gottesdienst. Sie setzte sich in die drittletzte Reihe, neben zwei alte Damen. Adila, Malika und ich sangen im Chor, sodass wir nicht neben ihr sitzen konnten. Sie stimmte voll in den Lobgesang ein. Die einst so schüchterne Iman lobte Jesus von ganzem Herzen; was die anderen dachten, war ihr egal geworden. Als die Stelle kam, wo die neuen Gäste begrüßt wurden, stand sie auf und die Gemeinde sang ihr zu: „Wir begrüßen dich im Namen Jesu Christi!"

Als das Lied fertig war, drehte sich die eine der beiden alten Damen zu Iman und sagte: „Also, dass Sie neu sind, hätte ich nicht gedacht! Sie singen ja wie eine Alte!"

Nach dem Gottesdienst fragte ich Iman, ob sie nicht in den Chor wollte mit ihrem schönen Sopran. Sie lachte. „Oh, dazu ist meine Stimme nicht gut genug!"

„Das sehe ich aber anders", erwiderte ich. „Und außerdem geht es Jesus nicht so sehr um deine Stimme, sondern um dein Herz, und du hast das Herz einer Anbeterin, wie König David in der Bibel. Gott hat dich dazu berufen, ihn im Geist und in der Wahrheit anzubeten."

Iman ließ sich schließlich umstimmen und wurde als Sopran in den Chor aufgenommen.

Überfall bei der Arbeit

Fasziniert schaute ich zu, wie Gott meine Schwester verwandelte. Es war, als ob ein Schmetterling aus seinem Kokon schlüpfte. Die Freude blühte in Iman auf. Sie war so begeistert von Jesus, dass sie jede Gelegenheit nutzte, anderen von ihm zu erzählen.

Damals arbeitete sie in der Buchhaltung einer Autofirma. Sie war für eine schwangere Kollegin eingesprungen und war so gewissenhaft, dass sie eines Samstags in die Firma ging, um das Geld für die Gehälter der Mitarbeiter zu zählen, damit es am Montagmorgen bereitlag. In ihrem Büro war es so kalt, dass sie das Geld in die Wachstube trug, wo es ein kleines Heizgerät gab. Zusammen mit den beiden Wächtern saß sie in der Wärme und fing an, das Geld zu zählen; es entsprach fast 100.000 US-Dollar. Gleichzeitig begann sie den Männern das Evangelium zu erklären.

Das Knallen einer Tür ließ sie aufblicken. Sie schaute durch das Glasfenster der Wachstube – und ihr Herz begann zu rasen. Vier mit Gewehren bewaffnete Gangster stürmten in das Gebäude.

„Gott, bitte beschütze uns", betete sie, während sie das Geld instinktiv unter das Sitzkissen des Stuhles schob, auf dem sie saß.

Die Eindringlinge stießen die Tür auf und richteten die Läufe ihrer Waffen auf die Wächter und meine Schwester. „Wir wollen das Geld – alles! Her damit, dann bleibst du am Leben!", schrie der Anführer. Er funkelte Iman an.

Bevor sie reagieren konnte, verriet einer der verängstigten Wächter sie. „Sie ist eine Abtrünnige", sagte er „eine Muslimin, die Christin geworden ist."

Erst hatte Iman furchtbare Angst. Dann betete sie stumm weiter und Gott machte sie ruhig.

Einer der Gangster zeigte auf Imans Ohrringe, die wie Kreuze aussahen. „Ist das wahr? Bist du Christin?", fragte er.

„Ja!", erwiderte sie. Und sie fing auf der Stelle an, den Gangstern von Jesus zu erzählen und was er für sie getan hatte.

„Halt's Maul, du Ungläubige!", bellte einer der Männer und stieß ihr den Lauf seines Gewehrs gegen den Hals. Iman betete hektisch in Zungen, um die dämonischen Kräfte in den Männern zu binden.

„Hey, die glaubt doch nur an Gott, da ist doch nichts dabei", sagte ein anderer Gangster. Doch das machte den, der Iman bedrohte, nur noch wütender. „Klappe", knurrte er. Dann begann er, Iman zu schildern, wie er sie töten würde, schön langsam und grausam.

Sie ließ sich nicht einschüchtern. „Wenn ihr mich tötet, komme ich in den Himmel", sagte sie. „Aber wo kommt ihr hin, wenn ihr sterbt? Jesus ist Gottes Sohn und er liebt euch so, dass er für eure Sünden gestorben ist. Er hat euch die Tür zum Himmel geöffnet; ihr braucht nur zu ihm umzukehren und an ihn zu glauben."

Die vier Männer gingen nach draußen, um sich mit ihrem Boss zu bereden, der vor dem Gebäude wartete. Nach ein paar Minuten kam der Boss, der einen dunklen Anzug trug, herein und baute sich vor Iman auf. „Sag sofort Jesus ab und komm zum Islam zurück oder du bist des Todes", sagte er, als wäre dies das Selbstverständlichste der Welt.

„Ich habe keine Angst vor dem Tod und ich werde nie aufhören, euch zu sagen, dass Jesus euch liebt", entgegnete Iman.

Der Boss fragte sie, wie sie eine Christin geworden war.

„Meine Schwester hat mir von Jesus erzählt", sagte Iman.

„Dann werden wir sie und deine ganze Familie töten", drohte der Boss.

Mit einem Mut, der von Gott kam, wiederholte Iman immer wieder, dass Jesus diese Männer liebte und der einzige Erlöser war, bis der wütende Boss ihr eine Pistole an die Schläfe presste, während ein anderer Gangster ein Messer hervorzog und es ihr an die Kehle hielt. Imans letztes Stündlein schien gekommen.

Im gleichen Augenblick gab der Heilige Geist ihr die rettende Idee ein. Mit gepresster, aber ruhiger Stimme sagte sie: „Ich dachte, wir sind gerade im Ramadan, im heiligen Monat des Betens und Fastens, und da wollt ihr Menschen umbringen?"

Der Bandenchef sah sie an, plötzlich unschlüssig. Dann ließ er langsam seine Waffe sinken und bedeutete dem Komplizen mit dem Messer, zur Seite zu treten. „Nach dem Ramadan kommen wir zurück, um dich zu töten. Wir werden dich in lauter kleine Stücke schneiden, weil du eine Verräterin deines Glaubens bist", verkündete er, bevor er aus dem Raum stürmte, gefolgt von den anderen.

Iman schickte ein stummes Dankgebet zum Himmel hoch, dass sie noch am Leben war. Sie spürte eine Erleichterung, die sich zur Freude steigerte, als sie merkte, dass das Geld ja immer noch unter dem Stuhlkissen lag.

„Iman, du solltest besser zum Islam zurückkehren, wenn du am Leben bleiben willst", sagte ihr Chef, als er von dem Vorfall hörte.

Doch Iman wusste, dass es Gott gewesen war, der ihr das Leben gerettet hatte. „Ich werde nie zum Islam zurückkehren", bekräftigte sie.

Ihr Chef forderte sie auf, mit dem Missionieren aufzuhören. Sie erwiderte, dass das nicht ging. Sie hatte eine Liebe gefunden, die so wunderbar war, dass sie sie nicht für sich behalten konnte; sie *musste* sie weitergeben!

Von diesem Tag an begegneten Imans Kollegen ihr mit Hochachtung. Alle bewunderten ihren Mut und sie wurde noch mutiger. Dem Wächter, der ihren Glauben an die Gangster verraten hatte, vergab sie, und bald war sie für ihre Ehrlichkeit und Integrität allgemein bekannt.

Ich durfte miterleben, wie Jesus meine Schwestern in ihrem Glauben stärkte. Auge in Auge mit dem Tod war Iman treu und fest geblieben. Ich war stolz auf sie! Vor meinen Augen war der Heilige Geist dabei, meine ganze Familie zu verwandeln.

Auf die Bibelschule

Ein Jahr, nachdem Iman Christin geworden war, fragte unser Pastor, ob jemand von uns Missionar werden wollte. Diese Person, so sagte er, sollte am besten auf eine Bibelschule gehen.

„Du möchtest doch eine Missionarin werden, oder nicht?", fragte ich Iman. „Dann ist die Bibelschule genau das Richtige für dich."

„Machst du einen Witz?", antwortete sie. „Ich bin doch noch so neu im Glauben, ich weiß doch fast nichts."

„Dann wäre das doch *die* Gelegenheit, etwas zu lernen!"

„Und besonders klug bin ich auch nicht", fuhr sie fort.

„Der Herr wird dich gerade in deiner Schwäche stark machen", redete ich ihr zu. „Wenn du sein Wort studierst, wird er dir Gedanken von Christus geben. Faste und bete und frage Gott, ob er nicht doch will, dass du auf die Bibelschule gehst. Er wird es dir zeigen!"

Und Iman betete und fastete. In einer der nächsten Freitaggebetsnächte gab Gott ihr eine Vision. Sie sah Jesus vor sich, der in einem purpurroten Gewand am Altar stand, in den Händen eine offene Bibel. Dann sah sie unseren Pastor; auch er war rot gekleidet und hielt eine geöffnete Bibel in den Händen. Jesus und der Pastor sagten kein Wort, aber Iman begriff, was die Vision bedeutete: Gott zeigte ihr, dass es Zeit war, die Bibel zu studieren. Sie weinte, als sie mir das erzählte, hatte sie doch begriffen, dass Gott einen Plan für ihr Leben hatte.

Ende der 1990er-Jahre kündigte Iman ihre Arbeitsstelle, um auf eine Bibelschule in Osteuropa zu gehen. Ihre Kollegen weinten alle beim Abschied; sie war ein Licht der Liebe Gottes gewesen für sie.

Ein Jahr danach hatte Iman ihren Bibelkurs abgeschlossen und kam zurück in unsere Stadt, wo sie für die Gemeinde arbeitete, als Leiterin von Bibelkreisen, Sonntagsschulgruppen, Straßenevangelisationseinsätzen und Kleingruppen.

16
Ein Haus findet den Erlöser

———◆———

*E*nde der 1990er-Jahre kam im Sommer ein Missionsteam in unsere Stadt. Die Mitarbeiter des Teams behandelten Kranke mit Akupunktur, predigten das Evangelium und beteten für die Patienten. Das Medizinerteam machte Werbung im staatlichen Fernsehen und Tausende kamen, um sich behandeln zu lassen, bis hin zu hohen Beamten.

Es gab viele Kranke in meinem Land, nicht zuletzt, weil der Bürgerkrieg auch das Gesundheitssystem getroffen hatte. Die besten Ärzte hatten schon vor Jahren das Land verlassen; wer konnte, war gegangen.

Diese ärztliche Missionsarbeit hatte eine faszinierende Geschichte. Vor vielen Jahren war ein US-amerikanischer Arzt während seines Dienstes im Militär gelähmt worden. Die Ärzte sagten ihm, dass er nie mehr würde gehen können, was ihn sehr deprimierte. Er war kein Christ, wohl aber seine Frau. Sie betete ständig für ihn, aber es ging ihm immer schlechter. Schließlich wurde es so schlimm, dass er sich nur noch mithilfe seiner Arme fortbewegen konnte.

In seiner Verzweiflung schrie er zu Jesus und dieser schenkte ihm eine Offenbarung, dass er ihn durch Akupunktur heilen würde.

Wie durch ein Wunder begann der Mann zu genesen und konnte bald wieder gehen. Darauf übergab er Jesus sein Leben und seine Akupunktur-Kenntnisse und begann, als Arzt und Missionar durch die Welt zu reisen; selbst Scheichs aus Saudi-Arabien gehörten zu seinen Patienten.

Einer der Ärzte aus dem Team bei uns war Dr. Kim, von dem ich schon erzählt habe. Er war damals ein Mann in den Sechzigern und nahm mich oft mit, um für Patienten zu beten. Es berührte ihn tief, als er sah, wie ich manchmal vor Mitleid weinte. Er wusste um meine Situation zu Hause und staunte, wie viel Zeit ich mit Fürbitte und Anbetung verbrachte.

Eines Tages sagte er mir, dass er zwei Söhne, aber keine Tochter hatte. Ob ich nicht seine Tochter werden wollte? Er bat mich, ihn „Papa" zu nennen. Für mich war das ein Licht in der Dunkelheit, denn es war die Zeit, wo meine Familie mich drangsalierte und schlug und ich zu Hause sehr einsam war.

Dr. Kim und die anderen Mediziner kamen jeden Sommer in unser Land und Gott benutzte die Akupunktur, um viele muslimische Freunde und Nachbarn zu heilen und zu retten.

Dawuds Reise

Damals arbeitete ich bei einem Einsatz als Übersetzerin für das ärztliche Missionsteam. Es waren fast zwanzig christliche Ärzte aus den USA – alle Spezialisten für Akupunktur. Zusammen mit Dr. Kim erlebte ich viele Wunder. Lahme gingen, Blinde sahen. Ich schaute zu, wie Dr. Kim voller Liebe und Erbarmen für seine Patienten betete. Er war wie ein Engel zu den Kranken. Ich ahnte nicht, dass er eines Tages auch mich behandeln, ja mir das Leben retten würde.

Während des ersten Einsatzes des Teams kam mein Bruder Dawud, der acht Jahre älter war als ich, zum Glauben an Christus. Als

Dreijähriger war er auf dem rechten Ohr taub geworden. Die genaue Ursache – ob ein lautes Geräusch sein Trommelfell hatte platzen lassen oder ob es eine Infektion war – wusste niemand. Man musste fast schreien, damit er einen verstand, und er ging auf eine Gehörlosenschule.

Ich erzählte meinem Bruder das Evangelium und gab ihm einige kleine Hefte über Jesus. Eines Freitagabends hatte ich eine Idee. Ich bat ihn, mich zur Kirche zu begleiten, denn es war dunkel. Sonst hätte ich allein gehen müssen und dabei hatte ich noch eine schwere Tasche.

Ganz der große Bruder, brachte er mich zur Kirche und trug mir den ganzen Weg die Tasche. Als wir da waren, schlug ich ihm vor, doch einfach zu bleiben und zu sehen, was wir so machten; er könnte mich dann morgens um fünf, wenn es noch dunkel war, zurück nach Hause bringen.

„Samaa!" Dawuds Stimme klang ärgerlich, aber ich merkte, dass er nur so tat, denn er blieb tatsächlich.

Die Lieder und Gebete ergriffen Dawuds Herz, wie sie es schon bei meinen Schwestern getan hatten. In unserer Kirche hatte es viele Heilungswunder unter Gehörlosen gegeben und ich erzählte Dawud das. Sein Wunsch nach Heilung ließ ihn wiederkommen, und in einem der Gottesdienste, als man für ihn betete, begegnete er Jesus und nahm ihn in sein Leben auf.

Bald brachte er seine gehörlosen Freunde mit in die Kirche. Ich hatte vor Jahren die Gebärdensprache gelernt, um mich mit Dawud unterhalten zu können, und so fing ich an, die Predigten für seine Freunde in die Gebärdensprache zu übersetzen.

Einer dieser Freunde kam aus dem allerstriktesten muslimischen Land. Er war dort Soldat gewesen und hatte durch eine Explosion sein Gehör verloren. Er gewann unsere Gottesdienste lieb, gab Jesus sein Herz und heiratete später ein christliches Mädchen.

Zwei Jahre nach meiner Bekehrung wurde Dawud zusammen mit Iman im See außerhalb der Stadt getauft.

Heilung für meine Mutter

Während eines anderen Einsatzes des ärztlichen Missionsteams ließen sich meine Mutter und meine Brüder Suleyman und Musa behandeln. Es war nicht schwer, sie dazu zu überreden, denn sie waren krank und brauchten Hilfe und die Akupunktursitzungen waren gratis. Aber das machte mein Erstaunen und meine Freude nicht geringer.

Suleyman hatte im Bürgerkrieg Tuberkulose bekommen. Meine Mutter hatte Herzprobleme und chronische Kopfschmerzen. Und Musa hatte aufgrund einer Verletzung während seines Dienstes in der Armee Schmerzen im Rücken und in den Beinen.

Während sie in der Schlange saßen und auf ihre Behandlung warteten, erzählten Freunde aus meiner Gemeinde ihnen von dem Gott der Liebe. Sie hörten aufmerksam zu und Mama öffnete ihr Herz. Dann legten die Mitarbeiter des Teams jedem die Hände auf und beteten im Namen von Jesus für ihn oder sie. Meine Mutter und meine Brüder ließen es geschehen, denn sie wussten ja, dass Jesus ein Prophet war, und auch ein Muslim darf andere für sich beten lassen. So mancher Patient wurde bereits durch diese Gebete geheilt; wer immer noch nicht gesund war, bekam seine Akupunkturbehandlung.

Als meine Mutter darauf wartete, dass sie an die Reihe kam, trat Nuh zu ihr, um sich mit ihr zu unterhalten. Nuh war der ehemalige Mullah, der jetzt wie sein Schwager Yunus Jesus folgte. Die beiden erzählten meiner Mutter von Jesus, dem König aller Könige. Mama sagte, dass sie Christin werden wollte, und nahm ihn in ihr Herz auf. An diesem Tag wurde sie auch frei von ihren Herzproblemen und Kopfschmerzen.

Wir hatten in der Gemeinde Jesus gebeten, meiner Familie in Träumen und Visionen zu erscheinen. Erst zwei Wochen vor diesem Tag hatte er unsere Gebete erhört und war meiner Mutter im Traum erschienen, in strahlendes Weiß gekleidet. Er hatte ihr gesagt, dass er ihr Leben im Überfluss schenken werde (vgl. Johannes 10,10), und sie angewiesen, sich keine Sorgen zu machen, sondern alle ihre Sorgen bei ihm abzuladen (1. Petrus 5,7).

So nahm Mama drei Jahre nach meiner Bekehrung Jesus als ihren Herrn und Erlöser an. Sie behielt ihren neuen Glauben zunächst für sich, aus Angst vor dem Zorn meines Vaters. In die Kirche zu gehen war für sie ein geheimes Unternehmen; in den folgenden Jahren konnte sie nur an ein paar Gottesdiensten teilnehmen. Aber sie hatte jetzt inneren Frieden. Sie betete zu Hause und oft bat sie uns um unsere Fürbitte.

Muqaddas

Etwa zur gleichen Zeit hatte meine Schwester Muqaddas, die nach wie vor eine überzeugte Muslimin war, große Probleme am Arbeitsplatz. Wir hatten für sie gefastet und gebetet, aber sie hatte kein Interesse an Jesus gezeigt, sondern uns gesagt, dass wir verrückt seien und zum Islam zurückkehren sollten.

Muqaddas arbeitete in der Finanzverwaltung an einer der Universitäten in unserer Stadt. Sie hatte sämtlichen Angestellten die Gehälter auszuzahlen Es war eine hohe Verantwortung für eine so junge Frau und sie hatte ihre Stelle selbst während des Krieges behalten.

Gleich neben dem Universitätsgelände hatten die Milizen, die im Bürgerkrieg gegen die Regierung kämpften, zahllose Menschen umgebracht. Einen Steinbruch hatten sie zum Massengrab umfunktioniert. Jeden Morgen kam die Polizei, um die neuen Leichen fortzuschaffen. Muqaddas erlebte schreckliche Szenen. Einmal war sie auf dem Weg zur Arbeit Zeugin, wie direkt vor ihr zwei Männer erstochen wurden, und immer wieder war sie in eine Schießerei geraten. Sie wusste: Es war ein Wunder, dass sie noch lebte.

Als der Krieg endlich zu Ende war, wurde aus der Universitätskasse Geld gestohlen. Es gab nur drei Personen, die einen Schlüssel zum Safe besaßen: der Rektor, der Chefbuchhalter und meine Schwester. Muqaddas war die Jüngste und damit das leichteste Opfer; sie wurde prompt vor Gericht gestellt. Meine Schwester wusste nicht mehr aus noch ein. Wenn das Gericht sie für schuldig befand, würde sie ins Gefängnis gehen müssen.

Eines Abends saß sie ganz aufgelöst in unserem Zimmer. Am nächsten Tag sollte das Urteil verkündet werden. Ich wusste, dass ich irgendetwas sagen musste, aber die einzige Hoffnung, die ich Muqaddas bieten konnte, hieß Jesus Christus, und über Jesus konnte ich zu Hause, wo mein Vater und meine Brüder womöglich alles mithörten, nicht offen reden.

„Komm, lass uns nach draußen gehen", sagte ich leise. Ich legte den Arm um sie. Wir gingen die Treppe hinunter und setzten uns in den Garten, der zu unserem Haus gehörte. Es war dämmrig, aber noch warm. „Muqaddas", begann ich, „dein Retter ist Jesus Christus. Nur er kann dir in deiner Lage helfen. Er ist deine einzige Hoffnung."

Sie war so verzweifelt, dass sie mir erlaubte, für sie zu beten. Kurz bevor wir wieder nach oben gingen, sagte ich: „Bitte einfach Jesus, dir zu helfen, und dann warte ab, was er macht."

Sie versprach mir, dass sie das tun würde, und als sie am folgenden Tag nach Hause zurückkam, strahlte sie über das ganze Gesicht. Das Gericht war zu dem Schluss gekommen, dass der Rektor und der Chefbuchhalter ein Komplott gegen Muqaddas geschmiedet hatten. Sie hatten das Geld selbst gestohlen und anschließend den Verdacht auf sie gelenkt. Jetzt war ihr Komplott aufgeflogen und sie kamen ins Gefängnis, während Muqaddas voll rehabilitiert war. Sie wusste genau: Jesus hatte ihr geholfen.

Muqaddas wurde Christin. Aber ihr Leben hundert Prozent Jesus übergeben tat sie erst mehrere Jahre später, als sie mit auf eine Freizeit in den Bergen fuhr. Damals wurde ihr Glaube so leidenschaftlich, dass sie versuchte, unseren Bruder Suleyman zu bekehren. Sie waren im Alter nicht weit auseinander und immer gute Freunde gewesen, aber Muqaddas' Entschluss, Christus zu folgen, erboste Suleyman. „Du bist nicht mehr meine Schwester!", rief er. „Jetzt bist du auch eine von denen geworden – eine Ungläubige!" Aber Muqaddas gab nicht auf.

Mubarak

Jetzt gingen fünf meiner Geschwister mit mir in den Gottesdienst: Muqaddas, Dawud, Iman, Malika und Adila. Meine beiden ältesten Brüder – Suleyman und Musa – sowie meine Schwester Mubarak waren nach wie vor gegen mich, dazu natürlich mein Vater.

Als ich Mubarak ein Neues Testament schenken wollte, war sie so wütend, dass sie es zerriss und mich anschrie, dass ich nicht mehr ihre Schwester sei, sondern eine Verräterin. Ich versuchte, ihr alles zu erklären, aber ihr Herz war verschlossen.

Die in den 1970er-Jahren geborene Mubarak hatte während des Bürgerkriegs in ihrem Beruf als Polizistin schreckliche Dinge miterlebt. Dann war eine Kollegin und gute Freundin von ihr bei einem Autounfall ums Leben gekommen. Sie war noch jung und starb, bevor sie ihren Verlobten heiraten konnte. Wir gingen auf ihre Beerdigung und weinten um diese liebe, liebe Freundin.

Nicht nur Adila, auch Mubarak hatte uns im Krieg Brot aus der großen Brotfabrik besorgt, die in der Nähe ihres Arbeitsplatzes lag. Viele Male hatte sie dabei ihr Leben riskiert, wenn sie trotz der Heckenschützen, die viele Menschen erschossen oder anschossen, Schlange stand. Unzählige Male erlebte meine Schwester mit, wie Menschen starben, doch ihr selbst passierte nie etwas.

Einmal war im Nachbargebäude des Polizeireviers eine Bombe hochgegangen; es gab viele Tote und Verletzte. Mubarak wurde auch Zeugin, wie Menschen vor ihren Augen brutal gefoltert, geschlagen oder erschossen wurden. Sie konnte ihnen nicht helfen, selbst wenn sie gewollt hätte. Sie war wie gelähmt vor Angst, dass die Täter sie sehen und als Nächste umbringen würden. Seitdem hatte sie immer wieder Albträume.

Nicht lange nach dem Ende des Bürgerkriegs bekam Mubarak auch Magen- und Darmprobleme; sie konnte ihr Essen nicht mehr bei sich behalten. Dazu wurde ihre Haut fleckig, was sie zur Zielscheibe des Spotts von Kollegen und Passanten machte. Sie wurde schließlich so depressiv und schwach, dass sie nicht mehr arbeiten konnte.

Meine gläubigen Schwestern und ich beteten weiter um ihre Heilung und Erlösung. Wir warteten auf Gottes Augenblick. Es war schließlich ihre Krankheit, die sie zu Gott führte. Sie suchte verzweifelt jemanden, der sie heilen konnte. Meine Familie hatte alles versucht, von den Ärzten bis zu den sunnitischen Imamen und schiitischen Mullahs, aber es ging ihr immer schlechter.

Als das ärztliche Missionsteam in unsere Stadt kam, sagte ich Mubarak, dass Jesus sie heilen konnte. Sie erklärte sich bereit, in die Akupunktursprechstunde zu gehen, die im zweiten Stock unseres Kirchengebäudes stattfand. Doch bevor die Patienten behandelt wurden, führte man sie zunächst in einen Raum im Erdgeschoss, wo sie das Evangelium hörten.

Was Mubarak am meisten bewegte, war die Barmherzigkeit und Liebe der Ärzte, die so ganz anders war als das, was sie in den Krankenhäusern erlebt hatte. An diesem Tag stürzte in ihrem Herzen die Mauer ein, die sie gegenüber den Christen hochgezogen hatte.

Später durfte ich sogar mit Mubarak beten, aber erst drei Jahre später fand sie – durch eine Freundin, die ihr ebenfalls das Evangelium brachte – endgültig zu Jesus. Ihre körperliche Heilung kam nur langsam, doch ihr Herz, das so verbittert gewesen war, wurde durch Gottes Liebe weich. Mubarak war eine neue Frau geworden, die Jesus Christus als ihren Herrn, Erlöser und Arzt anbetete und pries.

So erfüllte Gott in meiner Familie den Satz aus Apostelgeschichte 16,31: „Glaube an den Herrn Jesus, dann werden du und alle, die in deinem Haus leben, gerettet."

17
IM HIMMEL

Trotz der Gefahren, die meine täglichen Begleiter waren, trotz der Missbilligung meines Vaters und der Verfolgung durch meine Brüder war ich noch nie so glücklich gewesen! Die Freude im Herrn war meine Kraft. Und die Kraft meiner Schwestern, eines meiner Brüder und meiner Mutter. Uns schweißte ein geistliches Band zusammen, das noch fester war als unsere Familienbande. Jeden Tag neu erlebten wir staunend das Wunder einer echten Beziehung zu einem Gott, der lebendig war und sich für jede Einzelheit unseres Lebens interessierte.

Das Feuer dieser Freude breitete sich aus und viele Fremde kamen, die Antworten auf ihre Probleme und Sorgen suchten, so wie einst auch wir. Wir wiesen niemanden ab. Alle wurden willkommen geheißen mit jener Liebe, die inmitten eines grausamen Bürgerkrieges an mein Herz geklopft hatte.

Eines Samstagabends betete ich bis spät in die Nacht und brachte meine Anliegen vor den großen Fürsprecher. In Römer 8,34 heißt es: „Jesus Christus ist vom Tod auferweckt worden und hat seinen Platz an Gottes rechter Seite eingenommen. Dort tritt er jetzt vor Gott für uns ein." Der Heilige Geist seufzte in mir und ich spürte eine große innere Last, so, als ob irgendetwas in der Luft lag.

Am nächsten Morgen stand Iman am Eingang unserer Kirche, als vier junge Männer mit finsteren Gesichtern hereinkamen. Sie waren alt genug, um im Bürgerkrieg gekämpft zu haben. Wer wusste, was für Gräueltaten sie für die eine oder andere Kriegspartei im Namen Allahs verübt hatten? Ihren gequälten Mienen nach zu urteilen, trugen sie schreckliche Dinge in ihren Herzen mit sich herum. Aber Jesus, der große Arzt und Erlöser, kann selbst den hoffnungslosesten Männern und Frauen einen neuen Anfang schenken.

Iman drückte ihnen die Hände. „Willkommen, liebe Freunde, kommt herein! Jesus liebt euch!"

Andere Gemeindeglieder sahen die neuen Gäste und begrüßten sie ebenso herzlich. Die nächsten zwei Monate kamen sie jeden Sonntag und lauschten der Botschaft des Evangeliums, und viele Brüder aus der Gemeinde, darunter auch unser lieber Freund Wafa, nahmen sie unter ihre Fittiche. „Kommt rein! Wir freuen uns, dass ihr da seid! Jesus liebt euch und wir auch!"

Wir nannten Wafa den „Apostel Paulus", weil er bei einem Evangelisationseinsatz von einer Giftschlange gebissen worden war, ohne dass ihm etwas passierte. Die Ärzte im Krankenhaus verstanden die Welt nicht mehr, dass er noch lebte. „Nach diesem Schlangenbiss hätten Sie nach fünfzehn Minuten tot sein müssen!", sagten sie. Es war ihm ähnlich ergangen wie Paulus in Apostelgeschichte 28,5: „Aber Paulus schleuderte das Tier ins Feuer, ohne dass ihm etwas geschehen wäre."

An dem Tag vor dem Sonntag, zu dem ich jetzt komme, hatte Wafa alle seine Freunde aus der Bibelschule zu einem Essen in der Stadt eingeladen, um ihnen etwas Gutes zu tun. Er ahnte nicht, dass es für ihn das letzte Abendessen seines Lebens sein würde.

Teuflischer Plan

Zwei Monate lang beobachteten die vier jungen Männer uns und warteten auf die richtige Gelegenheit. Wenn sie bei uns waren, nahmen sie unsere Freundschaft an. Wenn sie wieder gegangen waren, tauschten sie sich darüber aus, wie wir den Versammlungssaal betraten und verließen und wo man vier Bomben platzieren musste, um die größtmögliche Verwüstung anzurichten. Das Material und die Pläne für den Zusammenbau der Bomben lieferten ihnen ihre Vorgesetzten in der Dschihad-Gruppe. Drei der Bomben versteckten sie am Samstag vor dem Gottesdienst, die vierte hatte einer von ihnen in seinem Rucksack dabei, als sie zum Gottesdienst kamen.

Vier Bomben, die mit je fünfzehn Minuten Abstand explodieren sollten, um möglichst viele ahnungslose, unschuldige Menschen zu töten.

Die erste explodierte im Gottesdienstsaal.

Die zweite, im Foyer, erwies sich als Blindgänger.

Die dritte Bombe war im Feuerlöscherschrank im Treppenhaus versteckt.

Die vierte platzierten die Terroristen draußen vor der Kirche; sie sollte die zerfetzen, die den Verletzten und Sterbenden halfen. Auch diese Bombe – Gott sei Lob und Dank – explodierte nicht.

Ich weiß nicht, ob es überhaupt Überlebende gegeben hätte, wenn die zweite und vierte Bombe auch explodiert wären.

„Möchtest du zurückgehen
oder hier im Himmel bleiben?"

Wie ich schon erzählt habe, stand ich gerade an den Feuerlöscherschrank gelehnt, als die dritte Bombe hochging. Wafa wurde von
der Explosion buchstäblich enthauptet. Mir brachte sie schwere
Brandwunden bei und riss ein Loch in meinen Kopf. Freunde erzählten mir später, dass sie in meinen Schädel hineinsehen konnten.

Die Wucht der Detonation schleuderte mich drei Meter durchs
Treppenhaus und gegen die gegenüberliegende Wand. In meinem
brennenden Schmerz schrie ich innerlich: „Jesus, hilf mir!" Dann
verließ mein Geist meinen Körper und ich starb.

Was ich dann erlebte, ähnelte dem, was Paulus von sich schrieb:
„Ich kenne einen Menschen, der mit Christus eng verbunden ist.
Vor vierzehn Jahren wurde er in den dritten Himmel entrückt.
Gott allein weiß, ob dieser Mensch leibhaftig oder mit seinem
Geist dort war. Und wenn ich auch nicht verstehe, wie er dorthin
kam – auch das weiß allein Gott –, er war im Paradies und hat dort
Worte gehört, die für Menschen unaussprechlich sind" (2. Korin-
ther 12,2-4).

Als ich wieder die Augen aufschlug, sah ich ein gleißend helles
Licht und in dem Licht Jesus, den Menschensohn und Sohn Gottes. Sein Gesicht leuchtete heller als die Sonne und er war so herrlich, dass das Licht mich blenden wollte. Alles um mich herum war
in goldenes Licht getaucht. Ich zitterte vor Ehrfurcht in seiner
mächtigen Gegenwart und die Furcht des Herrn kam auf mich.
Ich war sprachlos vor der unbeschreiblichen Majestät und Schönheit meines Herrn, aber jede Faser in mir rief: „Heilig, heilig, heilig
ist Gott, der Herr, der Allmächtige!" und ich betete es an, das
Lamm Gottes.

Das Gewicht seiner Herrlichkeit ließ meinen zitternden Leib

vor seinen Füßen zu Boden sinken, mit dem Gesicht nach unten. Voller Schrecken kam mir zu Bewusstsein, wie unrein ich war. Wie konnte ich vor solch einem heiligen, gewaltigen Gott stehen (Jesaja 6,1-6; Offenbarung 4,8)?

Dann merkte ich, wie Jesus mich mit seiner Hand berührte. Er sagte: „Fürchte dich nicht." Und er erinnerte mich daran, dass er ja sein kostbares Blut für mich vergossen hatte und mich damit so reingewaschen hatte wie den weißesten Schnee. Dass er mich heilig und rein gemacht hatte, weil er mich liebte. „Ich wünsche euch Gnade und Frieden von Gott, der immer da ist, der von Anfang an war und der kommen wird; Gnade und Frieden auch von den sieben Geistern vor Gottes Thron und von Jesus Christus, der uns zuverlässig Gottes Wahrheit bezeugt. Er ist als Erster von den Toten auferstanden und herrscht über alle Könige dieser Erde. Er liebt uns und hat sein Blut für uns vergossen, um uns von unserer Schuld zu befreien" (Offenbarung 1,4-5).

Als ich dort vor seinen Füßen lag, war mir, als ob Jesus durch mich hindurchsehen und jeden Gedanken in meinem Herzen lesen konnte. Ich zitterte am ganzen Leib; so unwürdig fühlte ich mich, in seiner Gegenwart zu sein. Er offenbarte sich mir in seiner Herrlichkeit – mir, einer Frau. Würde er mich gleich richten oder würde er sagen: „Recht so, du guter und treuer Knecht"? Aber er zeigte mir seine Gnade, die seinen Thron umgibt und über das Gericht triumphiert. Er wusste, was ich dachte; er sprach in mein Herz hinein und erinnerte mich daran, wer er ist – gnädig und barmherzig, langsam zum Zorn und reich an Liebe. Er strahlte Liebe aus wie ein Backofen Wärme. Es war eine Liebe, die mich annahm und in deren Licht es keine Verurteilung, keine Schande gab.

Zuerst wagte ich kaum, Jesus anzuschauen, doch nach einer Weile spürte ich, wie mein Körper aufgerichtet wurde. Dann stand ich vor ihm und er lächelte mich an. Eine tiefe Erleichterung durchströmte mich.

„Willkommen zu Hause, Samaa." Seine Stimme war sanft und

gleichzeitig mächtig wie das Brausen großer Wasser. Er breitete die Arme aus. Seine wunderbaren Augen waren wie verzehrendes Feuer der Liebe. Seine Liebe zog mich an wie ein Magnet, sie schmolz mir das Herz und verwandelte mein Innerstes. Ich lag in den Armen der Liebe und begann zu weinen.

„Möchtest du zurückgehen oder hier im Himmel bleiben?", fragte Jesus.

Und dann zeigte er mir mein Leben; es war wie Bilder aus einem Film. Ich sah mich als Kind und wie ich aufwuchs. Die neunzehn Jahre meines Lebens zogen vor meinen Augen vorbei. Ich sah, was ich alles gemacht hatte – und dass ich die ganze Zeit eigentlich nur für mich selbst gelebt hatte.

Ich spürte tiefe Reue. *Oh Herr Jesus, das tut mir so leid. Bitte vergib mir. Mein ganzes Leben habe ich für mich selber gelebt – für meine Träume, meine Wünsche, meine Pläne. Aber es geht doch gar nicht um mich, sondern um dich! Für dich bin ich gestorben und für dich möchte ich leben. Bitte gib mir eine zweite Chance, allein für dich und deinen Willen zu leben, Jesus!* Ich zitterte so, dass keine Worte aus meinem Mund kamen, aber ich wusste, er hatte mein Herz gehört.

Dann zeigte er mir ein anderes Bild – meine Angehörigen zu Hause, von denen einige immer noch nicht erlöst waren. Und zum Schluss sah ich mich selbst, als Leiche nach der Bombenexplosion – und dann die fassungslose Trauer meiner Eltern, Geschwister und anderen Verwandten. Ihr Schmerz brach mir das Herz.

Das packen die nicht, musste ich denken. Sofort zeigte Jesus mir, dass auch sie eines Tages im Himmel sein würden; er erinnerte mich an seine Verheißung in Apostelgeschichte 16,31. Er wollte, dass ich zurückging – für die Erlösung meiner Familie, aber auch für die Erlösung *seiner* Familie, die so riesengroß ist! Vom ersten bis zum letzten Buch der Bibel geht es Gott um seine Familie, um seine Kinder. Wie es in Offenbarung 5,9 heißt: „Du allein bist würdig, das Buch zu nehmen, nur du darfst seine Siegel brechen. Denn du bist als Opfer geschlachtet worden, und mit deinem Blut hast du Menschen für Gott freigekauft; Menschen aller Stämme und Sprachen, aus allen Völkern und Nationen."

Und in Offenbarung 7,9: „Jetzt sah ich eine riesige Menschenmenge, so groß, dass niemand sie zählen konnte. Die Menschen kamen aus allen Nationen, Stämmen und Völkern; alle Sprachen der Welt waren zu hören. Sie standen vor dem Thron und vor dem Lamm. Alle hatten weiße Gewänder an und trugen Palmenzweige in der Hand."

Diese Menschenmenge sind die Kinder Gottes, die auf der Erde verloren waren. Jesus wollte, dass ich zurückging zu den Völkern, die doch alle ihm gehören (vgl. Psalm 2,8).

Plötzlich begriff ich: Nichts, was ich hatte, gehörte mir. Mein Leben und meine Zukunft, meine Freunde und Verwandten, der Himmel und die Erde, es gehörte alles Jesus.

Die ganze Zeit, die ich dort im Himmel war, kam kein Laut aus meinem Mund. Wir sprachen direkt von Herz zu Herz und ich spürte eine Freude, einen Frieden und eine Liebe, die sich nicht beschreiben lassen.

Alles in mir wollte für immer dortbleiben. Mein Zuhause ist ja dort, wo Jesus ist. Er ist mein Alles, mein A und O. Aber er ist auch ein echter Gentleman. Er zwang mich nicht, zurück auf die Erde zu gehen, sondern ließ mir die freie Wahl. Als ich ihm sagte, dass ich zurückwollte, um eine Zeugin für ihn zu sein, trieb mich die Liebe an und kein bloßes Pflichtgefühl. Jesus ist das Lamm, das würdig ist – das Lamm, das geschlachtet wurde, um reichen Lohn für sein Leiden zu erhalten. Ich wusste: Ich war als Märtyrerin für Jesus gestorben und mein Lohn im Himmel würde groß sein, ja Jesus selbst war mein Lohn!

Aber ich wollte auch auf der Erde für ihn leben. Ich dachte, er würde Nein sagen, aber das tat er nicht. Es war Gott selbst, der den Wunsch in mein Herz legte, seinem Ruf zu folgen. Wie es in Psalm 37,4 heißt: „Freue dich über den Herrn; er wird dir alles geben, was du dir von Herzen wünschst." Und mein großer Herzens-wunsch war Jesus!

„Gut, bis später dann", sagte er.

Und die nächste Welle der Liebe schlug über mir zusammen. Es war so einfach, mit Jesus zu sprechen; ich fühlte mich wie ein klei-nes Kind, das mit seinem Vater redet. Plötzlich merkte ich, dass wir unsere Beziehung zu Jesus oft unnötig kompliziert machen. Dabei ist sie so einfach. Wie Jesus selbst in Johannes 14,9 sagt: „Wer mich gesehen hat, der hat auch den Vater gesehen."

Ich war im Frieden der Ewigkeit. Ich spürte den Fluss der Zeit nicht mehr. Dort in den Armen von Jesus war es immer Gegen-wart. In Prediger 3,11 heißt es: „Für alles auf der Welt hat Gott schon vorher die rechte Zeit bestimmt. In das Herz des Menschen hat er den Wunsch gelegt, nach dem zu fragen, was ewig ist. Aber der Mensch kann Gottes Werke nie voll und ganz begreifen."

Ich weiß nicht, wie lange ich im Himmel war. Es fühlte sich an wie eine Ewigkeit. Gott ist ja außerhalb der Zeit: „Was für uns ein Tag ist, das ist für Gott wie tausend Jahre; und was für uns tausend Jahre sind, das ist für ihn wie ein Tag" (2. Petrus 3,8).

Ich begriff, dass letztlich Jesus selbst der Himmel ist und dass dieser ohne ihn nicht der Himmel wäre. Jesus ist die Mitte von allem.

Dort bei ihm zu sein, war alles, was ich wollte; den Rest meiner Umgebung nahm ich gar nicht wahr. Ich bin gefragt worden, ob ich das Neue Jerusalem sah und die vierundzwanzig Ältesten, von denen die Johannesoffenbarung spricht. Oder verstorbene Ver-wandte, Engel, Glaubenszeugen, Blumen oder goldene Straßen. All das war da, aber mein Blick war ganz auf Jesus gerichtet, den König der Könige und Herrn aller Herren. Es war, als ob Jesus ein funkelnder, strahlender Diamant war – oder ein Jaspis oder Kar-neol, wie es in Offenbarung 4,3 heißt. Seine überwältigende Schönheit, Heiligkeit und Herrlichkeit zogen mich völlig in ihren Bann. Meine ganze Aufmerksamkeit und Liebe war auf ihn kon-

zentriert. Alles andere im Himmel war wie Edelsteine, die ebenfalls herrlich waren, aber deren Schönheit verblasste gegen das
Strahlen dieses Diamanten, der ein einziges Feuerwerk des Lichtes
war. Jesus war himmlisch-überirdisch und körperlich-greifbar zugleich.

Würde Jesus mich heute noch einmal fragen, ob ich im Himmel
bleiben oder zurück auf die Erde gehen will, würde ich mich nicht
mehr für die Erde entscheiden. Er ist der Geliebte meiner Seele,
mein Bräutigam, mein Leben, mein Ein und Alles, mein Traum,
meine Vision, mein Himmel! Und dort bei ihm im Himmel zu
sein, machte mich eins mit ihm auf eine Art, die ich mir nie hätte
vorstellen können. Ich dachte seine Gedanken, träumte seine
Träume, fühlte seine Gefühle und betete seine Gebete.

Als ich seinetwegen starb, war das plötzlich wie ein Blitz; auf
einmal war ich im Himmel. Der Rückweg ins irdische Leben wäre
viel schwerer; ich würde im Glauben einen Fuß vor den anderen
setzen und Gehorsam lernen müssen. Ich wusste, dass ich ab jetzt
nicht mehr von dieser Welt war. Ich starb meinem eigenen Willen
und begann, die folgenden Bibelworte zu leben: „Beides erscheint
mir verlockend: Manchmal würde ich am liebsten schon jetzt sterben, um bei Christus zu sein. Gibt es etwas Besseres? Andererseits
habe ich bei euch noch eine wichtige Aufgabe zu erfüllen" (Philipper 1,23-24).

„Mein altes Leben ist mit Christus am Kreuz gestorben. Darum
lebe nicht mehr ich, sondern Christus lebt in mir! Mein vergäng-
liches Leben auf dieser Erde lebe ich im Glauben an Jesus Christus, den Sohn Gottes, der mich geliebt und sein Leben für mich
gegeben hat" (Galater 2,19-20). „Denn das ist mir klar geworden:
Gegenüber dem unvergleichlichen Gewinn, dass Jesus Christus
mein Herr ist, hat alles andere seinen Wert verloren. Ja, alles andere ist für mich nur noch Dreck, wenn ich bloß Christus habe"
(Philipper 3,8).

Und so werde ich auf der Erde auf meinen geliebten Bräutigam warten, der wiederkommen wird, um seine Braut nach Hause zu holen. Ich kann es nicht erwarten, dass unser Hochzeitstag kommt und ich wieder sein Antlitz sehen darf!

Oh, wie ich Jesus vermisse ...

18

ICH KÄMPFE UM MEIN LEBEN

—————◆—————

*A*ls die zweite Bombe hochging, war Adila draußen vor dem Gebäude, um den Verletzten von der ersten Explosion zu helfen. Urplötzlich hatte sie das Gefühl, dass sie dringend für mich beten musste – um mein nacktes Leben. Sie wusste nicht, dass ich tot war; sie gehorchte einfach der leisen Stimme des Heiligen Geistes. Der Heilige Geist selbst gab ihr die Worte, während sie laut betete. Die Worte strömten nur so aus ihrem Mund und sie hörte erst auf, als sie einen inneren Frieden spürte. So ein Beten kann Tote zurück ins Leben holen (vgl. Jakobus 5,16; Römer 8,26-27).

An diesem Tag weckte derselbe Geist, der Jesus von den Toten auferweckt hatte, mich von den Toten auf. Ja, sie waren wahr, die folgenden Bibelstellen: „Das Leben hat den Tod überwunden! ‚Tod, wo ist dein Sieg? Tod, wo bleibt nun deine Macht?‘ ... Aber gelobt sei Gott, der uns den Sieg schenkt durch Jesus Christus, unseren Herrn!" (1. Korinther 15,54-57) „Ich werde nicht sterben, sondern am Leben bleiben und erzählen, was der Herr getan hat!" (Psalm 118,17) „Darauf erwiderte ihr Jesus: ‚Ich bin die Auferstehung und ich bin das Leben. Wer mir vertraut, der wird leben, selbst wenn er stirbt‘" (Johannes 11,25).

Als meine Seele zurück in meinen Körper kam, begann ich

Stimmen zu hören. „Wach auf, Samaa, wach auf!" Hände schüttelten mich.

Plötzlich war ich nicht mehr an jenem Ort des Friedens und der Herrlichkeit. Ich kehrte in die irdische Welt zurück. Mein zerschundener Körper lag dort, wo die Bombe ihn hingeschleudert hatte. Langsam spürte ich die furchtbaren Schmerzen und dass ich schier keine Luft bekam. Ich konnte kaum die Augen und den Mund öffnen.

Mehrere Menschen aus unserer Gemeinde trugen mich vorsichtig nach draußen. Über meine Augen legte sich ein Schleier, der immer dicker wurde. Ich war dabei, blind zu werden. Meine Haut war so verbrannt, dass man das rohe Fleisch sehen konnte. Aus mehreren Wunden in meinem Kopf floss Blut, und mein ganzer Körper steckte voller Splitter und Metallstücke. Es stank nach verbranntem Haar und verbrannter Haut. Was von meinem taillenlangen, seidigen Haar übrig war, stand wie kurze Stoppeln in alle Richtungen ab.

In meinem Schockzustand rappelte ich mich hoch und begann zu gehen – wie, weiß ich selbst nicht. Ich weiß noch, wie ich merkte, dass von meinem schönen Kleid nur ein paar Fetzen übrig waren. Meine Füße drohten gerade ihren Dienst zu versagen, als mehrere der Umstehenden mich auffingen und zu dem Kirchenminibus trugen, der die Verletzten ins Krankenhaus fuhr. Es war Gottes Gnade, dass wir diese Busse hatten, denn der herbeigerufene Krankenwagen kam nicht.

„Samaa!" Adilas Stimme klang entsetzt.

Als ich sie hörte, begann ich zu weinen. „Zieh mir was an", jammerte ich. Der Schmerz nahm mir die Luft weg. Mit jeder Silbe kam Blut aus meinem Mund.

Adila legte vorsichtig ihre Jacke über mich. Sie musste an sich halten, nicht loszuweinen. „Hab keine Angst, es wird alles gut, Gott hat das im Griff, er ist allmächtig", sagte sie. Sie sagte es im Glauben, obwohl sie sah, wie schlimm ich zugerichtet war. Ihre

Worte trösteten mich und ich spürte die Gegenwart von Jesus Immanuel („Gott ist mit uns").

Ja, Jesus selbst sprach in mein Herz hinein: „Samaa, ich bin bei dir. Ich werde dich nie verlassen. Ich werde immer bei dir sein, bis ans Ende. Hab keine Angst."

Friede erfüllte mein Herz, als sie mich in den Kirchenbus schoben. Adila konnte nicht mit, da der Bus voll von Verletzten und Sterbenden war. Es ging mir wie dem Blinden in Markus 8,24, der sagte: „Ich sehe Menschen herumlaufen. Aber ich kann sie nicht klar erkennen. Es könnten genausogut Bäume sein." Ich sah alles wie durch einen Nebel, aber was ich erkannte, war furchtbar. Einem Mann hatte die Detonation das rechte Auge herausgerissen; er hielt die Reste an sein Gesicht gedrückt. Eine Frau, der die Bombe den einen Unterschenkel weggerissen hatte, klammerte sich weinend an mich. Eine Freundin von mir lag im Koma; ihr Bruder beugte sich weinend über sie. Und mein Freund Iaub, der furchtbare Verbrennungen hatte und neben mir saß, fing an zu beten.

Es war wie ein Albtraum. Doch trotz meiner eigenen Schmerzen fing ich an, leise ein Anbetungslied zu singen oder vielmehr zu krächzen: „Jesus ist hier, ganz nah, und seine große Macht, sie heilt mich, sie tröstet mich, sie erlöst mich und sie rettet mich." Ich wusste, dass eine Kraft darin liegt, Gott zu loben. Es ist leicht, ihn zu loben, wenn alles gut geht; die großen Wachstumsschritte in unserem Glauben kommen, wenn das Lob ein Lob*opfer* wird, mitten in Not und Anfechtung.

Gott loben und anbeten ist dann ein echter geistlicher Kampf, so wie es der Apostel Paulus im Gefängnis in Philippi erlebte: „Gegen Mitternacht beteten Paulus und Silas. Sie lobten Gott laut und die übrigen Gefangenen hörten ihnen zu. Da erschütterte plötzlich ein gewaltiges Erdbeben das ganze Gefängnis bis in die Grundmauern; alle Türen sprangen auf, und die Ketten der Gefangenen zerbrachen" (Apostelgeschichte 16,25-26).

So wie sich bei Paulus die Ketten des Gefängnisses lösten, als er Gott lobte, so lösten sich bei mir die Ketten des Schmerzes. Auch David pries Gott in allen Lebenslagen und Gott gab mir die Gnade, dies ebenfalls zu tun.

Obwohl ich der zweiten Bombe am nächsten gewesen war, konnte ich noch hören. Viele andere hatte die Explosion taub gemacht. (Später erfuhr ich, dass ich tief in meinen Ohren sehr viel Ohrenschmalz gehabt hatte, das die Trommelfelle geschützt hatte. Anstatt die Ohren zu säubern, hatte ich es nur immer weiter reingedrückt. Der Ohrenarzt entfernte später das ganze Ohrenschmalz, und ich habe seitdem nie mehr Probleme damit gehabt. Ich staunte, als ich erfuhr, wie Gott mein Gehör geschützt hatte.)

Iman hatte bei einem Fenster gestanden, als die Bombe hochging. Die Wucht der Explosion hatte sie zu Boden geschleudert und Scherben des zerschmetterten Fensters hatten ihr die Stirn blutig gerissen. Auch sie fuhr man ins Krankenhaus.

Mein ganzer Körper war rot von meinem Blut. Die Jacke, die Adila mir gegeben hatte, war schon durchgeweicht. An meinem ganzen Körper war keine Haut zu sehen, nur rohes, von Brandblasen bedecktes Fleisch. Die Schmerzen waren furchtbar. Die Verbrennungen waren so stark, dass ich mich fühlte, als ob mein ganzer Leib brannte. Der Kirchenbus brachte mich schnell ins große städtische Krankenhaus, damit man dort meine Kopfwunde behandeln konnte.

Der Bus erreichte das Krankenhaus und man trug mich hinein. Zum Glück kam bald Iman und versuchte, mir Mut zuzusprechen. Die Ärzte machten keine Anstalten, sich um mich zu kümmern. Iman bestürmte sie, mir zu helfen. Sie wusste: Noch mehr Blutverlust würde ich nicht überleben. Ich lag da, ohne Kraft, auch nur einen Schritt zu tun. Ein Arzt musterte meinen blutenden Kopf und sagte zu einer Schwester: „Die braucht sofort eine Notoperation, sonst stirbt sie."

Wunderbarerweise war ich erst zwei Tage vorher in diesem

Krankenhaus gewesen, um Blut zu spenden. Einer unserer Diakone war sehr krank und brauchte Bluttransfusionen, und viele aus der Gemeinde hatten sich als Blutspender gemeldet. Da ich dieselbe Blutgruppe wie der Diakon hatte, hatten sie mir reichlich Blut abgenommen. Anschließend hatte ich mich ziemlich schwach gefühlt und war am Tag des Bombenanschlags noch nicht wieder ganz auf der Höhe gewesen.

„Helfen Sie mir, bitte!", rief ich den Schwestern zu, die ich an mir vorbeigehen hörte, aber keine reagierte.

Da es Sonntag war, hatten nicht viele Ärzte Dienst. Ich bekam Schüttelfrost. Ich hatte an diesem Tag gefastet. Plötzlich hatte ich furchtbaren Durst.

„Kann ich bitte Wasser haben?", fragte ich in den Nebel vor meinen Augen hinein. Mein Mund war ausgedörrt und voller Blut. Selbst das Sprechen tat mir weh.

Niemand half mir. Wahrscheinlich dachten sie alle, dass ich so oder so nicht überleben würde. Sie hatten alle Hände voll zu tun mit anderen Opfern des Bombenanschlags und fanden es Zeitverschwendung zu versuchen, mich durchzubringen.

Herr, hilf mir, rief ich innerlich.

Dann wurde plötzlich alles schwarz. Ich sackte bewusstlos auf dem Boden zusammen.

19
HEILUNGSWUNDER

———◉———

Als ich wieder zu mir kam, lag ich auf dem OP-Tisch. Jetzt konnte ich gar nichts mehr sehen. Voller Angst lag ich im Dunkeln, um mich herum Stimmen. Die Schmerzen kamen mit verdoppelter Wucht zurück.

Als ich bewusstlos geworden war, hatte meine Schwester Iman die Ärzte endlich dazu bringen können, mir zu helfen. Sie erklärten sich bereit, meine Wunden zu säubern und mich, so gut es ging, zusammenzunähen. Man hatte mir eine Narkose gegeben, doch die ließ bereits nach und ich spürte, wie der Arzt versuchte, den Dreck, die Glassplitter und die Metallsplitter der Bombe aus meinen Kopfwunden zu entfernen. Seine Hände zitterten; mein aufgerissener Kopf musste ein makabrer Anblick sein.

Der Gestank von verbranntem Haar und Fleisch stand im Raum. Ich konnte die Ärzte und Schwestern gut hören, aber nicht sehen. „Das ist furchtbar", sagte einer der Ärzte. „Sie muss ein schönes Mädchen gewesen sein, aber jetzt …"

Ich wusste, dass ich nackt war, und schämte mich furchtbar.

Intensivstation

Nachbarn von uns erfuhren über die Radionachrichten von dem Bombenanschlag. Sie wussten, dass meine Schwestern und ich in diese Kirche gingen, und rannten sofort zu unserer Wohnung. Nur Muqaddas war da. Mein Vater war außer Haus und meine Mutter besuchte gerade unsere Großmutter, die eineinhalb Stunden entfernt in einer anderen Stadt wohnte.

Muqaddas rannte durchs Treppenhaus zu einer der Nachbarwohnungen, wo Malika gerade eine Freundin besuchte. „Malika, in der Kirche ist eine Bombe explodiert, es hat Tote gegeben!", rief sie. „Ich weiß nicht, was mit unseren Schwestern ist!"

Malika rannte sofort auf die Straße und fuhr mit dem nächsten Bus zu unserer Kirche; unterwegs betete sie ununterbrochen für uns. In der Nähe der Kirche stieg sie aus. Als sie auf die Kirche zulief, sah sie, wie ein Nachbar von uns in ihre Richtung gerannt kam. Seine Kleidung war blutbefleckt.

„Was ist passiert?", rief sie.

Der Mann wischte sich die Tränen aus den Augen. „Zwei Bomben sind explodiert. Es ist furchtbar – so viele Tote …"

„Wissen Sie was über meine Schwestern?", fragte sie atemlos. Was würde jetzt kommen?

„Keine Ahnung, Entschuldigung! Es gibt so viele Verletzte und Tote."

Malika war schlecht vor Angst. Was würde sie in der Kirche vorfinden? Als sie ankam, hatte die Polizei den Eingang zum Gebäude bereits abgesperrt. Mehr Menschen mit Blut an der Kleidung, weinende Frauen und Kinder und Polizisten, die dafür sorgten, dass niemand unerlaubt wegging oder zurück in das Gebäude trat.

„Stehen bleiben oder ich schieße!", bellte ein Polizist. Malika sagte ihm, dass ihre Schwestern in der Kirche waren, aber der Polizist blieb eisern und befahl ihr, sofort wieder zu gehen.

Sie wollte gerade aufgeben, als einige Mitglieder unserer Gemeinde ihr etwas zuriefen.

„Wisst ihr, wo meine Schwestern sind?", fragte sie verzweifelt.

„Samaa und Iman sind im Krankenhaus und ich glaube, Adila auch", sagte jemand.

„Lieber Herr, hilf ihnen", betete Malika. Ihre schlimmsten Befürchtungen waren wahr geworden. Sie machte sich sofort auf den Weg zum Krankenhaus, wo sie Iman traf, die ihr sagte, dass ich auf der Intensivstation lag. Die Schwestern dort wollten sie nicht einlassen, aber irgendwie gelang es Malika, auf die Intensivstation und zu mir vorzudringen.

„Oh Gott!" Sie weinte, als sie mich sah. Ich war kaum zu erkennen. Mein Gesicht war schwarz und verschwollen, überall war Blut. Malika begann sofort zu beten, doch schon kam eine Krankenschwester und schob sie aus der Tür. Sie beschloss, meiner Mutter lieber nichts zu sagen, da Mama meinen Anblick womöglich nicht würde ertragen können.

Doch Mubarak sah das anders und so sagten sie Mama, als sie von unserer Oma zurückkam, wie es um mich stand. Sie fiel auf der Stelle in Ohnmacht. Als sie wieder zu sich kam, bestand sie darauf, dass sie sie sofort zum Krankenhaus brachten. Was sie dort erwartete – niemals hätte sie sich darauf vorbereiten können.

Mein zerschundener, geschwollener, blutverschmierter Körper war ein furchtbarer Anblick. Erst wollten meine Eltern nicht glauben, dass das wirklich ich war. Als sie mich dann erkannten, brach meine Mutter von dem Schock zusammen. Ein Arzt hob sie auf und man brachte sie in aller Eile auf eine andere Station, wo sie versorgt wurde. Ihr Vater war relativ jung an einem Herzinfarkt gestorben und auch sie hatte ein schwaches Herz.

Mein Vater griff sich an die Brust. Einen Augenblick dachte er, dass auch er einen Herzanfall bekam. Dem war dann doch nicht so, aber er hatte einen Schock, der behandelt werden musste. Die Frau meines Bruders Musa, die hochschwanger war, war so geschockt, als sie mich sah, dass sie fast ihr Kind verloren hätte.

Die muslimischen Ärzte und Schwestern, die sich um meine Eltern kümmerten, erklärten ihnen, dass sie selbst an ihrem Elend schuld seien, weil ihre Kinder Ungläubige geworden waren. Viele von ihnen glaubten, dass die Kirche uns für unsere Bekehrung viel Geld gegeben hatte. Sie hätten gestaunt, hätten sie die Wahrheit erfahren – dass wir über unseren Zehnten und die Kollekten umgekehrt der Gemeinde unser Geld gaben, um Jesus zu ehren.

Mehrere ausländische Ärzte sprachen im Krankenhaus vor und boten an, die Opfer des Anschlags kostenlos zu behandeln. Das Krankenhaus ließ sie abblitzen und das, obwohl es selbst keine Ärzte hatte, die für die Behandlung solcher Patienten wie uns hinreichend ausgebildet waren. In unserem Land gab es kein Krankenkassensystem. Die Patienten mussten ihre Behandlung selbst bezahlen, und die zahlreichen Opfer des Bombenanschlags spülten viel Geld in die Kassen des Krankenhauses.

Die Ärzte hatten Malika gesagt, dass ich es nicht schaffen würde, da meine Verletzungen zu ernst seien. „Wenn Ihre Schwester nicht bald auf die Behandlung anspricht, hat sie nicht mehr viel Chancen", erklärte eine der Schwestern. Sie hatten getan, was sie konnten, und rieten meiner Familie, meine Beerdigung vorzubereiten.

Meine Freunde aus der Gemeinde beteten die ganze Nacht um mein Leben. Andere Menschen begannen, als die Nachricht von dem Anschlag allgemein bekannt wurde, für unsere Gemeinde zu beten.

In den ersten Tagen im Krankenhaus lag ich auf der Intensivstation und meine Angehörigen durften nicht zu mir. Sie warteten draußen im Gang, halb gelähmt vor Angst. Dort schauten sie zu, wie der Stundenzeiger der Uhr an der Wand weiterkroch, und hofften und beteten verzweifelt, dass ich es schaffen würde.

Am nächsten Morgen dann ein erster Durchbruch. Eine Schwester und ein Arzt schauten nach mir, als ich plötzlich flüsterte, kaum hörbar: „Ich hab Hunger."

Sie schauten einander mit offenem Mund an. Konnte es wahr sein, hatten sie das wirklich gehört? „Was möchten Sie essen?", fragte der Arzt.

„Kebab ... Erdbeeren und Schokolade", flüsterte ich.

Wenn in der Bibel Menschen vom Tod auferweckt werden, haben sie immer Hunger. Als der auferstandene Jesus seinen Jüngern erschien, ließ er sich von ihnen ein Stück Fisch geben (Lukas 24,41-42), und nachdem er die Tochter des Jaïrus auferweckt hatte, wies er die Eltern an, dem Mädchen etwas zu essen zu geben (Markus 5,43; Lukas 8,55). Bei mir war es genauso, ich hatte auch Hunger.

Der Arzt antwortete, dass er schauen würde, was sich machen ließe, und ging zu meinen Eltern, um ihnen zu sagen, dass ihre Tochter über den Berg zu sein schien. Ich hörte die Freudenrufe im Gang und erkannte die vertrauten Stimmen meiner Familie.

Drei Tage lang war ich mal bei Bewusstsein, mal nicht. Als meine Lieben das erste Mal zu mir durften, brachten sie mir Kebab, Schokolade und Erdbeeren (eine meiner Lieblingsfrüchte) mit. Leider konnte ich nichts davon essen, da ich intravenös ernährt wurde.

Innerlich fühlte ich mich frei, aber die Schmerzen waren eine Qual. Außerdem war ich blind und natürlich sehr deprimiert. Wenn jemand an mein Bett trat, wusste ich nicht, wer es war. Ich weiß noch, wie ich plötzlich neben meinem Bett Kleider rascheln hörte. „Wer sind Sie?", fragte ich voller Angst.

„Ich bin dein Papa, Schatz. Es wird alles gut", sagte mein Vater, während er meine bandagierte Hand in seine nahm.

Ich spürte Gottes Liebe durch meinen Vater. Tag und Nacht war er von da an bei mir, sorgte dafür, dass mir nichts fehlte, hielt meine Hand und küsste mir die Stirn. Es war fast, als bitte er um Vergebung für die Jahre, die er mich verfolgt hatte. Ich trug ihm diese Jahre nicht nach. Ich wusste: Gott war dabei, sein Herz weich zu machen. Wir hatten uns sehr gut verstanden, bevor ich Christin wurde. Ich war seine Kleine gewesen, die er huckepack trug – aber dann hatte meine Entscheidung, Jesus nachzufolgen, einen Keil zwischen uns getrieben.

Der Bombenanschlag stellte unsere alte Beziehung wieder her. Mein Vater war der Einzige, der auf der Intensivstation zu mir durfte.

Als „Abtrünnige" im Krankenhaus

Die Ärzte hatten meinen von den Verbrennungen aufgedunsenen Körper bandagiert. Sie waren wie auch die Schwestern alle Muslime. Sie wussten, warum die anderen Opfer und ich im Krankenhaus waren und dass wir vom Islam zum Christentum konvertiert waren. Deshalb behandelten sie uns entsprechend lieblos. Eine Schwester, die meine Verbände wechseln musste, schnitt diese erst mit einer Schere an, bevor sie sie buchstäblich abriss, sodass ganze Fleischfetzen mitkamen. Ich schrie vor Schmerzen, aber das rührte die Schwester nicht.

Gut, dass ich 1. Petrus 1,6-7 auswendig gelernt hatte: „Darüber freut ihr euch von ganzem Herzen, auch wenn ihr jetzt noch für eine kurze Zeit auf manche Proben gestellt werdet und viel erleiden müsst. So wird sich euer Glaube bewähren und sich wertvoller und beständiger erweisen als pures Gold, das im Feuer vollkommen gereinigt wurde. Lob, Preis und Ehre werdet ihr dann an dem Tag empfangen, an dem Christus für alle sichtbar kommt."

„Du Abtrünnige! Dies ist ein Gericht Allahs, das hast du verdient", gifteten die Schwestern.

Jesus fordert uns auf, für die zu beten, die uns verfolgen, und so betete ich für diese Schwestern. Ich fühlte mich, als ob ich wieder wegen meines Glaubens misshandelt wurde. Die Schwestern wurden noch gröber.

„Warum macht ihr das?", schrie ich vor Schmerzen; ich konnte nicht mehr.

„Halt die Klappe, sonst setzt's was!", war die Antwort.

Trotz der Schmerzen, die sie mir zufügten, brach mein Herz für sie. Wie ich mich danach sehnte, ihnen von der Liebe Christi zu erzählen. „Auch wenn ihr mir das Fleisch wegreißt, sage ich euch, dass Jesus euch liebt", keuchte ich. „Und ich vergebe euch. Ihr wisst nicht, was ihr tut." Ich hörte nicht auf, den Menschen das Evangelium zu sagen, auch denen, die mich verfolgten. Meine Kraftquelle war Römer 5,3-5: „Wir danken Gott auch für die Leiden, die wir wegen unseres Glaubens auf uns nehmen müssen. Denn Leid macht geduldig, Geduld aber vertieft und festigt unseren Glauben, und das wiederum gibt uns Hoffnung. Und diese Hoffnung geht nicht ins Leere. Denn uns ist der Heilige Geist geschenkt und durch ihn hat Gott unsere Herzen mit seiner Liebe erfüllt."

Ich war doch im Himmel gewesen! Ich hatte Jesus von Angesicht zu Angesicht gesehen! Ich konnte Gottes Liebe und Vergebung nicht für mich behalten.

Die Ärzte rissen sich kein Bein für mich aus. Anfangs sagten sie meiner Familie, dass sie meinen Kopf nur gegen ein saftiges Honorar operieren würden. Doch dann schickte unser Staatspräsident Beamte in die Krankenhäuser, um zu prüfen, wie es den Anschlagopfern ging, worauf unsere Behandlung besser wurde. Die Opfer erhielten schließlich von der Regierung ein Schmerzensgeld. Es war nicht viel; bei mir reichte es gerade, um die Behandlung zu bezahlen, sowie für die Medikamente, die ich nach meiner Entlassung nehmen musste. Aber es war ein echter Segen.

Wir standen im Krankenhaus unter Polizeischutz, da die Behörden Angst hatten, dass sonst womöglich dieselben Terroristen eindrangen, um uns doch noch umzubringen.

Zehn meiner Freunde, die bei den Explosionen in der Nähe der Bomben gewesen waren, starben auf der Stelle. Wafa, der neben mir gestanden hatte, hatte die zweite Explosion den Kopf abgerissen. Er hielt seine Bibel an die Brust gepresst, als man ihn fand. „Kostbar ist in den Augen des Herrn der Tod seiner Frommen" (Psalm 116,15). Insgesamt gab es fast 200 Verletzte, darunter 50 lebensgefährlich Verletzte wie mich. Keiner wusste, warum ich überlebt hatte, denn die zweite Bombe war ja direkt neben mir explodiert.

Immer wieder versank ich in Bewusstlosigkeit. Wenn ich wieder zu mir kam, schrie ich zu Gott um Heilung, vor allem für meine Augen. Ich konnte den Gedanken nicht ertragen, ohne Augenlicht in dieser Welt leben zu müssen. Ich glaubte, dass Gott mir mein Augenlicht wiedergeben würde, und klammerte mich an Jesaja 53,5: „Durch seine Wunden sind wir geheilt."

Meine Haut war verbrannt, aber ich bat Gott auch hier um ein Heilungswunder – um neue Haut, ohne dass Hauttransplantationen erforderlich waren. Und da Jesus gesagt hat: „Kranke, denen sie die Hände auflegen, werden gesund" (Markus 16,18), legte ich mir selbst die Hände auf und betete um meine Heilung.

Mein Kopf schmerzte, als ob er gleich explodieren würde, und so bat ich Jesus, meine Kopfschmerzen mit seinem Blut zu bedecken, ja all meine Schmerzen wegzuwaschen.

Mehrere Pastoren kamen, um mich mit Öl zu salben und für mich zu beten (vgl. Jakobus 5,14). Wir feierten auch das heilige Abendmahl (1. Korinther 11,23-26).

Jedes Mal, wenn ich bei Bewusstsein war, bat ich Gott, meine Augen zu heilen. Nach drei Tagen begann ich, durch meine Augenlider etwas Licht zu sehen. „Herr, danke, dass du mir die Augen wieder öffnest!", rief ich wieder und wieder.

Und während ich Gott so dankte, begann ich wieder zu sehen. Die Ärzte verstanden die Welt nicht mehr. Sie hatten gedacht, dass ich für den Rest meines Lebens blind sein würde. Meiner Familie hatten sie erklärt, dass die Explosion meine Augen verbrannt hatte und dass meine Blindheit unheilbar war. Heute kann ich perfekt sehen! Ich fragte mich damals allen Ernstes, ob ich nicht vielleicht vorübergehend blind gewesen war, weil ich, wie der Apostel Paulus, Jesus von Angesicht zu Angesicht gesehen hatte. Sein Gesicht ist ja hell wie die Sonne. Paulus war nach seiner Christusoffenbarung drei Tage blind gewesen: „Als Saulus aufstand und die Augen öffnete, konnte er nicht mehr sehen. Da nahmen sie ihn an der Hand und führten ihn nach Damaskus. Drei Tage lang war er blind und wollte weder essen noch trinken" (Apostelgeschichte 9,8-9).

Nach meinen ersten sechs Tagen auf der Intensivstation waren die Freunde aus meiner Gemeinde sowie meine Eltern und Geschwister ständig bei mir. Sie blieben auch über Nacht, und als ich wieder essen konnte, brachten sie mir alle Mahlzeiten. Jeden Tag standen gläubige Freunde um mein Bett herum, hielten sich an den Händen und beteten laut für mich. Sie fasteten und beteten in Schichten für die Heilung aller Opfer des Bombenanschlags.

Die Liebe und Fürsorge dieser Christen bewegte meine muslimischen Verwandten tief. Eine positive Folge des Bombenanschlags war: Mein Vater und meine älteren Brüder waren so davon erschüttert, mich um ein Haar verloren zu haben, dass sie mit ihren Repressalien aufhörten. „Samaa ist für Jesus gestorben, dann soll sie auch für ihn leben", sagte Papa und meine Brüder stimmten zu.

Sie sahen meine Hingabe an meinen neuen Glauben und begannen zu begreifen, wie wichtig mir meine Beziehung zu Jesus war.

Nach diesen ersten kritischen Tagen, in denen ich mein Augenlicht wiederbekommen hatte, gab es keine weiteren Fortschritte. Mein Kopf war wie eine Trommel des Schmerzes, die durch meinen ganzen Körper dröhnte. Ohne irgendwelche Schmerzmittel lag ich auf meinem Bett, während mir die Tränen über die Wangen liefen. Ich hatte viele Bluttransfusionen bekommen; später fragte ich mich, ob es womöglich mein eigenes Blut von vor ein paar Tagen gewesen war.

Dr. Kim als mein Engel

Etwa eine Woche nach der Bombe konnte ich die Schmerzen nicht mehr aushalten. Mein ganzer Leib war geschwollen und voller Brandblasen. Ich war immer noch kaum wiederzuerkennen. Jedes Mal, wenn ich den Kopf hob, musste ich mich übergeben. Ich konnte buchstäblich nicht schlafen vor Schmerzen. Ich war am Ende.

Gott wusste das und schickte mir Hilfe.

Man sagte mir, dass jemand, der mit dem Präsidenten zusammenarbeitete, demnächst das Krankenhaus besuchen würde. Ich liebte unseren Präsidenten und betete für ihn, aber zurzeit konnte ich auf Besucher verzichten. Ich wollte nur noch eines: endlich keine Schmerzen mehr haben.

Doch als der hohe Gast kam, war er kein Regierungsbeamter, sondern mein geliebter amerikanischer Freund Dr. Kim. Als er in mein Zimmer kam, war mir, als ob ich einen Engel sah. Meine Lippen formten das Wort *Papa,* aber kein Laut kam heraus. Ich hatte solche Schmerzen, dass ich noch nicht einmal sprechen konnte. Alles, was ich konnte, war, ihm in die Augen zu sehen. Meine Tränen sagten mehr als viele Worte. Ich begann zu weinen, denn ich wusste: Dieser Mann würde sich um mich kümmern. Auch ihm kamen die Tränen, als er mich in meinem Elend sah.

Als Dr. Kim von dem Anschlag gehört hatte, war er sofort in mein Land geflogen. Das Krankenhaus wollte nicht, dass er mich untersuchte oder behandelte, aber als er an meinem Bett stand, inspizierte er rasch und behutsam meine Kopfwunden und sah, dass immer noch frisches Blut heraussickerte. Die Ärzte hatten bei ihrem halbherzigen Operationsversuch einen guten Teil des Drecks, den die Explosion hinterlassen hatte, bis hin zu winzigen Glassplittern, in meinem Kopf gelassen. Anstatt gründlich alles zu entfernen, hatten sie einfach einen Verband darüber angelegt.

Dr. Kim sah sofort, dass ich dem Tod nahe war; wenn er nicht eingriff, würde ich sterben.

Und er heckte mithilfe seiner Beziehungen in der Regierung einen Plan aus, wie er mich aus dem Krankenhaus herausholen und operieren konnte. Am nächsten Wochenende, als viele Krankenhausmitarbeiter frei hatten, wurden ich und mehrere andere Schwerverletzte mit der tatkräftigen Hilfe von Freunden und Verwandten aus unseren Stationen herausgeschmuggelt. Ein Kleinbus brachte uns zu dem neuen Gebäude, in das unsere Gemeinde hatte umziehen wollen und das noch im Bau war.

Jede Bewegung war eine Qual für mich. Mehrere Gemeindeglieder trugen mich auf einer Trage, ganz vorsichtig, um mir keine unnötigen Schmerzen zu verursachen.

In einem improvisierten OP-Raum, ohne elektrischen Strom, ging Dr. Kim daran, meine Wunden zu behandeln. Noch während ich im Krankenhaus gewesen war, war ein Freund aus der Gemeinde, ein Friseur, gekommen und hatte einen Teil meines Haars abgeschnitten. Direkt vor der Operation rasierte Dr. Kim vorsichtig den Rest mit einem Rasiermesser ab und wusch meinen Körper mit Alkohol. Die Ärzte vor Ort hatten sich nicht getraut, mir das Haar abzurasieren. Als mein versengtes Haar weg war, fühlte ich mich gleich besser. Der Brandgeruch hatte mich dauernd an die Explosion erinnert, sodass mir übel wurde.

Dr. Kim säuberte den Bereich um meine Kopfwunden, so sanft und vorsichtig, als ob ich seine Tochter wäre. Sein Assistent war Rasul, ein Arzt und Prediger, den ich auf Einsätzen des ärztlichen Missionsteams begleitet hatte. Rasul hatte direkt neben der ersten Bombe gesessen, war aber kurz vor der Explosion ins Gemeindebüro einen Stock tiefer gegangen, um das Geld für die Kollekte zu holen, das er vergessen hatte. Hätte er es an jenem Sonntag nicht vergessen, hätte er nicht überlebt. Als die zweite Bombe detonierte, war er draußen und bekam die Glasscherben eines zerborstenen Fensters in den Rücken, doch nachdem man das Glas entfernt und ihn verbunden hatte, war er bald wieder auf dem Damm. Trotz seiner Verletzungen war er, wie auch meine Schwester Adila, verhaftet worden und ins Gefängnis gekommen, jedoch bald wieder freigelassen worden.

Nachdem Dr. Kim meinen Kopf operiert hatte, wurde ich ins Krankenhaus zurückgeschmuggelt. Die Ärzte, die wussten, dass Dr. Kim Beziehungen zu Persönlichkeiten in unserer Regierung hatte, ließen ihn gewähren und drückten beide Augen zu; sie hatten Angst, sonst Probleme mit den Behörden zu bekommen.

Am folgenden Wochenende waren meine Fäden gerissen und ich benötigte eine erneute Operation. Wieder schmuggelte man mich aus dem Krankenhaus. Diesmal bat Dr. Kim Adila, ihm zu assistieren, wie sie es schon bei vielen Einsätzen des Missionsteams gemacht hatte.

Obwohl es für sie als meiner Schwester nicht leicht sein würde, bei der Operation zuzuschauen, sagte sie sofort zu und hielt drei Stunden lang zwei Taschenlampen (eine in jeder Hand) über meinen Kopf, während Dr. Kim arbeitete. Ihre Arme wurden bald müde, aber sie hielt durch bis zum Ende der Operation, wobei sie pausenlos für mich betete, während Dr. Kim geduldig versuchte, die Haut auf meinem Kopf immer mehr zusammenzuziehen, um sie zu nähen und ein Loch zu verschließen.

Diese zweite Operation fand in dem Gebäude statt, wo die Bombe explodiert war; der provisorische OP-Raum befand sich im Erdgeschoss. Wieder am Ort des Anschlags zu sein, machte mich nervös. Ich war nur unter örtlicher Betäubung, sodass ich alles mitbekam und sprechen konnte.

Die umsichtige, rücksichtsvolle Art, wie Dr. Kim mich behandelte, war eine andere Welt als die Schwestern im Krankenhaus, die mich nach wie vor drangsalierten. Dr. Kim war für mich ein Ausdruck der Liebe und Barmherzigkeit Gottes. Und für Gottes perfektes Timing; er war genau in dem Augenblick gekommen, wo ich ihn brauchte.

„Haben *Sie* die Kirche in die Luft gejagt?"

Nachdem Dr. Kim mich operiert hatte, ließen meine Schmerzen im Kopf nach. Er hatte aus den USA eine spezielle Brandsalbe für mich mitgebracht, die jemand aus der Gemeinde jeden Tag auf meine Haut auftrug, während er für mich betete. Es war ein Wunder, wie schnell es mir besser ging.

Meine Mitstudenten von der Universität kamen mich besuchen. Das erste Mal weinten sie, als sie mich mit meinen Brandwunden sahen, doch bald staunten sie über meine Heilung. Fast konnten sie es nicht glauben, dass es dieselbe Samaa war, die da im Bett lag.

Eine Frau, die bei meiner Einlieferung ins Krankenhaus auf der Station für Patienten mit Verbrennungen lag, bemerkte, dass meine Haut sich zusehends regenerierte und dass ich keine Narben hatte und keine Hauttransplantationen brauchte. „Wie kommt es, dass Ihre Haut so gut verheilt?", fragte sie mich eines Tages. Sie selbst hatte zahlreiche Brandwunden und furchtbare Narben am ganzen Körper.

„Durch Jesus", erwiderte ich. „Er ist mein Arzt." Und ich erklärte ihr das Evangelium.

„Wenn er heilen kann, dann möchte ich auch geheilt werden", antwortete sie. Darauf betete ich für ihre Heilung und bezeugte ihr die Wundermacht von Jesus.

Bald staunten auch die Ärzte über meine Fortschritte. „Sie haben ja richtige neue Haut! Und keine Narben!", rief einer von ihnen aus, als er mich untersuchte.

„Mich hat der Große Arzt geheilt", erwiderte ich lächelnd. Gott hatte mir neue Haut gegeben.

Im Ganzen blieb ich etwa zwei Wochen in dem ersten Krankenhaus. Dann wurde ich wegen meiner Verbrennungen in ein anderes Krankenhaus verlegt. In beiden Krankenhäusern quälten mich die Ärzte und Schwestern wegen meines Glaubens. Ich freute mich darüber, dass Jesus die Quelle meiner Heilung war.

Die Ärzte taten, was ihnen möglich war, und er tat das Unmögliche.

Immer war eine meiner Freundinnen oder Verwandten bei mir. Meine Schwester Malika war eine richtig gute Krankenschwester; wenn ich nicht schlafen konnte, las sie mir vor.

Man hatte mich gewarnt, dass die Terroristen womöglich zurückkommen würden, um uns zu „erledigen", sodass ich anfangs Probleme mit dem Schlafen hatte. Aber in dem neuen Krankenhaus fühlte ich mich viel besser. Gottes Geist und seine Freude begannen mich zu erfüllen (vgl. Römer 14,17). Freude und Lachen sind die Währung des Himmels und beide hatte ich mitgenommen, als ich zurück auf die Erde gekommen war. Die Freude im Herrn war und ist meine Kraft und Medizin. Oft machte ich mitten in meinen Schmerzen und Beschwerden Witze und lachte mein lautes, ansteckendes Lachen, sodass die anderen mich fragten: „Warum lachst du so?"

Worauf ich erwiderte: „Wollt ihr lieber, dass ich heule?" – und wieder loslachte.

Allen erzählte ich von Jesus: den anderen Patienten, den Ärzten und Schwestern. Trotz meiner Schmerzen brannte ich für Gott. Als ich Jesus begegnet war, hatte er mich verwandelt. Seitdem sah ich alles durch die Brille der Ewigkeit und konnte es nicht ertragen, dass jemand nichts von Jesus wusste. Ich war bei Jesus gewesen, an dem schönsten Ort, den man sich vorstellen kann, und jetzt wollte ich, dass alle anderen ihn auch kennenlernten. Mein Herz war im Himmel, ganz so, wie es in Kolosser 3,1-4 steht: „Wenn ihr nun mit Christus zu einem neuen Leben auferweckt worden seid, dann richtet euer ganzes Leben nach ihm aus. Seht dahin, wo Christus ist, auf dem Ehrenplatz an Gottes rechter Seite. Richtet eure Gedanken auf Gottes unsichtbare Welt und nicht auf das, was die irdische Welt zu bieten hat. Denn für sie seid ihr gestorben, aber Gott hat euch mit Christus bereits ewiges Leben geschenkt, auch wenn das jetzt noch verborgen ist. Doch wenn Christus, unser Leben, erscheinen wird, dann wird in Herrlichkeit sichtbar werden, dass ihr mit ihm lebt."

Mein Vater machte einen letzten Versuch, meine Schwestern und mich dazu zu bewegen, zum Islam zurückzukehren.

Ich hörte ihn respektvoll an und erwiderte: „Wenn es mir die Erlösung bringen würde, eine Muslimin zu sein, würde ich zurückkehren, aber der einzige Weg zur Erlösung ist Jesus. Er ist der Weg, die Wahrheit und das Leben und ihm will ich nachfolgen."

Mein Vater zuckte die Achseln und ging aufseufzend aus dem Zimmer. Jetzt wusste er endgültig, dass ich ihm seine Bitte nie erfüllen würde. Von dem Tag an gab er den Kampf um unsere Rückkehr zum Islam auf.

Die Polizei versuchte tapfer, die Schuldigen des Bombenattentats zu ermitteln – leider in allen möglichen falschen Richtungen. Sie kam sogar ins Krankenhaus, um die schwer verletzten Opfer zu verhören.

„Haben *Sie* die Kirche in die Luft gejagt?", fragte ein Polizist, als ich mit zugeschwollenem, bandagiertem Gesicht in meinem Krankenhausbett lag.

Ich traute meinen Ohren nicht. „Wie kommen Sie denn auf so was?", erwiderte ich schockiert.

Zurück nach Hause

Nach einem Monat im zweiten Krankenhaus konnte ich nach Hause zurückkehren. Eine Nachbarin, die Krankenschwester war, hatte sich bereit erklärt, mir meine Spritzen zu geben und die Verbände zu wechseln. Es sollte fast ein Jahr dauern, bis ich mich von der Bombenexplosion körperlich und seelisch ganz erholt hatte.

Meine neue Haut war anfangs noch sehr empfindlich. Fast ein ganzes Jahr konnte ich nicht in die Sonne, und selbst danach musste ich eine Sonnenschutzcreme mit hohem Lichtschutzfaktor benutzen.

Ich war auch übernervös. Bei jedem lauten Geräusch – und wenn es ein platzender Luftballon war – bekam ich Herzrasen.

Einen Monat, nachdem ich zum ersten Mal wieder allein aus dem Haus konnte, saß ich in einem überfüllten Bus, um zu einer Freundin zu fahren. Als der Bus um eine Ecke bog, platzte ein Reifen. Der Fahrer ließ den Bus weiterrollen, während er nach einer passenden Stelle zum Anhalten suchte.

Ich aber sprang schreiend von meinem Platz hoch. Ich verstand nicht, warum die übrigen Fahrgäste nicht zur Tür rannten. Mit den Ellbogen bahnte ich mir einen Weg zur Tür, und noch bevor der Bus zum Stehen kam, riss ich sie auf und sprang hinaus auf den Gehsteig. Dann sprintete ich zurück um die Ecke, um die wir gerade gebogen waren, so schnell meine Beine mich trugen. Eigentlich wusste ich, dass das verrückt war. Die übrigen Fahrgäste müssen mich für geistesgestört gehalten haben. Aber in diesem Augenblick hielt ich *sie* für die Verrückten. Erst eine ganze Straße weiter lehnte ich mich erschöpft an eine Hauswand. Mein Herz hämmerte, mein Atem kam in kurzen Stößen.

Innerlich hatte ich eigentlich gar keine Angst, aber mein Körper hatte sich gleichsam selbstständig gemacht, als er den Knall hörte. Ich hatte Frieden im Herzen, aber eine Zeit lang reagierte mein Körper auf jedes laute Geräusch.

Ein anderes Mal war ich zu Hause und schlief, als eines unserer Gasheizgeräte einen lauten Knall von sich gab. Ich schreckte sofort hoch, sprang aus dem Bett und wollte aus der Wohnung rennen. Mein Vater holte mich ein und versuchte, mich zu beruhigen. „Mädchen, das war doch nur die Heizung, es ist alles gut …" Es dauerte eine Weile, bis er mich dazu bewegen konnte, zurück ins Bett zu gehen.

Außer diesen emotionalen Bauchreaktionen hatte ich ein körperliches „Andenken" daran, was ich erlebt hatte und was für ein

Wunder meine Rückkehr ins Leben war: Obwohl ich neue Haut hatte, kam mein Haar an der Narbe auf meinem Kopf nicht zurück.

Anfangs legte ich die Hände auf den kleinen runden, kahlen Fleck und betete darum, dass das Haar wiederkam, aber dann hatte ich den Eindruck, Gott sage mir, dass diese kahle Stelle ein bleibendes Zeichen meiner Leiden sein sollte und eine Erinnerung daran, wie er mich geheilt hatte.

Er erinnerte mich daran, dass ja auch Jesus nach wie vor die Wundmale seiner Kreuzigung an seiner Seite, seinen Händen und Füßen hatte. Gott zeigte mir, dass diese Narbe an meinem Kopf ein Zeichen seiner Liebe ist, womit ich an seinem Leiden teilhabe – und später an seiner Herrlichkeit.

Während meiner Genesung gab Gottes Wort mir immer wieder Kraft, unter anderem durch 1. Petrus 4,12-14: „Meine lieben Freunde! Wundert euch nicht über die heftigen Anfeindungen, die ihr jetzt erfahrt. Sie sollen euren Glauben prüfen und festigen und sind nichts Außergewöhnliches. Freut euch vielmehr darüber, dass ihr mit Christus leidet; dann werdet ihr auch jubeln und euch mit ihm freuen, wenn er in all seiner Herrlichkeit erscheint. Ihr dürft euch glücklich nennen, wenn man euch angreift und verhöhnt, nur weil ihr Christen seid. Daran zeigt sich nämlich, dass der Geist Gottes, der Geist seiner Herrlichkeit, bei euch ist."

Ich hatte den Eindruck, Jesus habe mir zugesagt, dass er mich vollständig heilen würde, und ich glaubte seinen Worten. Er erwies sich mir als der Herr, der mich heilt (vgl. 2. Mose 15,26). Eigentlich hätte ich im Rollstuhl sitzen und taub, blind und halb verbrannt sein müssen, ja, eigentlich hätte ich tot sein müssen. Es war ein Wunder, dass ich überlebt hatte und dass mein Körper heute gänzlich wiederhergestellt ist.

Als meine Genesung voranschritt, lernte ich, bewusster zu leben und keinen Tag mehr für selbstverständlich zu halten. Die Monate meiner Genesung waren eine Art Zwangspause, eine Zeit, in der ich ausruhte, betete und in meiner Bibel las. Es ging mir wie König David, als er Gottes Herz suchte: „Wie ein Hirsch nach frischem Wasser lechzt, so sehne ich mich nach dir, o Gott!" (Psalm 42,2)

Ich vermisste Jesus, obwohl er ja durch den Heiligen Geist ständig bei mir war. So gerne wäre ich wieder bei ihm im Paradies gewesen. Ich hatte Heimweh nach dem Himmel.

Ich sang ein Lied mit dem Text von Psalm 84,2-03:
„Wie lieb sind mir deine Wohnungen,
Herr Zebaoth!
Meine Seele verlangt und sehnt sich
nach den Vorhöfen des Herrn;
mein Leib und Seele freuen sich
in dem lebendigen Gott."

Vor dem Bombenanschlag war ich mit tausend Dingen beschäftigt gewesen. Aufgaben in der Gemeinde, Missionseinsätze, Bibelstunden, mein Studium – bis zur Erschöpfung war ich aktiv gewesen und hatte mir keine Pause gegönnt. Jetzt erkannte ich, dass ich die regelmäßige Ruhe brauchte, von der Hebräer 4,4 spricht: „Nachdem Gott alles geschaffen hatte, ruhte er am siebten Tag von seiner Arbeit." Diesen Ruhetag baute ich in meinen Lebensrhythmus ein. Von da an nahm ich mir regelmäßig die Zeit, um Gottes Herz zu suchen und zurückzukehren zu dem großen Gebot, den Herrn von ganzem Herzen, mit ganzer Hingabe und mit all meiner Kraft zu lieben (vgl. 5. Mose 6,5).

20

JESUS IM GEFÄNGNIS

D en ersten Tag, den ich im Krankenhaus war, verbrachte Adila im Gefängnis. Nach dem Bombenanschlag verhaftete die Polizei alle, die noch da waren, und brachte sie zur nächsten Polizeistation, wo Adila sowie mehrere andere Mitarbeiter als Verdächtige festgehalten wurden.

Noch viel schlimmer ging es nicht. Jetzt war Adila nicht nur knapp dem Tod durch einen Bombenanschlag entgangen, sondern musste sich auch noch dafür verantworten, dass sie eine Christin war. Der Polizist erklärte ihr, dass jemand wie sie, die den Islam verlassen hatte, halt mit solchen Anschlägen rechnen müsse. Trotz dieser Töne nutzten Adila und die anderen Gemeindeglieder die Gelegenheit, den Polizisten von Jesus zu erzählen.

Als Adila ins Gefängnis eingeliefert wurde, dachte sie erst, dass einer der Beamten dort unser Onkel war, der für die Regierung arbeitete. Da lag sie falsch, aber zuerst war sie sicher, dass er es war. „Onkel! Onkel! Ich bin's, Adila!", rief sie, als sie ihn sah.

Der Mann lachte spöttisch. „Onkel? Ich bin nicht dein Onkel!"

„Erkennst du mich nicht, Onkel?", fragte sie.

Die anderen Polizisten, die die Szene mitbekamen, glaubten,

dass der Mann wirklich ihr Onkel war. Er wurde halb wütend, halb verlegen und wiederholte, dass sie sich täuschte.

Adila war zusammen mit ihrer Freundin Nasiba („Edle") eingeliefert worden. Nasiba versuchte, den Polizisten das Evangelium weiterzugeben, aber sie verspotteten und bedrohten sie nur. „Wie war das noch? Wenn wir mit euch schlafen, werden wir eins mit euch und sind dann auch Christen, oder?", lachte einer der Wärter und öffnete seinen Hosengürtel. Er packte Nasiba, um sie zu vergewaltigen.

Adilas Angst schlug in helle Empörung um. „Was machen Sie da? Unterstehen Sie sich! Sie sollen uns schützen!" Sie schob sich zwischen Nasiba und die Männer.

„Wie redest du da mit der Obrigkeit?", schrie ein anderer Wärter. „Ich werd dich lehren!" Und bevor Adila sich ducken konnte, schlug er ihr so heftig ins Gesicht, dass sie auf den Betonfußboden fiel.

„*Du* warst das doch, oder? *Du* hast die Bombe gelegt! Gesteh's!" Er stieß ihr auf die Brust, dass ihr die Luft wegblieb.

Adila schaute nach oben, dem Mann direkt ins Gesicht, und sagte mit einer Autorität, die vom Heiligen Geist kam: „Jesus *liebt* dich."

Es wurde mäuschenstill im Raum. Es war, als ob die Furcht Gottes über den Wärter kam. Er drehte sich abrupt weg, unfähig, Adila in die Augen zu sehen.

„Jesus *liebt* dich."

„Bringt sie in den Keller!", befahl er.

Adila wurde es mulmig. Der Keller – das war, wo sie die Gefangenen vergewaltigten, ja umbrachten.

„Warum warst du in einer Gemeinde?", fragte der Wärter sie, als sie unten waren.

Adila berichtete ihm mutig ihre Geschichte. Sie erzählte ihm von Jesus und seiner Liebe.

„Was du mir da erzählst, ist Verrat", sagte der Beamte kühl. „Ich könnte dich dafür töten. Oder vergewaltigen. Ich könnte alles mit dir machen. Hast du keine Angst?"

Adila, die wusste, dass Gott mit ihr war, erwiderte mit einem Mut, der nicht von dieser Welt war: „Nein, ich habe keine Angst."

Ihre Worte stoppten den Wärter nicht. Voller Wut packte er sie an der Kehle, dann schmiss er sie zu Boden und begann sie zu treten. „Na, sind wir jetzt bereit, die Wahrheit zu sagen?", höhnte er.

Adila stöhnte und wand sich unter den Tritten, aber sie betete weiter für ihn, dass er Jesus kennenlernte. Nach dem Verhör und den Schlägen führte man sie in eine Zelle, in der schon andere aus der Gemeinde waren. Anfangs waren die Christen alle zusammen und sie umarmten sich und beteten gemeinsam, bevor sie versuchten, auf den harten Holzpritschen etwas Schlaf zu bekommen. Doch dann beschloss die Polizei, sie zu trennen, und Adila kam in eine finstere Einzelzelle.

Am folgenden Morgen, nach vierundzwanzig Stunden im Gefängnis, wurde Adila freigelassen und begab sich direkt zum Krankenhaus. Sie schlich sich in mein Zimmer auf der Intensivstation und verbrachte die Nacht auf dem Fußboden neben meinem Bett. Obwohl sie selbst blutverschmiert und voller blauer Flecken war, betete sie die ganze Nacht für mich.

Haftentlassung der ungewöhnlichen Art

Am folgenden Tag kam die Polizei in mein Krankenzimmer und verhaftete sie wieder.

Unser Taekwondo-Trainer war drei Tage lang in Haft und wurde wegen seines Glaubens und seiner Missionstätigkeit drangsaliert. Adila verbrachte weitere drei Nächte im Gefängnis, bevor sie am Morgen des vierten Tages freikam, ohne dass Anklage gegen sie erhoben wurde. Wie ihre Freilassung passierte, war ein Wunder für sich: Sie hatte plötzlich den Eindruck, dass Gott ihr befahl, das Gefängnis zu verlassen.

„Okay", sagte sie. Aber wie sollte sie das machen – einfach gehen? Sie nahm Gott schließlich beim Wort und öffnete die Zellentür. Gewöhnlich standen draußen mehrere Wärter; jetzt war niemand da.

Adila ging die Gänge entlang. Als sie zwei Polizisten, die sie kannte, begegnete, sprach sie sie im Vorbeigehen an, als ob es gute Freunde seien und sie eine freie Frau. Es war kaum zu glauben, aber sie reagierten nicht, und Adila ging weiter. Sie wusste, dass am Hauptausgang ein gut bewachtes, schweres Stahltor auf sie wartete, durch das sie gehen müsste.

Aber als sie zum Hauptausgang kam, waren keine Wächter zu sehen. Der Gang war leer! Adila holte tief Luft und drückte gegen die riesige Tür. Sie ging auf. Adila rannte hinaus an die frische Luft.

Sie hat mir später erzählt, dass ihre wunderbare Flucht sie an die Befreiung des Petrus aus dem Gefängnis in Apostelgeschichte 12 erinnerte.

Wie ich schon erzählt habe, assistierte Adila dann Dr. Kim, während er mich operierte. Später konnte sie ihm bei einer anderen Operation helfen. Es stellte sich nämlich heraus, dass er früher einmal Adilas vermeintlichen „Onkel" aus dem Gefängnis behandelt hatte. Als der „Onkel" hörte, dass Dr. Kim in der Stadt war, kontaktierte er ihn und bat ihn um eine erneute Behandlung. Dr. Kim sagte zu.

Als der Polizist zu seinem Operationstermin kam, staunte er nicht schlecht, Adila zu sehen. „Siehst du, dein Onkel ist wieder da", sagt er zu meiner Schwester, verlegen lächelnd.

Adila staunte über das Wohlwollen, das Gott ihr bei diesem Mann geschenkt hatte, und erzählte ihm wieder von ihrem Erlöser Jesus.

Die Attentäter

Ich war noch dabei, mich von meinen Verletzungen zu erholen, als die Attentäter verhaftet wurden, nachdem sie ein Auto in die Luft gejagt und in anderen Kirchen der Stadt ebenfalls Bomben gelegt hatten. Einige Mitglieder unserer Gemeinde konnten sie identifizieren. Die jungen Männer hatten an der Hauptmoschee der Stadt studiert.

Sie wurden alle zum Tode verurteilt.

Es war kaum zu glauben, aber wahr: Der Feind war mitten unter uns gewesen. Einen ganzen Monat waren sie in unsere Gottesdienste gekommen. Während sie so taten, als ob sie sich für Jesus interessierten, hatten sie nach geeigneten Verstecken für die Bomben gesucht.

Adila klärte mich auf. „Drei der Bomben haben sie am Samstag vor dem Gottesdienst in die Kirche geschmuggelt, als die meisten von uns sich nach der Freitaggebetsnacht ausruhten. Die vierte – die, die als Erste hochging – legten sie während des Gottesdienstes in einem Rucksack unter eine der Bänke.

Der Samstagnachmittag, wo es mir so schlecht ging, war genau die Zeit, wo sie die drei Bomben legten. Ich hatte einen Albtraum, in dem ich einen weißen Mann in dunkler Kleidung sah. Er warnte mich, dass etwas ganz Furchtbares kurz bevorstand. Ich schreckte von dem Traum hoch, lag auf dem Bett und zitterte am ganzen Leib. Es war gerade so, als hätte der Mann bei mir im Zimmer gestanden."

Mit Tränen in den Augen erzählte mir Adila den Rest der Geschichte. „Als ich auf die Uhr schaute, sah ich, dass die Chorprobe schon begonnen hatte. Ich machte mich hastig fertig und rannte hin. Dort hab ich dich gesehen, aber ich wollte dich nicht beunruhigen. Ich war heilfroh, unter Menschen zu sein, und hoffte, dass dieses unheimliche Gefühl weggehen würde. Als ich in den Übungsraum trat, zitterte ich immer noch."

Am Samstagabend hatte Adila, die eine so feine Antenne für den Heiligen Geist hatte, kaum einschlafen können. Als sie am Sonntagmorgen aufwachte, hatte sie das gleiche Gefühl, dass etwas Böses bevorstand, wie direkt nach dem Albtraum. Sie stand auf, um zum Fünf-Uhr-Morgengebet zu gehen. Dort kam sie als Erste an. Sie betete in Zungen, bis es heller in ihr wurde, aber dann musste sie zurück ins Bett gehen, da sie Fieber bekam und sich immer schwächer fühlte.

Iman berichtete mir, dass sie am Tag des Anschlags Begrüßungsdienst an der Tür gehabt hatte. Sie hatte einen der besagten jungen Männer gesehen; er trug einen Rucksack und sie hatte sich nichts weiter dabei gedacht.

Vergebt euren Feinden

Die Terroristen wollten unser Gebäude zerstören, weil sie glaubten, dass dies uns und unseren Glauben zerstören würde. Aber, wie es in Jesaja 54,17 heißt: „Doch alle Waffen, die man gegen dich richtet, Jerusalem – sie treffen ins Leere. Wer dich vor Gericht anklagen will, den wirst du als den Schuldigen entlarven. Das gilt für alle, die in meinem Dienst stehen; ich sorge für ihr Recht. Mein Wort gilt!"

Die Terroristen hatten vorgehabt, in allen Kirchen unserer Stadt Bomben zu legen; unsere war die erste gewesen.

Trotz der vielen Opfer ihres Anschlags baten wir unseren Staatspräsidenten in einem Brief, die Todesurteile gegen sie nicht zu vollstrecken. Die Todesstrafen wurden schließlich in lebenslange Haft umgewandelt. Ich bete weiter, dass auch die Attentäter Jesus, dem Gott der Liebe, begegnen. Dass sie aus der Gefangenschaft der Finsternis freikommen und zum Licht der Wahrheit Gottes gelangen.

Ich hatte den Attentätern schon längst vergeben. Jesus betete am

Kreuz: „Vater, vergib ihnen, denn sie wissen nicht, was sie tun!" (Lukas 23,34) Wie konnte ich, die ich selbst Gottes Vergebung erfahren hatte, meinen Feinden nicht vergeben? Ich habe gelernt, dass Vergeben ein Willensakt ist und nicht ein Gefühl. Vergeben befreit aus dem Gefängnis der Bitterkeit. Der Gott der Liebe, dem ich diene, ist auch für diese Terroristen gestorben. Auch ich war einst Gottes Feind, aber er wurde mein Freund, als er mich durch den Tod seines Sohnes mit sich selbst versöhnte (vgl. Römer 5,10-11). Durch seine Gnade folgte ich seinem Beispiel und vergab denen, die uns hatten umbringen wollen.

Im Gegensatz zu Adila bin ich den vier Terroristen nie persönlich begegnet. Durch meine lange Rekonvaleszenz hatte ich keine Gelegenheit dazu. Doch dafür legte Gott es mir aufs Herz, für die Täter zu beten, wie Jesus es in Matthäus 5,43-44 geboten hat: „Es heißt bei euch: ,Liebt eure Freunde und hasst eure Feinde!' Ich sage aber: Liebt eure Feinde und betet für alle, die euch verfolgen!"

Nachdem ich jahrelang darum gebetet hatte, dass Terroristen dem Gott der Liebe begegneten, wie Saulus, als er zum Paulus wurde, wurden meine Gebete schließlich erhört. Eines Tages begegnete ich einem Exdschihadisten, der für Al-Qaida und Osama bin Laden zahlreiche Terroristen ausgebildet hatte – möglicherweise auch die, die den Anschlag auf unsere Gemeinde verübt hatten.

Er erzählte mir seine Geschichte. Nachdem er viele Juden und Christen ermordet hatte, beteten Christen für ihn; er begegnete Jesus und wurde von seinem Feuer ergriffen. Jesus kam in einem Traum zu ihm, voller Schönheit, Licht und Freude, und offenbarte ihm, dass er allein der Weg, die Wahrheit und das Leben ist. Der Al-Qaida-Dschihadist machte eine komplette Kehrtwendung und wurde ein Jünger von Jesus!

Als er mit seiner Geschichte fertig war, spürte ich: Gott wollte, dass ich mich mit ihm versöhnte. Ich sah ihn fest an und sagte: „Bruder, ich vergebe dir."

Er fiel auf die Knie und fing an zu weinen. „Ich bin unwürdig! Ich habe so viele Menschenleben auf dem Gewissen!"

Ich antwortete: „Der Herr hat dir vergeben und ich auch. Jetzt musst du dir auch selber vergeben." Und ich berichtete ihm, wie auch ich Gottes Gnade nicht wert gewesen war, aber wie Gott sich trotzdem über mich erbarmt hatte. Dann betete ich zusammen mit ihm: „Vergib uns unsere Schuld, wie wir denen vergeben, die uns Unrecht getan haben" (Lukas 11,4).

Wie dankbar bin ich, dass Gott so gut und freundlich ist und uns liebt und vergibt.

21
WUNDERBAR VERWANDELT

Unsere Gemeinde zog schließlich in ein neues Gebäude um. Am Eingang brachten wir einen Scanner an, wie in den Sicherheitsschleusen der Flughäfen, sodass wir sofort merkten, wenn jemand Waffen dabeihatte. Vorbei die Tage, wo die Kirche rund um die Uhr und sieben Tage in der Woche geöffnet war. Aber Gott war trotzdem mit uns. Die Polizisten, die uns zum Schutz der Gottesdienste zugewiesen waren, erlebten jeden Gottesdienst von Anfang bis Ende mit, mit dem Ergebnis, dass die meisten Christen wurden.

Eines Tages kam mein Cousin Jawid („Ewig"), der im Teenageralter war, zu uns zu Besuch. Seine Mutter war gestorben, als er drei Jahre alt war, und sein Vater (mein Onkel) war nach Europa gegangen, um genügend Geld für seine fünf Söhne zu verdienen, die er in die Obhut meiner Großmutter gegeben hatte.

Vor Kurzem war bei meinem Cousin Epilepsie festgestellt worden. Er hatte oft Anfälle, manchmal auch, wenn er allein in der Stadt unterwegs war. Er musste dann von irgendeinem barmherzigen Samariter nach Hause gebracht werden.

Meine Großmutter war alt und hatte nicht mehr die Kraft, für Jawid und seine Brüder zu sorgen, sodass verschiedene andere Verwandte die Jungen aufgenommen hatten. Die Adoption durch eine fremde Familie ist in der muslimischen Kultur unbekannt; sterben die Eltern eines Kindes, haben die nächsten Verwandten es aufzunehmen.

Ich liebte meinen Cousin und konnte es nicht mitansehen, wie er leiden musste. Meine Verwandten hatten es bei verschiedenen Ärzten probiert, ja sogar bei Imamen und Mullahs, doch niemand konnte Jawid helfen. An einem Tag, als er uns besuchte, saßen wir alle zusammen, aßen und unterhielten uns, als er urplötzlich nach hinten kippte und einen Anfall bekam. Sein ganzer Körper ruckte und zuckte, sein Kiefer klappte nach unten und Speichel und Schaum kamen heraus. Er rollte die Augen.

Adila saß neben mir. Wir schauten uns an und jede wusste, was die andere dachte: Jawid war nicht körperlich krank, sein Problem war ein spirituelles. Aber wie Petrus im Hause des Hauptmanns Kornelius sagte: „Jesus aus Nazareth … hat überall Gutes getan und alle befreit, die der Teufel gefangen hielt" (Apostelgeschichte 10,38). Und wir glaubten auch die Worte in Markus 16,17-18: „Die Glaubenden aber werde ich durch folgende Wunder bestätigen: In meinem Namen werden sie Dämonen austreiben und in unbekannten Sprachen reden … Kranke, denen sie die Hände auflegen, werden gesund."

Und so legten Adila und ich vor den Augen der versammelten Familie unserem Cousin die Hände auf und befahlen dem Dämon im Namen von Jesus, aus ihm auszufahren.

Jawid ruckte noch heftiger, dann atmete er tief aus und lag friedlich auf dem Boden. Er war vollständig geheilt und vertraute sein Leben Jesus an.

Meiner Familie stand der Mund offen. Sie wussten: Was sie da gerade erlebt hatten, war ein Wunder. Meine Mutter war besonders ergriffen; wenn künftig Gäste kamen, die krank waren, bat sie uns, ihnen die Hände aufzulegen und für ihre Heilung zu beten.

Gebet für meine Großmutter

Einmal begleitete ich meine Mutter, als sie meine Großmutter besuchte, die in einer anderen Stadt wohnte. Sie hatte Bluthochdruck und solche Schmerzen in den Füßen, dass sie nicht lange stehen konnte.

Meine Großmutter sagte meinen Schwestern und mir oft, dass wir einen muslimischen Mann heiraten und zum Islam zurückkehren sollten. Doch diesmal war es anders. Als meine Mutter sie bat: „Jesus heilt, lass doch deine Enkelin für dich beten", wurde meine Oma still. Sie hatte mich noch nie in ihrer Gegenwart für sie beten lassen. Ich deutete ihr Schweigen als Zustimmung und betete im Namen von Jesus für sie.

Das war ein ganz großer Durchbruch. Der Zustand meiner Großmutter verbesserte sich. Sie wurde zwar noch nicht Christin, aber ihr Herz wurde spürbar weicher.

Mein Vater

An einem Frühlingsabend ein paar Jahre nach dem Bombenanschlag auf unsere Kirche waren meine Schwestern und ich gerade aus einem Gottesdienst zurückgekehrt und aßen noch etwas, bevor wir ins Bett gingen. Da klopfte es plötzlich an die Tür. Ich öffnete. Vor mir stand ein Fremder.

„Ihr Vater hat einen Unfall gehabt", sagte er. „Es ist sehr ernst. Sie müssen sofort ins Krankenhaus kommen."

„Ich kenne Sie doch gar nicht", sagte ich. „Woher kennen Sie meinen Vater?"

„Ich kenne ihn von der Moschee", erwiderte der Mann. „Ich bin kürzlich in dieses Viertel gezogen. Machen Sie schnell, bitte."

Ich wusste, dass Papa bei meinem Bruder Suleyman und dessen Familie zum Abendessen war. Bestimmt hatte der Fremde ihn mit jemandem verwechselt! Der Rest unserer Familie war zu Hause und meine Mutter bat Malika und mich, mit dem Mann mitzugehen und die Sache zu prüfen. Ich zog mich rasch um und fuhr dann mit Malika und dem Fremden in dessen Taxi zum Krankenhaus.

Als wir ankamen, war mein Vater nicht da. Der Taxifahrer berichtete uns unterwegs, was geschehen war. Vater war in der Nähe des Basars zu Fuß unterwegs gewesen. Als er die Straße überqueren wollte, war er von einem Auto erfasst worden. In unserem Land fährt man nicht Auto, man rast. Der Wagen erfasste meinen Vater am Bauch. Mein Vater wurde in die Luft geschleudert und kam mit dem Kopf zuerst auf dem Pflaster auf.

Die Umstehenden dachten, dass er tot sei, und der Unglücksfahrer brauste weiter. Niemand kümmerte sich um meinen Vater; alle hatten Angst, dass man ihnen die Schuld an dem Unfall geben würde, wenn sie ihn ins Krankenhaus brachten. Damals fuhren immer noch keine Krankenwagen und mein Vater lag eine ganze Weile bewusstlos und blutend auf der Straße, bis endlich jemand aus unserer Gemeinde vorbeikam, der ihn erkannte und mit seinem eigenen Auto ins Krankenhaus brachte.

Mein Vater war 68 und nicht mehr so gesund wie früher. Wäre unser Freund nicht vorbeigekommen, wäre Papa gestorben. Während er ihn ins Krankenhaus fuhr, begab sich der Mann, der meinen Vater von der Moschee her kannte und der den Unfall mitbekommen hatte, zu uns, um uns die Nachricht zu überbringen.

Wir erfuhren schließlich, dass unser Freund Papa zuerst in ein kleineres Krankenhaus gebracht hatte. Als die Ärzte dort seine Verletzungen sahen, bestanden sie darauf, dass er ihn gleich weiter ins große städtische Krankenhaus fuhr, wo wir schon warteten. In unserem Land war es wichtig, dass ein Verwandter bei der Aufnahme eines Patienten im Krankenhaus dabei war, der für die Behandlungskosten einstand; ohne Geld keine Behandlung.

Während wir warteten, betete ich die ganze Zeit in Zungen.

Nach einer Ewigkeit, wie es schien, fuhr draußen ein Wagen vor und man trug meinen Vater herein. Er war über und über voller Blut.

„Papa!", keuchte ich. Er sah furchtbar aus.

Er fing an zu weinen. „Samaa, bitte bete für mich, im Namen von Jesus." Seine Augen suchten meinen Blick.

Was sagte mein Vater da? Ich hielt den Atem an. Das war das erste Mal, dass er Jesus anerkannte; es musste ihn große Überwindung gekostet haben.

Papa hatte so viel Blut verloren, dass man ihn sofort auf die Intensivstation brachte. Mir gaben sie seine Kleidung und Habseligkeiten. Als sie ihn wegfuhren, sagte der Arzt: „Sagen Sie Ihrem Vater noch mal Auf Wiedersehen." Er glaubte nicht, dass Papa es schaffen würde.

Ich lieh mir das Handy von jemandem aus und rief meine Familie zu Hause an. Sie kamen sofort. Ich war erleichtert, als meine Brüder die Verhandlungen in die Hand nahmen, denn das Krankenhaus verlangte eine Menge Geld für die Operation.

Ich musste an einen Ort, wo ich beten konnte! Deshalb ging ich in unsere Kirche, wo ich die ganze Nacht im Gebetszimmer blieb und zu Gott schrie, meinen Vater zu heilen. *Jesus, erbarme dich über ihn, verschone sein Leben …*

Am Morgen ging ich zurück ins Krankenhaus. Mein Vater war nicht gestorben, sondern lebte. „Halleluja!", flüsterte ich.

Doch der Arzt sagte auch, dass mein Vater für den Rest seines Lebens gelähmt sein würde. Sein Rückgrat, beide Beine und eine Hand waren gebrochen. Er war immer noch bewusstlos. Aber ich hatte Hoffnung; am Abend war sein Tod so gut wie sicher gewesen, doch er lebte! Meine Schwestern und ich fasteten und beteten rund um die Uhr für ihn und bald ging es ihm besser. Auch unsere Gemeinde betete und fastete.

Die Ärzte staunten nur so, als Papa von der Intensivstation auf eine allgemeine Station verlegt wurde. Nach etwa einem Monat im

Krankenhaus wurde er nach Hause entlassen. Er kam auf einer Trage an und war noch sehr schwach, aber er war nicht gelähmt.

Es war ein echtes Wunder! Die Ärzte und die anderen Patienten staunten, wie schnell die Genesung meines Vaters voranschritt. Viele baten uns, auch für sie zu beten.

Nach dem Unfall ging Papa nicht mehr zur Arbeit. Aber auch nicht mehr in die Moschee. Er hielt nicht mehr den Ramadan und betete nicht mehr fünfmal am Tag in Richtung Mekka. Er hörte komplett auf, den Islam zu praktizieren.

Stattdessen kam er zum ärztlichen Missionsteam. Dr. Kim behandelte ihn und mehrere Mitglieder unserer Gemeinde erzählten ihm die Frohe Botschaft von Jesus Christus.

Viele Jahre lang hatte ich für meinen Vater gebetet. Als ich ihn jetzt fragte, ob er Jesus als seinen Herrn und Heiland in sein Herz aufnehmen wollte, sagte er Ja. Erst dachte ich, er mache einen Witz, denn er hatte einen ausgeprägten Sinn für Humor. Aber als ich ihn ein zweites Mal fragte, sagte er ganz ernst wieder Ja.

Und so konnte ich ihn durch Gottes Gnade zu Jesus führen. Mein Vater betete mit mir und bekannte, dass Jesus der Sohn Gottes ist. Heute sagt er, dass Jesus sein bester Freund ist, mit dem er täglich zusammen ist. Halleluja!

Papa ist ein anderer Mensch geworden. Früher hatten viele Angst vor seinem Jähzorn. Gott machte ihn frei von seiner Reizbarkeit und er wurde ein viel sanfterer Mensch, voller Liebe und Freude.

Es ist ein Wunder, wie Gott meinen Vater verwandelt hat.

22

„Jetzt weiss ich, was Ihr Geheimnis ist"

———◆———

*A*ls ich aus dem Krankenhaus gekommen war, um mich zu Hause weiter zu erholen, holten Freunde mich manchmal zum Gottesdienst in der Kirche ab. Oft besuchten sie mich auch. Bald ging es mir wieder so gut, dass ich mich nach einer Arbeit umsehen konnte. Ich probierte dies und das aus, war Verkäuferin in einem Bekleidungsgeschäft und versuchte mich als Friseurin. Jesus selbst war ja ein Zimmermann und ich bin sicher, er brachte sich voll in diesen Beruf ein. Auch ich wollte alles, was ich tat, gut machen, zur Ehre meines Vaters im Himmel. „Gedenke an den Herrn, deinen Gott; denn er ist's, der dir Kräfte gibt, Reichtum zu gewinnen" (5. Mose 8,18).

Drei Jahre nach meinem Besuch im Himmel fastete ich sieben Tage lang für die Erlösung des Restes meiner Familie und für den richtigen Weg in meinem Leben. Während dieser Zeit zeigte mir Gott, was ich beruflich tun sollte. Ich sollte mich in einem bestimmten Restaurant als Kellnerin bewerben. Von dem Stellenangebot hatte ich durch meine gläubige Freundin Janan („Herz") erfahren, die selbst in diesem Restaurant arbeitete. Es war eines der besten in unserer Stadt und das erste, das mexikanische Gerichte anbot. Da es stark von Ausländern frequentiert wurde, war eine absolute Voraussetzung für diese Stelle, dass man Englisch konnte, was bei mir der Fall war.

Ich wollte das Herz einer Dienerin haben, wie Jesus. Ich wollte lernen, was das war – dienen. In der Bibel hatte ich auch gelesen, dass Christen freundlich zu Fremden und Ausländern sein sollen, und ich sehnte mich danach, das in meinem Beruf zu praktizieren. Ich ging zu einem Vorstellungsgespräch und bekam die Stelle.

Dieses Restaurant wurde mein Missionsfeld. Mein Wunsch war, den Gästen so zu dienen, als ob ich Christus diente. Es war wunderbar, dass Janan meine Kollegin war. Vor jeder Schicht hielten wir uns an den Händen und beteten; wir baten Jesus, bei uns zu sein, und wir beteten um die Erlösung und Bekehrung unserer Kollegen und der Gäste.

Mein Ziel war, dass die Menschen, die in unser Restaurant kamen, sich wie Könige fühlten, wenn ich sie bediente. Fast alle Stammgäste, mit denen ich Bekanntschaft schloss und denen ich das Evangelium erzählte, gingen später mit mir in unsere Kirche. Ein Gast, der für eine ausländische Botschaft arbeitete, war ein ausgetretener Katholik. Ich lud ihn in unsere Kirche ein und dort wurde er von Gott berührt. Später sagte er mir: „Jetzt weiß ich, was Ihr Geheimnis ist – durch Sie scheint Jesus hindurch."

Viele Gäste, die keine Christen waren, fühlten sich zu mir hingezogen, weil ich so voller Freude war. Einige nannten das meine „Aura", aber keiner konnte wirklich in Worte fassen, was ihn an mir so anzog. Als ich sie besser kennengelernt hatte, sagte ich ihnen mit einem strahlenden Lächeln: „Das ist Jesus. Ich trage seine Gegenwart in mir."

Ich versuchte immer, zuerst eine Beziehung zu den Gästen aufzubauen, und wenn sie mich dann fragten, warum ich so anders war, erzählte ich ihnen von dem Gott der Liebe. Die Menschen zog es hin zu der Freude, der Liebe und dem Frieden des Heiligen Geistes in mir.

Ich war bald so beliebt im Restaurant, dass Kunden darum baten, von mir bedient zu werden. Oft bekam ich große Trinkgelder, sodass ich echtes Geld nach Hause bringen und meine Familie unterstützen konnte. Einen Teil des Geldes benutzte ich, um Blumen für Jesus zu kaufen. Es gab bereits einen Blumendienst in unserer Kirche, aber die Blumen mussten von den Gemeindemitgliedern gekauft werden. Bald kaufte ich jede Woche Blumen, die ich vor dem Gottesdienst vorne auf den Altar legte. Iman verteilte sie dann an die Gäste, die neu im Gottesdienst waren.

Diese Blumen bestellte ich immer samstagabends und musste dann am Sonntag extra früh aufstehen, um sie abzuholen. Ich kaufte die besten Blumen, die ich kriegen konnte. Sie waren nicht billig, aber sie bedeuteten für mich das, was für Maria, die Schwester von Marta, das Nardenöl war, mit dem sie Jesus in Johannes 12 salbt: mein ganz persönliches Anbetungsgeschenk für den König. Die Leute im Blumengeschäft wurden bald meine Freunde und oft schenkten sie mir einen kleinen Strauß für mich selbst. Am meisten mochte ich Flieder und Rosen. Wenn ich an dem Laden vorbeiging, kamen sie manchmal heraus, um mir ein paar Blumen in die Hand zu drücken – einfach so. Dies war umso bewegender, als sie Muslime waren und ich ihnen gesagt hatte, dass ich die Blumen für Jesus kaufte. Als ich eine gute Beziehung zu ihnen aufgebaut hatte, fing ich an, ihnen das Evangelium zu erzählen, und lud sie in unsere Kirche ein. Sie kamen schließlich zu den Veranstaltungen des ärztlichen Missionsteams.

Das Restaurant blühte und gedieh, während ich dort arbeitete. Doch obwohl es Janan und mir dort gut gefiel, hatten wir auch Probleme wegen unseres Glaubens. Der Koch und die meisten anderen Küchenmitarbeiter waren Muslime. Sie nannten uns „Ungläubige" und erklärten uns für verrückt, weil wir Christinnen geworden waren. Wenn sie gekonnt hätten, hätten sie uns hinausgeworfen, aber der Inhaber des Restaurants war Amerikaner und sehr zufrieden mit uns. Mit der Zeit wurde das Herz unserer Kollegen weicher und sie fingen an, mich „Pastorin Samaa" zu nennen und mit ihren Problemen zu mir zu kommen.

Wenn ich wegen meines Glaubens verfolgt wurde, war Gott immer meine große Kraftquelle.

Dein Weg für mich?

Ich wollte so gerne eine Bibelschule besuchen und mein ganz großer Traum war, in den USA zu studieren, denn dort gab es christliche Hochschulen, anders als in meinem Land.

Inzwischen ging ich in eine neue, europäische Gemeinde in der Stadt. Nach dem Bombenanschlag war unsere Kirche in ein neues Gebäude umgezogen, auf das jedoch die Regierung ein Auge geworfen hatte. Wir standen unter starkem Druck.

Meine Schwestern hatten Freunde, die in diese europäische Gemeinde gingen; sie hatte kein eigenes Gebäude, sondern war eine Hauskirche. Nachdem wir das erste Mal dort gewesen waren, hatten wir den Eindruck, dass wir in diese Gemeinde wechseln sollten. Wir baten unseren Pastor um seine Genehmigung, die er uns gab, weil er uns mochte.

Dann starteten die europäischen Missionare mit einer Bibelschule in der Gemeinde. Sie fanden, dass das auch etwas für mich war. Ich sagte ihnen, dass ich im Ausland auf eine Bibelschule gehen wollte, aber jedes Mal, wenn ich ihnen in der Stadt über den Weg lief, fragten sie: „Samaa! Wann kommst du in die Bibelschule?"

Und ich lief ihnen erstaunlich oft und an den unerwartetsten Stellen über den Weg. „Ist das dein Weg für mich?", fragte ich Gott schließlich.

Ich spürte, wie Gott mir sagte: Was du heute kannst besorgen, das verschiebe nicht auf morgen. Er forderte mich auf, mein Studium an der Universität abzubrechen und meine Zukunft ganz in seine Hand zu legen.

Bald begegnete ich den Missionaren wieder. Sie sagten: „Samaa, wann merkst du endlich, dass du auf die Bibelschule sollst?"

„Jetzt", lachte ich. „Ich komme."

Und so meldete ich mich nach einem Jahr in dem Restaurant an der Bibelschule in unserer Stadt an. Meine Kellnerinnenarbeit machte ich ab sofort nur noch als Teilzeitstelle. Erst vor einem Jahr hatten Adila und ich die Bibelschule für Iman und Muqaddas bezahlt. Ich war gespannt, was Gott mit mir vorhatte; bestimmt war es nur das Allerbeste. Ich spürte auch, dass ein Studium der Bibel ein wichtiges Fundament für meine Zukunft wäre, wie immer diese aussah.

Am Ende dieses Jahres spürte ich, dass es Zeit war, meine Stelle in dem Restaurant ganz zu kündigen. Als ich über diese Frage betete, spürte ich, wie Jesus mir sagte, dass ein neuer Lebensabschnitt vor mir lag. Im Winter eröffnete ich meinem Chef, dass ich gehen wollte. Es wurde ein tränenreicher Abschied von meinen Kollegen. Gott hatte mich in dem Restaurant reich gesegnet, aber jetzt war es Zeit weiterzugehen.

23
GLAUBENSSCHRITTE

———◦———

D as systematische Studium der Bibel öffnete mir die Augen
für viele Dinge. Mit das Wichtigste war, dass Gott anfing,
mir eine größere Liebe zu den Juden zu schenken.

Juden wurden bei uns als Feinde der Muslime gesehen. Ich wurde im Judenhass erzogen, doch schon als kleines Mädchen machte
ich da nicht mit. Wir hatten jüdische Nachbarn und sie gehörten
zu meinen Freunden. „Warum muss ich sie hassen? Was haben die
mir denn getan?", fragte ich zum Missvergnügen des Mullahs.

Dann begegnete ich Jesus und erkannte, dass er die Versöhnung
zwischen Juden und Muslimen will, also die Versöhnung zwischen
den Nachkommen Isaaks und Ismaels. Und dass gerade die Christen zum Dienst der Versöhnung berufen sind: „Alles aber von
Gott, der uns mit sich selbst versöhnt hat durch Christus und uns
den Dienst der Versöhnung gegeben hat" (2. Korinther 5,18).

Ich merkte: Indem Gott sich den Muslimen (die sich als Nachkommen Ismaels sehen) durch Träume und Visionen offenbart,
reizen diese die Juden (die Nachkommen Isaaks) gleichsam zum
Nacheifern, wenn sie sehen, wie ehemalige Muslime den wahren
Gott erkennen. Ich glaube, dass es durch dieses Handeln Gottes in
den letzten Tagen dieser Welt zu einer weltweiten Erweckung

kommen wird. „In den letzten Tagen, spricht Gott, will ich die Menschen mit meinem Geist erfüllen. Eure Söhne und Töchter werden aus göttlicher Eingebung reden, eure jungen Männer werden Visionen haben und die alten Männer bedeutungsvolle Träume. Allen Männern und Frauen, die mir dienen, will ich meinen Geist geben, und sie werden in meinem Auftrag prophetisch reden ... Wer dann den Namen des Herrn anruft, wird gerettet werden" (Apostelgeschichte 2,17-18+21).

Es ist mein großer Wunsch, eines Tages Israel zu besuchen, wo das Evangelium seinen Anfang nahm und von wo aus es bis an die Enden der Erde gebracht wurde. Und von den Enden der Erde, so glaube ich inzwischen, wird das Evangelium eines Tages zurück nach Israel kommen, denn in Römer 9–11 sagt Gott sehr deutlich, dass er einen Plan für die Juden und das Volk Israel hat. Ich bete täglich für die Erlösung der Juden, denn „das Heil der Welt kommt von den Juden" (Johannes 4,22) und Jesus war ein Jude!

Auf dem Laufsteg

Ich wollte gerne, dass Adila, Malika und eine andere Freundin, Shakila („Schön"), mit mir die Bibelschule besuchten, aber sie hatten kein Geld. Dann gab Gott mir durch einen Freund, der meinen Traum kannte und unterstützte, in Amerika zu studieren, einen größeren Geldbetrag und ich beschloss, dieses Geld hier zu Hause zu verwenden; warum nicht klein anfangen? Mein Freund staunte, als ich ihm sagte, wie perfekt das Timing war. Es war genug, um die Kursgebühren der Bibelschule in meiner neuen Gemeinde für mich, Shakila und meine Schwestern zu bezahlen.

Während meiner Zeit auf der Bibelschule sorgte Gott auf höchst originelle Art dafür, dass ich genug Geld hatte – unter anderem, indem er mich zum Model machte! Adila und ich hatten eine Freundin, die Zakiyya („Rein") hieß und von einer Karriere als

Schauspielerin und Model träumte. Sie war vor Kurzem Christin geworden, nachdem wir sie in unsere Gemeinde eingeladen hatten. Ihre Eltern drangsalierten sie wegen ihres neuen Glaubens, aber ihre beiden älteren Brüder wurden ebenfalls gläubig und fingen an, mit uns zum Taekwondo-Training zu gehen. Zakiyyas Mutter ließ meine Schwester und mich nicht ins Haus; wenn wir vor der Tür standen, schrie sie uns zusammen, weil wir ihre Kinder zu „Ungläubigen" gemacht hätten. Doch Zakiyya und ihre Brüder ließen sich nicht beirren. Selbst als Männer aus der Moschee sie schlugen, hörten sie nicht mit dem Evangelisieren auf. Wir versuchten, ihnen zu helfen.

Im Winter dieses Jahres war in unserer Stadt ein großes Casting für Mädchen, die Models werden wollten, das in Zeitung, Radio und Fernsehen angekündigt wurde. Die Anzeigen beschrieben genau, was von den Kandidatinnen erwartet wurde.

„Da will ich hin", sagte Zakiyya zu Adila und mir. „Kommt ihr bitte mit?"

„Machen wir doch glatt", lächelte ich.

Der große Tag kam und Hunderte schöner Mädchen standen in einer langen Schlange vor dem großen Gebäude im Stadtzentrum. Wir traten im Schnee in unseren dicken Winterstiefeln auf der Stelle, um uns warm zu halten. Zakkiya war sehr nervös; dies konnte der Anfang der Erfüllung ihres Traumes sein!

Als wir näher zum Eingang kamen, sahen wir, dass man nur in das Gebäude konnte, wenn man sich für das Casting angemeldet hatte. „Sieht so aus, als ob du doch alleine rein musst", sagte ich zu Zakkiya.

„Nein, kommt mit, bitte", bettelte sie.

Und so füllten Adila und ich jede ein Anmeldeformular aus. Wir lachten und nahmen die Sache nicht weiter ernst.

Als Erstes mussten die Kandidatinnen vor den Augen der Jury hin- und herstolzieren, damit die Jury sah, wie gut ihre Haltung war. Und siehe da, Adila und ich wurden als Models angenommen!

Die Leute von der Modeling-Agentur waren ganz begeistert von meinem schönen und „international" aussehenden Gesicht. Ich war zwar nicht sehr groß, aber darin sahen sie kein Problem. Adila, die nicht nur schön, sondern auch hochgewachsen und schlank war, nahmen sie sofort.

Dann war Zakkiya an der Reihe. Sie war so nervös und ängstlich, dass sie kein gutes Bild abgab. Die Juroren sagten ihr, dass sie es leider nicht geschafft habe, obwohl sie eigentlich fantastisch sei. Mit Tränen in den Augen kam sie zu uns – aus der schöne Traum!

Ich war ratlos. Es war mir peinlich, dass wir als Model angenommen worden waren und sie nicht, obwohl wir doch nur ihretwegen mitgegangen waren. Ich musste etwas tun! Also ging ich zum Chef der Modeling-Agentur und bat: „Geben Sie doch bitte unserer Freundin eine zweite Chance! Wenn Sie sie nicht nehmen, werden meine Schwester und ich auch nicht für Sie arbeiten, aber wenn Sie sie nehmen, bleiben wir."

Er sah mich an, ohne eine Miene zu verziehen, und meinte achselzuckend: „Okay, schauen wir sie uns noch mal an."

Ich sauste zurück zu Zakkiya und überbrachte ihr strahlend die gute Nachricht.

Adila und ich beteten für Zakkiya, und beim zweiten Versuch war ihre Scheu weg und die Jury gab ihr Plazet. Jetzt waren wir alle drei Mannequins.

Adila und ich fanden das Ganze sehr lustig, aber wir spürten auch, dass hier Gott im Spiel war. Es konnte doch nur sein Segen sein, der uns den Job verschafft hatte. „Was ist dein Wille, Herr?", fragte ich. Dass Gott uns in die Modebranche geführt hatte, musste einen Grund haben.

Und Gott antwortete mir. Er wollte uns zu anderen Menschen schicken. Er liebte auch die Modedesigner und Models und wollte, dass sie ihn kennenlernten.

Ich hatte verschiedene Jobs. Unter anderem arbeitete ich mit einem Modedesigner zusammen, mit dem sich eine Freundschaft entspann. Wir verstanden uns sehr gut. Eines Abends, als wir nach der Arbeit durch die Stadt gingen, schüttete er mir sein Herz aus. Er berichtete mir, dass er als Kind sexuell missbraucht worden und später homosexuell geworden war. In unserer Ehrenkultur ist Homosexualität etwas, wofür man gesteinigt werden kann, sodass er seine sexuelle Orientierung geheim hielt. Aber jetzt war er seelisch am Ende.

Tiefes Mitleid erfüllte mich, als er mir seine Geschichte erzählte. Ich sagte: „Jesus liebt dich. Er verurteilt dich nicht. Du brauchst nur seine Vergebung anzunehmen und dann dir selber vergeben und mit dem Sündigen aufhören." Ich musste an die Geschichte mit der Ehebrecherin in Johannes 8 denken. Auch diese Ehebrecherin verurteilte Jesus nicht, sondern er vergab ihr und zeigte ihr Gottes Liebe.

Ich sprach ein Buß- und Übergabegebet mit meinem Freund. Nicht lange danach nahm er an einem Wettbewerb für die Organisation einer Modenschau in Europa teil. Der Wettbewerb fand an einem Sonntagnachmittag statt und er bat Adila und mich, am Morgen zur Generalprobe zu kommen. Wir sagten ihm, dass das nicht ging, da wir sonntagmorgens immer zur Kirche gingen.

„Könntet ihr dann für mich beten?", fragte er.

Das taten wir und er gewann den Wettbewerb. Berufliche Türen begannen sich für ihn zu öffnen, und als er sah, wie Gott unsere Gebete erhörte, öffnete er sein Herz für Jesus und fing an, in unsere Gottesdienste zu kommen. Es war ein langer Prozess, aber als er Jesus immer mehr von seinem Herzen gab und dafür Gottes Liebe bekam, veränderte sein Leben sich völlig. Heute ist er glücklich mit einer Frau verheiratet und hat mehrere Kinder.

Alle Models und Designer, mit denen wir arbeiteten, waren Muslime, die noch nie von der Liebe von Jesus gehört hatten. Viele von ihnen kamen in die Hausgemeinde im Haus eines Freundes; das war weniger problematisch für sie, als ein Kirchengebäude zu betreten. Eines Tages zeigten wir ihnen den Film *Die Passion*

Christi. Mit Tränen begriffen sie, was Jesus für sie getan hatte, und etliche von ihnen gaben ihm an diesem Abend ihr Herz.

Der Gottesdienst in unserer Hausgemeinde war für mich immer der Höhepunkt der Woche. Es kamen zwischen zwanzig und dreißig Personen (viele von ihnen Muslime), und wir lasen die Bibel, beteten und sangen. Es war nicht unähnlich der Urgemeinde in Apostelgeschichte 2,46-47, wo die Menschen sich auch in Privathäusern trafen.

Ich lernte damals, dass Gott uns überall gebrauchen kann, wo wir sind. Mein Missionsfeld – das ist da, wo ich gerade bin, und damals war es vorübergehend die Welt der Mode und der Models. Später wurde auch meine Schwester Malika Mannequin. Ich selbst war etwa drei Jahre lang immer wieder einmal in der Branche tätig. Ich hätte mir nie träumen lassen, dass Gott auf diese Weise für meine Finanzen sorgen würde.

Der 100-Dollar-Schein

Eines Tages (es war im Frühling) ging ich zu Fuß zur Bibelschule. Ich hatte einen 100-Dollar-Schein dabei. Als ich ankam und meine Hand in die Tasche steckte, war das Geld nicht mehr da. Ich suchte überall, in sämtlichen Jackentaschen, und leerte sogar meine Handtasche aus. Kein 100-Dollar-Schein zu sehen.

„Was ist?", fragte ein Freund, der meine hektische Suche mitbekam.

„Ich hab 100 Dollar verloren", murmelte ich.

Um mich aufzumuntern, erzählte er mir die Geschichte von einer Freundin, die in einem Bus in Europa ihr gut gefülltes Portemonnaie verloren hatte. Sie betete und erinnerte Gott daran, dass sie immer ehrlich mit ihrem Geld gewesen war und den Zehnten gegeben hatte, und bat ihn, ihr das, „was die Heuschrecken gefressen hatten", wiederzugeben. Als sie am nächsten Tag denselben

Bus benutzte, was sah sie da? Ihre Geldbörse! Sie öffnete sie und das ganze Geld war noch drin!

Eine andere Freundin, Taliba („Wissensdurstige"), erzählte mir, wie ihr in Europa ihr Ausweis gestohlen worden war. Sie betete und am nächsten Tag lag er in ihrem Briefkasten! Sie glaubte, dass Engel ihn zurückgebracht hatten.

Etwas Ähnliches passierte Adila, als sie in Europa auf der Bibelschule war. An einem kalten Januartag mit viel Schnee war sie auf dem Nachhauseweg. Als sie nach ihrem Zimmerschlüssel in die Manteltasche langte, war der Schlüssel weg. Sie hatte ihn verloren und Ersatzschlüssel gab es nicht. Adila rief zu dem Gott, der alles sieht und weiß, und bat ihn, ihr zu zeigen, wo der Schlüssel war. Um sie herum war lauter tiefer Neuschnee, aber Adila hatte sofort eine Eingebung, wo der Schlüssel sein könnte. Im Glauben nahm sie eine Schaufel zur Hand – und bereits beim ersten „Spatenstich" sah sie ihren Schlüssel. Erstaunt und erleichtert freute sie sich über Gottes prompte Antwort, die einmal mehr zeigte: Er ist bei denen, die in Not sind.

Diese Beispiele machten mir Mut. Was Gott für diese Brüder und Schwestern getan hatte, konnte er auch für mich tun. Ich bat Gott, mir zu zeigen, wo ich das Geld finden konnte. Ein paar Stunden später, als ich betete, gab mir Jesus ein Bild, wo das Geld war. Ich ging exakt den gleichen Weg zurück, den ich gekommen war, und als ich ins Zentrum unserer Stadt kam, lag der 100-Dollarschein vor mir auf dem Boden. Ich wusste, dass das ein Wunder war, denn der Schein lag mitten auf einer sehr belebten Straße in der Nähe des Marktes, zwischen einer Schule und einem Krankenhaus, und es hatte den ganzen Tag geregnet. Voller Freude rannte ich zurück zur Bibelschule, um den anderen die freudige Nachricht zu erzählen.

Wir wussten, dass Gott für uns sorgte

Ich war sehr engagiert in meiner Gemeinde und arbeitete im Anbetungsteam mit. Außerdem leitete ich einen Hauskreis und die Tanzgruppe. Eine Zeit lang arbeitete ich vollzeitlich als Übersetzerin und Jugendleiterin für meine Gemeinde, bis die amerikanische Botschaft mich einstellte, um ihren Diplomaten meine Muttersprache beizubringen. Nebenher war ich weiter als Model und auch als Kosmetikerin tätig. In meiner Gemeinde hatte ich da zwar keinen Vollzeitjob mehr, war aber in der Besucherbetreuung tätig. Ich hieß Besucher aus dem Ausland willkommen, und Besuchern, die länger blieben, half ich bei der Suche nach einer geeigneten Wohnung oder einem Haus.

Durch diese Besucherbetreuung wurde ich auch noch Immobilienmaklerin. Gott segnete mich auch hier und wieder wurde ich rasch erfolgreich – so sehr, dass ich mit meinem Einkommen meine Verwandten unterstützen konnte. Als ich mein erstes Monatseinkommen hatte, spürte ich, wie Gott mich aufforderte, es komplett zu spenden, gleichsam als Erstlingsopfer, wie bei den ersten Feldfrüchten der alten Israeliten.

Ich musste schlucken. „Soll ich das *alles* spenden?", fragte ich ungläubig. Bestimmt hatte ich mich verhört! Ich gehorchte Gott nicht – und prompt hörte sein Segen über meiner Arbeit auf. Ich war wie blockiert und spürte, dass das an meinem Ungehorsam lag.

„Du musst mir gehorchen. Dies ist *mein* Geld", sagte Gott mir, als ich zurück ins Gebet ging.

Ich sah ein, was ich falsch gemacht hatte, und bat Gott um Vergebung, dass ich ihm nicht sofort gehorcht hatte. Wenn er ganz für mich sorgte, musste ich ihm auch ganz vertrauen. Und ich beschloss, mein gesamtes Monatseinkommen an meine Gemeinde zu spenden.

Das Geld, das ich verdient hatte, war meine erste „Ernte", und indem ich sie komplett Gott gab, bekundete ich, dass alles, was ich hatte, von ihm kam. Als ich das Geld dem Pastor überreichte, sah er erst das Geld an, dann mich. Der Mann war platt.

Ich lachte. „Das ist kein Fehler, das will ich spenden!"

Ich war so voller Freude. Es ist erstaunlich, was für eine Freude es bringt, Gott zu gehorchen. Indem ich all dieses Geld spendete, legte ich mein Vertrauen zurück in Gottes Hände und setzte nicht länger auf Können und Cash.

Da mein Vater seit seinem Unfall nicht mehr arbeiten konnte, taten wir alle, was wir konnten, um Essen auf den Tisch zu bringen und die Rechnungen zu bezahlen. In unserer Kultur erwartet man von den Kindern, dass sie für ihre Eltern sorgen. Bei uns werden die Alten nicht in Pflegeheime gesteckt, sondern hoch geehrt. Muqaddas hatte eine Reinigungsfirma gegründet. Iman arbeitete in einem Café. Malika war Schneiderin. Dawud war in der Bau- und Renovierungsbranche tätig. Meine älteren Brüder hatten ihre eigenen Familien zu versorgen und Adila war wieder auf einer Bibelschule in Europa.

Nach dem Krieg war unsere Wohnung mehr als renovierungs- bedürftig. Ohne Fensterscheiben und ohne Möbel – die Räume waren kaum noch bewohnbar. Wir hatten all unser Hab und Gut verkaufen müssen, um Geld für Lebensmittel zu haben, und das bisschen, was wir noch hatten, war alt und beschädigt. Meine Schwestern, mein Bruder und ich gingen oft durch die Zimmer und baten Gott um die Dinge, die wir brauchten. Der Glaube hat eine Stimme und wir wussten, dass Gott für uns sorgte. So dankten wir ihm für seine Fürsorge, noch bevor wir sie empfangen hatten. Wir legten zum Beispiel in der Küche die Hände auf den kaputten Kühlschrank und dankten Gott für einen neuen.

Wir dankten ihm im Voraus dafür, dass er für uns sorgen würde, und er enttäuschte uns nie. Manchmal verkaufte jemand sein Haus und wollte seine Möbel loswerden. Oder Gott segnete unsere Ar- beit so sehr, dass wir es uns leisten konnten, etwas Neues zu kaufen. Und immer war sein Timing perfekt.

Suleyman

Mitten in meine Arbeit hinein kam eine neue Katastrophe in unserer Familie. Mein Bruder Suleyman war so schwer an Tuberkulose erkrankt, dass er dem Tode nahe war.

Er hatte sich die Krankheit im Bürgerkrieg zugezogen, als Soldat in der Armee. Es war mitten im Winter, der Schnee lag tief und Suleyman befehligte einen Trupp junger Männer, die irgendwo draußen auf dem Land auf Patrouille waren. Sie durchquerten gerade eine Bergwiese, als die Schüsse begannen.

Mein Bruder merkte, dass sie umzingelt waren. Alles, was sie tun konnten, war, schnellstens in Deckung zu gehen. Suleyman zwängte sich in ein kleines Loch im Boden und schob so viel Schnee über sich, wie er konnte. Viele seiner Männer fielen in dem Feuergefecht, aber Suleyman überlebte, obwohl ein Panzer über sein Versteck fuhr.

Mehrere Stunden (so kam es ihm jedenfalls vor) harrte Suleyman in seinem Loch aus, bis die Luft endlich rein war. Vor Kälte bibbernd und hustend schob er sich zurück nach oben. Nur zwanzig von seinen Männern waren noch da. Als sie alle beisammen waren, versuchten sie, den Hang hinaufzuklettern. Es gab tiefe Höhlen in den Felsen, die ihnen Zuflucht boten.

Doch der Feind war nicht weit und hatte sie gesehen. Ein neues Gefecht begann, das sich über mehrere Tage hinzog. Das Wetter blieb bitterkalt und Suleyman und seine Männer hatten keinen Proviant. Schließlich hatten sie auch keine Munition mehr. Was tun, um neue zu bekommen? Als es dunkel war, robbte Suleyman ins Niemandsland zwischen den „Fronten" und sammelte verschossene Patronen auf, zum Wiederverwenden. Er riskierte sein Leben für seine Männer, aber er hatte keine Wahl. Bei Tageslicht konnten sie sehen, wie die Feinde ihre Gefangenen folterten und buchstäblich in Stücke schnitten, um meinen Bruder und seine Leute zu demoralisieren.

Nach zwei Wochen in den Höhlen und in der Kälte traf Verstärkung der Armee ein und Suleyman und seine Männer wurden gerettet. Als wir erfuhren, was geschehen war, lag Suleyman schon im Lazarett. Er hatte sein Leben gerettet, aber sich Tuberkulose zugezogen. Er war tief erschüttert von dem, was er durchgemacht hatte, und verstand nicht, dass er noch lebte. Ich wusste ohne jeden Zweifel, dass Gott ihn bewahrt hatte, als Antwort auf unsere Gebete.

Während des Krieges hatten Adila, Malika und ich für Suleymans Leben gefastet und gebetet. Als er aus dem Krieg zurückkam, beteten wir für seine Heilung, aber er war sehr schwach. Seit seiner Erkrankung war es für ihn schwierig, seine Arbeitsstellen zu behalten, da er immer wieder ins Krankenhaus musste. Eine Zeit lang zog er nach Europa, um dort Arbeit zu suchen, musste jedoch zurückkehren, da das kältere Klima dort seiner Gesundheit nicht guttat.

Als ich ein paar Jahre nach dem Ende des Krieges anfing, als Immobilienmaklerin zu arbeiten, verschlechterte sich Suleymans Zustand. „Es gibt keine Hoffnung mehr", eröffnete der Arzt meinem Vater. „Die Medikamente schlagen nicht mehr an. Er hat nicht mehr lange zu leben."

Mama begriff, was die Worte des Arztes bedeuteten, und fing an zu weinen.

Suleyman hatte Frau und zwei Kinder. Das Krankenhaus schickte ihn nach Hause, damit seine Frau ihn bis zu seinem Tod pflegen konnte. Er wohnte etwa eine halbe Stunde von unserem Haus entfernt und meine Mutter war ständig bei ihm. Als ich ihn besuchte, bekam ich den Schock meines Lebens. Suleyman war nur noch ein Schatten seiner selbst. Aber ich war entschlossen, nicht aufzugeben. Mein Bruder war noch kein Christ und ich würde im Gebet um sein Leben kämpfen.

Und so fasteten meine Familie und ich und beteten in Jesu Namen für unseren Bruder. Ich wusste: Es war nicht Gottes Wille, dass Suleyman so endete. Er hatte ihm schon einmal das Leben gerettet und er konnte das wieder tun.

Während ich so betete, hörte ich plötzlich die Stimme Gottes: „Ich will, dass du 90 Prozent deines Einkommens als Zehnten gibst."

Woher ich wusste, dass es Gottes Stimme war? Weil ich selbst nie auf eine so verrückte Idee gekommen wäre. „Wie soll ich von 10 Prozent leben?", fragte ich. Ich wusste, dass es für meine Ausgaben vorne und hinten nicht reichen würde.

Während ich auf Gottes Antwort wartete, spürte ich, wie er mir zeigte, dass es sich um einen Glaubensakt handelte und dass er meinen Gehorsam reich segnen würde. Ich bat ihn um ein Zeichen, dass dieses Wort wirklich von ihm kam, und er erinnerte mich an das Gleichnis vom verlorenen Schaf, wo der gute Hirt die 99 Schafe verlässt, um das eine zu suchen. Das war das Zeichen für mich, dass ich in der Tat 90 Prozent spenden und von den restlichen 10 Prozent leben sollte.

Am nächsten Sonntag predigte unser Pastor darüber, Gott 90 Prozent unseres Einkommens zu geben. Es war das erste und letzte Mal, dass er dieses Thema wählte. Das war für mich ohne Zweifel Gottes Stimme, und diesmal gehorchte ich willig und rasch. Ich begann, jeden Monat nicht mehr 10 Prozent zu spenden, sondern 90 Prozent, und Jesus auch mit meinem Geld anzubeten. Es wurde mir ein neuer Lebensstil, der sofort Früchte trug.

Suleyman wurde vollständig gesund. Es war ein echtes Wunder. Er hörte mir aufmerksam zu, als ich ihm erklärte, dass Jesus sein Arzt war und dass er darum gesund geworden war. Aber noch wollte Suleyman Jesus nicht nachfolgen.

90 Prozent meines Einkommens zu spenden, war für mich ein Durchbruch im vollen, ja verschwenderischen Engagement für meinen Herrn und sein Reich. Es brachte mir echt Freude. Nach diesem Erlebnis wurde ich immer erfolgreicher in meinem Beruf – so sehr, dass ich bald die Topmaklerin in unserer Hauptstadt war

und alte Hasen, die seit vielen Jahren in der Branche tätig waren, hinter mir ließ. Gott gab mir Samen zum Ausstreuen und danach eine überreiche Ernte. „Ich bin davon überzeugt: Wer wenig sät, der wird auch wenig ernten; wer aber viel sät, der wird auch viel ernten. So soll jeder für sich selbst entscheiden, wie viel er geben will, und zwar freiwillig und nicht aus Pflichtgefühl. Denn Gott liebt den, der fröhlich gibt. Er wird euch dafür alles schenken, was ihr braucht, ja mehr als das. So werdet ihr nicht nur selbst genug haben, sondern auch noch anderen von eurem Überfluss weitergeben können. Schon in der Heiligen Schrift heißt es ja von dem Mann, den Gott reich beschenkt hat: ‚Großzügig schenkt er den Bedürftigen, was sie brauchen; auf seine barmherzige Liebe kann man immer zählen.' Gott aber, der dem Sämann Saat und Brot schenkt, wird auch euch Saatgut geben. Er wird es wachsen lassen und dafür sorgen, dass eure Opferbereitschaft Früchte trägt" (2. Korinther 9,6-10).

Die Menschen fragten mich, was mein Geheimnis war. Und ob man bei mir in die Lehre gehen konnte. Ich hatte schließlich drei junge Frauen als Auszubildende, die ich auch zu Jüngerinnen machte. Gott zeigte mir, dass ich jede Gelegenheit nutzen sollte, um Menschen zu ihm zu führen, und dass ich die kleinen Anfänge nicht verachten durfte (vgl. Sacharja 4,10). Er segnete mich derart, dass die 10 Prozent, von denen ich lebte, mehr als genug waren. Jetzt gebrauchte mich Gott in einem neuen Bereich – der Wirtschaft.

Damals wollte unsere Gemeinde Land erwerben, um eine neue Kirche zu bauen. Ich hatte in der Bibel gelesen, wie David Geld für den Bau des Hauses Gottes gegeben hatte, bevor er sich sein eigenes Haus baute. Salomo erbaute dann den Tempel, bevor er seinen eigenen Palast baute. Und der Prophet Haggai rügte die aus dem Exil zurückgekehrten Israeliten, weil sie zuerst ihre eigenen Häuser wiederaufgebaut hatten, bevor sie den Tempel aufbauten. Ich spürte: Gott wollte, dass ich erst für sein Haus sorgte, bevor ich mir ein eigenes kaufte.

Ich hatte gerade eine Wohnung verkauft, deren Besitzer mir aus Dank nicht meine üblichen 2 Prozent Maklerprovision gezahlt hatte, sondern 3 Prozent – ungefähr 5.000 Dollar. Das war eine Menge Geld, das meine Familie und ich gut hätten gebrauchen können. Doch ich beschloss, den gesamten Betrag der Gemeinde zu spenden. Das fiel mir nicht leicht – aber je mehr ich Gott gab, desto reicher erntete ich und umso mehr floss sein Segen. Als ich ihm die 5.000 Dollar gegeben hatte, schenkt er mir etwas später 50.000 Dollar!

Gott lässt sich nicht lumpen; wenn wir ihm gehorchen, dann ist er mehr als treu. Immer. Ich erfuhr aus erster Hand, dass die Worte in Maleachi 3,10 wahr sind: „Ich, der allmächtige Gott, fordere euch nun auf: Bringt den zehnten Teil eurer Ernte in vollem Umfang zu meinem Tempel, damit in den Vorratsräumen kein Mangel herrscht! Stellt mich doch auf die Probe, und seht, ob ich meine Zusage halte! Denn ich verspreche euch, dass ich dann die Schleusen des Himmels wieder öffne und euch mit allem überreich beschenke."

Gott ist der größte Geber aller Zeiten. Er hat alles gegeben – selbst seinen eigenen kostbaren Sohn.

24
BIS AN DIE ENDEN DER ERDE

———◆———

In Apostelgeschichte 1,8 verheißt Jesus uns: „Ihr werdet den Heiligen Geist empfangen und durch seine Kraft meine Zeugen sein in Jerusalem und Judäa, in Samarien und auf der ganzen Erde."

Nachdem ich vor dem König der Könige gestanden hatte, wusste ich ohne jeden Zweifel, dass der Himmel und die Ewigkeit die eigentliche Realität sind. Jesus war und ist die Quelle allen Lichtes und die Finsternis vermag nichts gegen ihn.

Seitdem wusste ich, wenn ich betete: „Dein Reich komme, dein Wille geschehe", dass sein Reich ja schon da war und dass sein Wille garantiert geschehen würde. Nichts und niemand kann die Erfüllung der Zusagen Gottes verhindern.

Ich hatte auch keine Angst vor dem Tod mehr. Wenn Gott für uns ist, wer kann dann gegen uns sein? Wie Paulus in Römer 8,35-39 schreibt: „Was also könnte uns von Christus und seiner Liebe trennen? Leiden und Angst vielleicht? Verfolgung? Hunger? Armut? Gefahr oder gewaltsamer Tod? Man geht wirklich mit uns um, wie es schon in der Heiligen Schrift beschrieben wird: ‚Weil wir zu dir, Herr, gehören, werden wir überall verfolgt und getötet – wie Schafe werden wir geschlachtet!' Aber dennoch: Mitten im

Leid triumphieren wir über alles durch die Verbindung mit Christus, der uns so geliebt hat. Denn ich bin ganz sicher: Weder Tod noch Leben, weder Engel noch Dämonen, weder Gegenwärtiges noch Zukünftiges, noch irgendwelche Gewalten, weder Hohes noch Tiefes oder sonst irgendetwas können uns von der Liebe Gottes trennen, die er uns in Jesus Christus, unserem Herrn, schenkt."

Auch meine Schwestern lernten, furchtlos für Jesus Christus zu leben, unseren guten Hirten, der uns durch seine große Liebe aussendet, die verlorenen Schafe dieser Welt zu suchen. Adila und ich spürten eine tiefe Liebe zu Muslimen und den Ruf, sie mit dem Evangelium zu erreichen. Unsere Motivation und unser Mutmacher war der Missionsbefehl von Jesus in Matthäus 28,19-20: „Geht hinaus in die ganze Welt und ruft alle Menschen dazu auf, mir nachzufolgen! Tauft sie im Namen des Vaters, des Sohnes und des Heiligen Geistes! Lehrt sie, so zu leben, wie ich es euch aufgetragen habe. Ihr dürft sicher sein: Ich bin immer bei euch, bis das Ende dieser Welt gekommen ist!"

In die Höhle des Löwen

Nachdem ich zu einer Gruppe junger Missionare gesprochen hatte, spürten sie den Ruf Gottes, in das gefährlichste islamische Land der Welt zu gehen, wo die Scharia herrscht. Es war eine Reise, die man nicht leichtfertig unternimmt. Die schroffen Berge sind eine der unwirtlichsten und gefährlichsten Gegenden in der ganzen Welt.

Mit Adila als Dolmetscherin begab sich das Missionsteam zu Pferd zu den Frühlingslagern der Nomaden in den Hochtälern, um dort Menschen mit dem Evangelium zu erreichen, die nicht lesen und schreiben konnten und noch nie von Jesus gehört hatten. Das Team hatte Audiobibeln in der Sprache der Menschen in diesem Land dabei sowie den *Jesus*-Film, den es mithilfe eines solarbetriebenen Projektors zeigte.

Der Einsatz verlief erfolgreich. Viele der Menschen, die den *Jesus*-Film sahen, öffneten sich dem Evangelium. Bis zu 150, ja 200 Männer, Frauen und Kinder versammelten sich, um den Messias Jesus kennenzulernen. Viele dieser muslimischen Nomaden nahmen Christus an und tanzten vor Freude zu den Klängen eines Hochzeitsliedes. Es war eine tief bewegende, ja prophetische Szene, ein Vorgeschmack auf die große Hochzeit, die der himmlische Vater für seinen Sohn ausrichten wird.

So ging das viele Tage. Dann kam von einem der Einheimischen eine Warnung: Die Missionare hatten einen Tag, um abzuziehen, bevor die Dschihadisten kämen, um sie zu foltern und umzubringen.

Viele Christen, darunter auch ich, beteten praktisch pausenlos für die Sicherheit dieser Missionare. Gott erhörte uns und bewahrte sie vor einem grausamen Tod. Adila hat mir später berichtet, dass sie keine Angst spürte, als sie vor den Kämpfern flohen, die sich im Namen Allahs den Tod aller „Ungläubigen" auf die Fahnen geschrieben hatten. Der Gott Abrahams, Isaaks und Jakobs war mit dem Missionsteam. Jesus hatte seine Engel um die Mitarbeiter gestellt und sie kamen sicher nach Hause zurück. Dass die Bedrohung echt war, zeigte sich, als die nächsten Missionare, die in diese Bergtäler vordrangen, von Dschihadkämpfern umgebracht wurden.

Keine Angst vor dem Tod zu haben bedeutet, jeden Augenblick so zu leben, dass er für die Ewigkeit zählt. Es bedeutet, zuallererst Gott zu lieben und danach unseren Nächsten wie uns selbst (vgl. Matthäus 22,37-40).

Was mich betraf, so hatte ich die innere Gewissheit: Wenn ich starb, würde ich erneut vor meinem Herrn stehen und seine Stimme hören.

Seit meinem Besuch im Himmel gibt es Stunden, wo ich es

schier nicht erwarten kann, wieder dorthin zu kommen, und ich weiß ganz gewiss: Wenn ich Jesus das nächste Mal sehe, werde ich für immer bei ihm bleiben.

25
IN DIE USA

———◦———

ein Wunsch, in den USA zu studieren, wurde immer stärker. Dabei war mir das biblische Buch Daniel eine Inspiration. Daniel hatte aufgrund seiner Ausbildung einen großen Einfluss, und so wollte ich auch die bestmögliche Ausbildung haben, um in der Welt etwas für Jesus zu bewirken. Ich wusste, was in Hosea 4,6 steht: „Mein Volk kommt um aus Mangel an Erkenntnis", und so suchte ich Erkenntnis und Weisheit, damit Gott mich als sein Werkzeug gebrauchen konnte. Ich wollte nicht in meinem Heimatland studieren, wo die Hochschulen alle entweder muslimisch oder atheistisch waren; mein Traum war eine christliche Hochschule.

Vor fast zehn Jahren waren Freunde von mir zu einem einmonatigen Missionseinsatz in die USA gereist, wo sie mehrere Gemeinden besucht hatten. Als sie zurückkamen, erzählten sie mir ganz begeistert, was sie in Amerika erlebt hatten. In die USA zu gehen, war schon als Kind mein Traum gewesen, und jetzt waren sie dort gewesen und ich nicht! Aber ich war sicher: Zu Gottes Zeit würde auch ich nach Amerika kommen.

Ich arbeitete weiter an meinem Englisch, indem ich viel las (vor allem eine englische Bibel) und mich mit englischsprachigen Ausländern, die unser Land besuchten, unterhielt. Ich fragte einige Amerikaner, die ich kannte, ob sie mir helfen oder raten konnten, aber es ergab sich nichts.

Im Gebet zeigte Jesus mir, dass er selbst mir den Weg in die USA öffnen würde und dass ich ihm vertrauen musste. Es war nicht nötig, auf irgendwelche Menschen zu hoffen, um dorthin zu kommen. Auf Gott und Gott allein sollte ich bauen.

Ich breche mein Schweigen

Zum Geburtstag bekam Adila ein Buch, in dem es um einen Mann ging, der allein durch Gottvertrauen eine Universität aufgebaut hatte. Ich lieh es aus, las es und schlug darauf Lukas 18,27 auf: „Für Menschen ist es unmöglich, aber nicht für Gott." Sollte das nicht auch für mein Leben gelten?

Dann fuhr ich mit meiner Gemeinde auf eine Konferenz in Europa, wo ich erneut von der gerade erwähnten Universität hörte, die eine Partnerhochschule in Europa hatte. Ich begann, darüber zu beten, ob ich an der Universität studieren sollte, und bestellte einen Prospekt.

Dann kam das nächste Schlüsselereignis in meinem Leben. Als ich im Himmel gewesen war, hatte Jesus mich angewiesen, bis auf Weiteres niemandem etwas von diesem Erlebnis zu sagen. Es war ein heiliges Geschehen gewesen, über das ich, sosehr es mich auch drängte, es weiterzuerzählen, so lange Stillschweigen bewahren musste, bis Gott mir grünes Licht gab. Wie bei Maria und Elisabeth, als sie mit Jesus und Johannes schwanger waren, lag vor der Zeit der Enthüllung eine Zeit der Verborgenheit, und ich wusste: Ich musste Gott gehorchen. Später erkannte ich dann, dass ich Zeit gebraucht hatte, um dieses gewaltige Erlebnis richtig zu verarbeiten.

Es sollte fünf Jahre dauern, bevor ich zu anderen über mein

Himmelserlebnis reden konnte. Genau auf dieser Konferenz in Europa gab Jesus mir grünes Licht, über die Bombenexplosion und meine Begegnung mit ihm im Himmel zu erzählen. Ich brauchte nur die Augen zu schließen, um wieder die ganze Heiligkeit dieses Augenblicks zu spüren, die mich weinend hatte zu Boden sinken lassen. Ich spürte, wie Gott mir sagte: „Jetzt ist es so weit! Jetzt rede zur ganzen Welt und wecke meine Kirche auf!"

Die Teilnehmer jener Konferenz in Europa waren die ersten Menschen, denen ich meine Geschichte erzählte. Die Bombe und all die Verfolgung waren wie ein läuterndes Feuer in meinem Leben gewesen, und meine „Belohnung" war, dass ich Jesus in seiner herrlichen Majestät sehen durfte. Viele Menschen sagen mir, dass sie so gerne auch Jesus von Angesicht zu Angesicht sehen würden. Sie wissen nicht, dass der Preis dafür ihr Leben ist. Wie Gott einst zu Mose sagte: „Mein Gesicht darfst du nicht sehen, denn kein Mensch, der mich gesehen hat, bleibt am Leben!" (2. Mose 33,20) Ich sah Jesus, als ich tot war, und er erweckte mich zum Leben.

Ich glaube, wenn wir unsere Augen richtig öffnen, können wir Jesus in unseren Mitchristen sehen. Wir tragen ja alle seinen Schatz in uns – den Heiligen Geist. Aber ich glaube, das Größere ist, Jesus nicht von Angesicht zu Angesicht gesehen zu haben und trotzdem an ihn zu glauben: „Selig sind, die nicht sehen und doch glauben" (Johannes 20,29).

Nach Hause zurückgekehrt, rief ich mithilfe einer Freundin jene Universität an und fragte, ob ich dort einen Studienplatz bekommen könnte. Man antwortete mir, dass ich zuerst eine Prüfung in Englisch ablegen müsse. Ich wusste, dass mein Englisch noch nicht gut genug war, und begann, mich nach Sprachkursen umzusehen.

Glaube, der Berge versetzt

Ein Freund von mir, der an dieser US-Universität studiert hatte und Missionar in meinem Land war, erzählte mir von einer Missionsgesellschaft, die Sprachkurse in Englisch als Fremdsprache anbot. Ich mochte die Worte „Mission" und „Missionar". War Jesus nicht auch ein Missionar gewesen, der vom Himmel auf die Erde gekommen war? Und ich wollte doch wie Jesus werden. Als ein anderer Freund mir ebenfalls von dieser Missionsgesellschaft erzählte, war ich nicht mehr zu bremsen und bewarb mich mithilfe meiner Freundin Shakila um einen Platz in so einem Kurs „Englisch als Fremdsprache". Ich wusste damals noch nicht, dass ich es mit einer internationalen Organisation zu tun hatte, die eine Universität in den USA hatte. Die Missionsgesellschaft schrieb mir, dass ich vor dem Englischkurs zuerst eine „Jüngerschaftsschule" absolvieren müsse, die aus drei Monaten Bibelschule und danach zweieinhalb Monaten Missionspraktikum bestand. Erst später fand ich heraus, dass irgendjemand hier einen Fehler gemacht hatte; eigentlich war es mit der Jüngerschule und dem Sprachkurs genau anders herum.

Die Kursgebühren und Reisekosten beliefen sich auf mehrere Tausend Dollar und ich hatte kein Geld. Aber wenn wir Gott zutrauen, dass er Wunder tun kann, dann handelt er. Kindlicher Glaube gefällt Gott und Glaube kann Berge versetzen.

Ich merkte, dass ich einen Glaubensschritt tun musste und dass dann das Geld kommen würde. Als Glaubensstärkung sang ich immer wieder ein Lied von Don Moen: „Gott zeigt mir den Weg, wenn ich keinen Ausweg seh …"

Ich nahm auch Offenbarung 3,7 für mich in Anspruch: „Wo er aufschließt, kann niemand mehr zuschließen; wo er aber zuschließt, kann niemand mehr öffnen."

Nicht lange danach hörte ich, dass ich als Teilnehmerin aus einem Dritte-Welt-Land nur die ermäßigte Kursgebühr zahlen musste. Das machte mir Mut; Gott war dabei, die Tür zu öffnen. Aber als ich meinen Eltern von meinen Plänen erzählte, wollten sie mir nicht erlauben, in die USA zu gehen. „Du kannst doch genauso gut hier bei uns studieren", sagten sie.

„Gott hat mir aber gesagt, ich soll in die USA", erwiderte ich. Doch sie blieben bei ihrem Nein. Sie hatten Angst, dass sie mich sonst nie mehr sehen würden. Unter Tränen bat ich sie, mich gehen zu lassen, aber sie blieben eisern. In meiner Kultur darf ein Mädchen sein Elternhaus normalerweise erst verlassen, wenn es heiratet.

Ich wusste, dass ich meine Eltern ehren und ihnen gehorchen musste. Das Einzige von den Zehn Geboten, das ausdrücklich mit einem Segen verknüpft ist, ist das Gebot, seine Eltern zu ehren: „Ehre deinen Vater und deine Mutter, dann wirst du lange in dem Land leben, das ich, der Herr, dein Gott, dir gebe" (2. Mose 20,12).

Gott sagte mir, ich solle nicht ohne den Segen meiner Eltern in die USA gehen. So rief ich die nächsten Monate ständig zu ihm, betete und fastete und bat meine Eltern immer wieder, mich ziehen zu lassen.

„Hab Geduld und warte und ich werde ihre Herzen verändern", antwortete Gott.

Ein ganzes Jahr musste ich warten, bis meine Eltern mir endlich die Erlaubnis zu dem Amerikastudium gaben. Eines Tages sagte mir Gott, dass jetzt der richtige Zeitpunkt war, und als ich meine Eltern wieder fragte, gaben sie endlich nach und bestätigten, dass ich gehen durfte.

Ein ganzes Jahr lang hatte ich meinen Bekannten gesagt, dass ich bald nach Amerika gehen würde. Zuletzt hatten sie mich nur noch ausgelacht: „Was? Bist du immer noch hier?" Aber ich wusste, dass ich in die USA gehen würde. In Markus 11,23 sagt Jesus: „Wenn ihr glaubt und nicht im Geringsten daran zweifelt, dass es wirklich geschieht, könnt ihr zu diesem Berg hier sagen: ‚Hebe dich von der Stelle, und stürze dich ins Meer!', und es wird geschehen."

Ja, es stimmt: Der Glaube hat Macht und er hat eine Stimme.
Aber ich hatte immer noch kein Geld. Und kein Visum. „Herr,
was soll ich machen?", fragte ich.

Eine Freundin riet mir, mit dem Pastor der internationalen Gemeinde zu reden. Ich merkte: Dieser Rat kam von Gott selbst. Der
Pastor – ein Missionar aus den USA – bat mich, seiner Familie
meine Geschichte zu erzählen. Anschließend erzählte er sie seiner
Gemeinde. Nach dem Gottesdienst überreichten seine Frau und er
mir 600 Dollar.

Ich fragte wieder: „Herr, was soll ich jetzt machen?"

„Besorge dir ein Visum und flieg", kam Gottes Stimme in meinem Herzen.

Es schien alles ein Ding der Unmöglichkeit. Ein Visum musste
man bei der US-Botschaft jeweils drei Monate im Voraus beantra-
gen – und jetzt waren es nur noch wenige Tage bis Weihnachten
und mein Kurs begann Anfang Januar!

Meine Freundin Shakila rief den Konsul an. Dann reichte sie
mir das Telefon. „Kommen Sie am 11. Januar in mein Büro, nach
den Feiertagen", sagte der Konsul.

„Das ist zu spät", erklärte ich, „da muss ich schon in den USA
sein."

Der Konsul sagte, dass er mir dann leider nicht helfen könne.

Ganz entmutigt legte ich auf. Wie wollte Gott dieses Problem
lösen?

Ich beschloss, wieder einmal zu beten und zu fasten. Meine
Schwestern und unsere Hausgemeinde machten mit.

Iman arbeitete damals in einem Café in unserer Stadt. Eine Kollegin von ihr war mit dem Konsul befreundet. Sie rief ihn für mich
an und ich konnte mit ihm sprechen. Diesmal schlug er mir vor,
gleich am nächsten Tag zu kommen. Ich hatte es gerade noch vor
der Weihnachtspause geschafft! Gott hatte das Herz des Konsuls
bewegt.

Aufgeregt betrat ich also die Botschaft. Der Konsul fragte mich, was ich in den USA machen wollte. Ich erwiderte: „Ich mache einen Kurs an einer Missionsschule und danach ein missionarisches Praktikum." Ich sagte ihm, wo die Missionsschule lag.

„Na, da haben Sie sich ein schönes Fleckchen Erde ausgesucht", erwiderte der Konsul freundlich. „Und wo werden Sie dieses Praktikum machen?"

„Das weiß ich noch nicht", sagte ich. „Darüber muss ich noch beten."

„Sie sollten nach Asien gehen", meinte er.

Ich lächelte. Der Mann war bestimmt Christ und Gott hatte ihn an diesen Platz gestellt, um mir den Weg nach Amerika zu ebnen.

Ich bekam ein Visum für ein Jahr. Es war ein echtes Wunder, denn nach den Anschlägen vom 11. September 2001 war es nicht leicht, ein Visum in die USA zu bekommen, wenn man aus einem muslimischen Land kam. Für unverheiratete junge Frauen war es noch schwerer, hatten Freunde mir gesagt. Und mit den beiden absoluten Grundvoraussetzungen für ein Visum – einem Flugticket und ausreichend Geld – konnte ich sowieso nicht dienen, aber nach diesen Dingen wurde ich nicht gefragt.

Überglücklich verließ ich das Konsulat, in der Hand mein Visum, das 100 Dollar gekostet hatte. Die restlichen 500 Dollar reichten für ein Flugticket nach Europa; von dort aus würde ich dann weiter in die USA fliegen.

Es war Neujahr und ich war zu Gast bei Malika und Adila in Europa, die dort gerade eine Bibelschule besuchten. Für Adila war es das zweite Mal, dass sie in Europa war; das erste Mal war sie auf der Bibelschule unserer ersten Gemeinde gewesen.

Ich rief das Missionswerk in den USA an, um meine Ankunft anzukündigen. Die Stimme am anderen Ende der Leitung erklärte mir, dass es eine Panne gegeben hatte und dass sie mich zurzeit nicht gebrauchen konnten. „Wir sind gerade voll belegt. Kommen Sie im nächsten Quartal."

Was sollte ich machen? Als ich betete, wurde mir klar, dass es kein Zurück gab. Es gab nur eine Richtung für mich: nach vorne. „Geh und ich werde mit dir sein", sagte Gott zu mir.

Ich gehorchte ihm. Aber ich hatte immer noch nicht das nötige Geld. Deshalb betete ich wieder und Gott gab mir den Gedanken ein, zwei Freunde zu bitten, mir je 1.000 Dollar zu leihen. Das schmeckte mir gar nicht; ich wollte doch keine Schulden machen! Aber siehe da, die Freunde liehen mir das Geld ohne Umstände; jetzt hatte ich genug, um nach Los Angeles zu fliegen.

In einer fremden Kultur

Dann stand ich zum ersten Mal auf amerikanischem Boden, in dem riesigen Terminal des Flughafens von Los Angeles, und fühlte mich mutterseelenallein. Noch nie war ich allein verreist und der Kulturschock war groß. Alles war so anders als in meiner Heimat. Wie um alles in der Welt sollte ich von hier zu meiner Universität kommen? Ich kannte niemanden in den USA und wusste nicht, was ich machen sollte.

Aber Gott wusste es.

Leise vor mich hin weinend irrte ich durch den Flughafen, bis ich mich völlig erschöpft auf einem Stuhl niederließ und prompt einschlief. Nach einer Weile wachte ich wieder auf. Ich war immer noch müde und meine Knochen schmerzten von dem unbequemen Stuhl. Ich fing sofort an zu beten – und schon spürte ich: Gott war bei mir, ich war doch nicht allein.

Friede strömte in mein Herz und ich fragte Gott, was ich als Nächstes tun sollte. Ich wusste: Wenn wir einen Schritt auf ihn zu machen, kommt er uns hundert Schritte entgegen. Wir tun unser Möglichstes und er tut das Unmögliche.

Plötzlich fiel mein Blick auf eine junge Frau, die mir schräg gegenübersaß und ein Buch las. Sie mochte in den Zwanzigern sein und hatte blonde Locken und blaue Augen. „Bitte sie um Hilfe", riet mir Gott.

Na gut, Herr, wenn du meinst … Ich stand zögernd auf und trat auf sie zu. „Entschuldigen Sie, dürfte ich Sie um einen Gefallen bitten? Könnten Sie mir bitte helfen?", fragte ich so höflich wie möglich.

Sie war die Freundlichkeit in Person und es stellte sich heraus, dass sie die Tochter von Missionaren war!

Ich sagte ihr, dass ich ein billiges Anschlussticket aus dem Internet benötigte. Sie hatte keinen Laptop dabei, aber ging mit mir in ein Internetcafé im Terminal und half mir, ein billiges Ticket online zu buchen.

Dann sagte sie: „Gott hat mir gerade gezeigt, dass ich Sie segnen soll" – und schenkte mir das Geld für das Ticket! Ich war platt. Diese Frau hatte mich noch nie im Leben gesehen, aber sie begegnete mir mit der Großzügigkeit von Jesus.

Später habe ich mich gefragt, ob sie nicht vielleicht ein Engel war – oder, besser noch, eine Heilige. Als ich meinen Kurs begonnen hatte, versuchte ich, Kontakt zu ihr aufzunehmen, aber ich habe nie mehr von ihr gehört. Gott hatte mir die nächste wunderbare Wahrheit gezeigt: Wo er mich hinführt, da sorgt er auch für mich. Was Gott will, das finanziert er auch.

„Ich bin auf einer warmen, blumenduftenden Insel"

Ein paar Stunden später kam ich an meinem Ziel an. Voller Vorfreude und plötzlich gar nicht mehr so müde sog ich die warme Luft ein und betrachtete die üppige Vegetation. Im Taxi, das mich zu der christlichen Universität brachte, dachte ich an die langen, kalten Nächte zu Hause zurück, als Adila und ich vor vielen Jahren für Brot angestanden hatten, vor allem an einen Winterabend während des Bürgerkriegs.

Adila und ich standen in der Schlange und warteten auf unsere Ration. Wir konnten nicht mit leeren Händen nach Hause zurückkommen, aber es wurde dunkel und zusehends kälter. Dann begann es auch noch leise zu schneien. Wir drückten uns bibbernd aneinander und versuchten, uns gegenseitig vor dem eisigen Wind zu schützen. Wenn wir die Schlange verließen, würden andere unsere Brotration bekommen. Wir hatten keine Wahl: Wir mussten durchhalten.

„Mir ist so kalt", murmelte Adila mit blauen Lippen. Ihre Zähne klapperten.

„Mir ist *nicht* kalt", sagte ich trotzig dem Frost ins Gesicht. „Ich bin auf einer warmen, blumenduftenden Insel!"

„Was?" Meine Schwester musste lachen über meinen Witz. Aber ich stellte mir vor, wie die Sonne von einem blauen Himmel herabschien und mein Gesicht wärmte. Dieses Spiel half uns, die kalte Nacht durchzustehen. Jedes Mal, wenn wir mit den Füßen stampften, um unseren Kreislauf in Bewegung zu halten, sagte ich, dass wir in Wirklichkeit an einem wunderbaren Meeresstrand standen und im goldenen Sand hüpften und nicht im kalten Schnee.

Aber so fest ich mir auch vorstellte, in einem warmen Paradies zu sein, früher oder später war die harte Wirklichkeit stärker als meine schönen kleinen Träume.

Doch jetzt war ich genau in dem warmen, duftenden Paradies, das ich mir damals vorgestellt hatte! Als ich auf dem Campus ankam, der nur ein paar Meilen vom Flughafen entfernt lag, musste ich vor Freude lachen. Das Taxi lieferte mich am Tor ab. Die Dame am Empfang fragte mich nach meinem Anliegen.

„Ich studiere hier, ich mache die Jüngerschule", erwiderte ich.

„Welche Jüngerschule?", fragte sie.

Ja, welche? Als ich in der Johannesoffenbarung die Briefe an die Gemeinden in Kleinasien gelesen hatte, hatte Gott mir gesagt, dass ich nach Asien gehen sollte. Und so antwortete ich: „Die Jüngerschule Asien." Später erfuhr ich, dass die Leiter des Kurses diesen gerade in „Jüngerschaftsschule Asien" umbenannt hatten. Ich hatte das natürlich nicht gewusst; Gott schon.

Meine Dozenten staunten nicht wenig, als sie mich sahen, aber sie hießen mich willkommen, und siehe da, es fand sich sogar ein Bett für mich. Und die nötige Bettwäsche, obwohl es schon spät am Abend war.

„Haben Sie Hunger?", fragte mich eine Dozentin, während sie mich auf mein Zimmer brachte.

Mein Magen knurrte. Dankbar verschlang ich eine Pizza, während ich den Dozenten meine Geschichte erzählte.

Als ich ein paar Stunden später im Bett lag, in einem Schlafraum, den ich mit sieben anderen jungen Frauen teilte, war ich überwältigt, wie gut Gott für mich gesorgt hatte. Ja, Gott war treu. Ich war in Amerika!

Wo ich keinen Weg gesehen hatte, hatte Gott mir den Weg gezeigt.

Wunder über Wunder

So war mir Gott auch weit von meiner Heimat entfernt so nah wie zu Hause und ich konnte mich für mein Land und für viele Menschen besser ausbilden lassen.

Während meines Studiums in den USA weckte Gott mich jeden Morgen um 3 oder 4 Uhr, damit ich Gemeinschaft mit ihm haben konnte. Ich stand auf – leise, um meine Zimmernachbarinnen nicht zu wecken – und ging in den Andachtsraum, um eine Stunde lang mit Jesus zu reden. Ich hatte einen richtigen Hunger nach Gottes Gegenwart.

Mit der Zeit erzählte ich auch den Studenten meine Geschichte und viele waren tief berührt. Sie sammelten für mich; mit dem Geld konnte ich nicht nur meine Schulden von 2.000 Dollar bezahlen, sondern auch meine Gebühren für das Studium und den

Missionseinsatz. Wie treu war Gott und wie großzügig war der Leib Christi! Meine Freunde in Europa staunten nur so, wie schnell ich ihnen das geliehene Geld zurückschickte.

Zu Hause glaubte keiner, dass ich tatsächlich in den USA war. Dieser Winter war in meiner Heimat der kälteste seit vielen Jahren und viele meiner Freunde witzelten, dass ich den idealen Zeitpunkt erwischt hatte, um in eine wärmere Gegend zu fahren …

Als ich meinen Studienkollegen und Lehrern meine Geschichte erzählte, erfuhr ich, dass diese Menschen – wie auch andere Beter und Missionare in der ganzen Welt – für mich und mein Volk und für unsere Erlösung gebetet hatten. Ich war ihre Gebetserhörung! Denn sie hatten auch gebetet, als sie von dem Bombenanschlag auf unsere Kirche erfuhren. Ein Missionar aus Neuseeland berichtete mir: Als er hörte, dass es einen Anschlag mit vielen Schwerverletzten gegeben hatte, fing er an, für uns zu beten. Ein amerikanisches Ehepaar sagte das Gleiche. Ich wusste: Diese Gebete hatten etwas bewirkt.

Und noch etwas lernte ich. Wenn ich Muslimen meine Geschichte erzählte und wie Jesus sie liebte, hatten sie anschließend Träume und Visionen, in denen ihnen Jesus erschien. Und meistens folgte auf mein Zeugnis auch ein Zeichen vom Himmel, wie in der Apostelgeschichte beschrieben. Meistens regnete es und manchmal (sogar noch im Spätfrühling) schneite es.

In Südostasien

Auf den Kurs an der Universität folgte das missionarische Praktikum, das mich für sechs Monate nach Südostasien führte. Wieder tat Gott viele Wunder. Er sorgte für die komplette Finanzierung des Einsatzes und zeigte mir einmal mehr seine Treue, die meine Vorstellungskraft weit überstieg.

Ich konnte in Südostasien nicht nur das Evangelium predigen, sondern auch Unterricht in Taekwondo geben. In Frauengefängnissen gab ich den Insassen Unterricht im Haareschneiden und Frisieren und erzählte ihnen dabei von Gottes Liebe. Ich sprach mit Mörderinnen und Prostituierten. Dabei verurteilte ich sie nicht, sondern liebte sie, wie Jesus das auch getan hätte.

Einmal besuchten wir ein Militärkrankenhaus. Wir legten einem Aidskranken Mann, der den Tod vor Augen hatte, die Hände auf und beteten im Namen von Jesus für seine Heilung. Bald ging es ihm besser, und heute besucht er selbst das Krankenhaus, um für die Kranken zu beten.

In einem Waisenhaus gab es viele kranke Kinder. Nach dem, was ich selbst an Leiden durchgemacht habe, kann ich mit anderen Leidenden mitfühlen und möchte sie trösten, so wie Jesus Mitleid mit den Kranken und Leidenden hatte und sie alle heilte. Ich genoss es, mit den Kindern zu spielen, die Kleinen auf den Arm zu nehmen und auf mir herumkrabbeln zu lassen. Einige von ihnen hatten etwas, das wie kleine Narben aussah – wahrscheinlich von Mückenstichen, dachte ich. Ich brachte ihnen Hip-Hop-Tanzen bei, sodass ich am Ende des Tages ganz erschöpft war. Die starke Hitze tat ein Übriges.

Etliche Tage danach bekam ich plötzlich Fieber und fühlte mich schwindlig. „Du bleibst heute im Bett und ruhst dich aus", sagte der Leiter unserer Gruppe.

Ich war zu schwach, um ihm zu antworten, und schloss die Augen, während mir der Schweiß das Gesicht hinunterrann. Jetzt begann meine Haut zu jucken und ich bekam am ganzen Körper kleine rote Flecken. Was war das nur?

Man brachte mich vorsichtshalber ins Krankenhaus. Der Arzt stellte fest, dass ich die Windpocken hatte. Jetzt war mir klar, was es mit den „Narben" bei den Kindern auf sich hatte, mit denen ich gespielt hatte. Sie hatten alle die Windpocken – und jetzt hatte ich sie auch, denn als Kind hatte ich nie Windpocken gehabt. Wir waren zehn in unserem Team, aber ich war die Einzige, bei der die

Krankheit ausbrach; alle anderen waren immun. Unser Gruppenleiter erzählte mir später, der Arzt habe gesagt, dass man in meinem Alter an Windpocken sterben konnte. Aber die anderen beteten für meine Heilung und Jesus, der große Arzt, heilte mich.

Zehn Tage lang lag ich mit meinen Windpocken im Krankenhaus. Meine Haut juckte so sehr, dass ich manchmal weinte. Aber Gott gab mir die Kraft, mich nicht zu kratzen, sodass ich keine Narben davontrug.

Als es mir besser ging, ging ich wieder in das Waisenhaus. Ich legte den kranken Kleinen in ihren Bettchen die Hände auf und bat Gott um ihr Leben. Ein kleiner Junge sah erschreckend aus; er war nur noch Haut und Knochen. Er war so elend, dass die Heimleitung mit seinem baldigen Tod rechnete. Doch nachdem wir für ihn gebetet hatten, fing er an zuzunehmen. Bald war er richtig pausbäckig und kerngesund und wurde von einer Familie adoptiert. Noch viele andere Kinder wurden geheilt.

Ein Junge – ein Buddhist, dem ich meine Geschichte erzählt hatte – hatte einen Albtraum, in welchem er von bösen Geistern verfolgt wurde. Plötzlich sah er ein Licht und hörte, wie ich ihn rief. Als er sich in meine Richtung drehte, sah er nicht mich, sondern stattdessen das Gesicht von Jesus. Er wachte auf und übergab sein Leben Jesus. Als ich seine Geschichte hörte, staunte ich nur so. Dass Jesus vielen Muslimen im Traum erschien, wusste ich schon; hier hörte ich zum ersten Mal davon, dass dies einem Buddhisten geschehen war.

Das häufigste Heilungswunder, das Jesus auf mein Gebet hin tat, war, dass Frauen, die lange unfruchtbar gewesen waren, plötzlich schwanger wurden.

Ich erzählte meine Geschichte auch vor einer Gruppe von Prostituierten und Frauen und Kindern, die Opfer des Sexhandels waren. Sie weinten und viele von ihnen nahmen Jesus in ihr Herz auf.

Dass Jesus mich auf diese Weise als sein Werkzeug benutzte, war mir eine große Ehre. Ich wollte ein Leben führen, das seiner Berufung würdig war. Gott hatte mich aus dem Tod zurückgeholt, damit ich von da an für ihn lebte und den Menschen sagte, dass Jesus lebt und dass wir uns auf seine Wiederkunft vorbereiten müssen. Ich wollte jeden Tag neu so leben, als ob es der letzte Tag meines irdischen Lebens war.

Zu Füßen von Jesus

Als ich meinen Kurs abgeschlossen hatte, spürte ich, wie Gott mir befahl, in den USA mit meiner Bibelschulausbildung fortzufahren, bevor ich etwas anderes begann, damit ich voll in der Lage war, andere Menschen mit seinem Wort der Wahrheit auszurüsten. In Johannes 8,32 sagt Jesus: „Ihr werdet die Wahrheit erkennen, und die Wahrheit wird euch befreien!" In diese Wahrheit wollte ich mich noch mehr vertiefen.

Ich liebte die Geschichte von Maria und Marta und dachte viel über die Worte nach, die Jesus zu Marta gesagt hatte: „Nur eines aber ist wirklich wichtig und gut! Maria hat sich für dieses eine entschieden, und das kann ihr niemand mehr nehmen" (Lukas 10,42). Er forderte Marta auf, sich ebenfalls zu seinen Füßen hinzusetzen und auf sein Wort zu hören, das süß wie Honig ist.

Nach meinem Bibelstudium in einer warmen Gegend der USA führte mich Gott in den Norden, wo es wesentlich kälter war. Da sollte ich in einer Art Anbetungskurs lernen, wie man ihn im Geist und in der Wahrheit anbetet. Im Himmel wird Gott pausenlos angebetet und er zeigte mir, dass er diese ununterbrochene Anbetung auch auf der Erde wünscht, weil er aller Anbetung würdig ist. Ich lebe, um ihn anzubeten, und wenn er mir eine Tür öffnet, gehe ich hindurch. Worauf er als mein guter Hirt für mich sorgt, sodass es mir an nichts mangelt (Psalm 23).

Als ich auf Gottes Anweisung hin auch im Anbetungsseminar meine Geschichte erzählte, luden viele mich zu sich nach Hause ein, damit ihre Verwandten sie auch hören konnten. Einer von ihnen war ein Arzt, den ich bereits kannte, denn er war mit einem ärztlichen Missionsteam in meiner Heimat gewesen. Seine Gemeinde hatte unser Land „adoptiert"; jahrelang betete sie für uns und schickte Missionare zu uns.

Das Studieren war natürlich echte Arbeit für mich, mit einem vollen Stundenplan, aber Gott schenkte mir durch sein Wort viele Offenbarungen. Gottes Offenbarung ist wie die Perle und seine Weisheit wie der Schatz im Gleichnis vom Schatz im Acker und von der Perle (Matthäus 13,44-46).

In diesem zweiten Kurs lernte ich unter anderem, Gott in Wahrheit und im Geist anzubeten, sein Wort aus meinem Herzen direkt in sein Herz zu singen und neue Jesuslieder zu schreiben. Der Anweisung in Zefanja 3,14-17 folgend, fing ich an, meine Gebete zu singen. Gottes Wort öffnet mein Herz und macht es lebendig.

Fasten als Teil meines Lebensstils

An jedem Neujahrstag frage ich Gott, wie ich im kommenden Jahr fasten soll. Letztes Jahr habe ich jeden Monat drei Tage gefastet. Dieses Jahr fastete ich gleich zu Anfang des Jahres vierzig Tage lang.

Das ist für mich zu einem Weg geworden, der mir hilft, Gottes Stimme deutlicher zu hören, ein weiches Herz zu haben und Schritte in meinem Glaubensleben zu tun.

Im August hatte ich während eines Missionseinsatzes in Südostasien einen Traum von der Wiederkunft von Jesus. Ich sah den Tag des Gerichts, wie er in der Johannesoffenbarung beschrieben wird. Es waren schreckliche Szenen. Ich sah die Welt „zur Zeit Noahs" (Matthäus 24,37). Die Menschen aßen und tranken und heirateten. Und dann kam urplötzlich, wie ein Dieb in der Nacht, Jesus, um seine Braut (die Gemeinde) zu sich zu holen. Schweißgebadet und zitternd wachte ich auf. Jesus befahl mir, mich bereit zu machen, weil er bald kommen werde. Ich musste an 1. Thessalonicher 4,16-18 denken: „Auf den Befehl Gottes werden die Stimme des höchsten Engels und der Schall der Posaune ertönen, und Christus, der Herr, wird vom Himmel herabkommen. Als Erste werden die auferstehen, die im Glauben an Christus gestorben sind. Dann werden wir, die wir zu diesem Zeitpunkt noch leben, mit ihnen zusammen unserem Herrn auf Wolken entgegengeführt, um ihm zu begegnen. So werden wir für immer bei ihm sein. Tröstet euch also gegenseitig mit dieser Hoffnung."

Zu Beginn meines Bibelkurses hatte Jesus mir befohlen, vierzig Tage lang zu fasten und nur Saft und Wasser zu mir zu nehmen. Während dieser Fastenzeit bat ich ihn, mir die Geheimnisse seines Herzens zu offenbaren. Darauf schenkte er mir einen erneuten Traum und diesmal hatte ich beim Aufwachen Frieden im Herzen. Jesus erschien mir als der siegreiche Friedefürst, der kommt, um seine Braut heimzuholen. Er erschien in einer Wolke der Herrlichkeit, umgeben von feurigen Wagen und in einem weißen Gewand auf einem weißen Pferd sitzend. Es war ein wunderbares Bild aus Offenbarung 1,7: „Seht! Jesus Christus wird in den Wolken kommen. Alle Menschen werden ihn sehen, auch die, die ihn ans Kreuz geschlagen haben. Dann werden alle Völker dieser Erde jammern und klagen. Das ist ganz sicher. Amen!"

Die Botschaft war dieselbe wie im vorigen Traum: „Mache dich bereit, meine Braut, ich komme bald!" – „Bleibt wachsam und betet zu jeder Zeit, damit ihr dem entfliehen könnt, was auf euch zukommt. Dann könnt ihr ohne Furcht vor den Menschensohn treten" (Lukas 21,36).

In diesem Sinne möchte ich jeden Tag wach und aufmerksam für ihn und seine Aufgaben leben, solange ich noch auf dieser Erde bin.

EPILOG
VIER TRÄUME

A m jüdischen Neujahrsfest, dem Rosch ha-Schana, hatte ich gerade ein Daniel-Fasten beendet. Dabei isst man nur Gemüse und trinkt nur Wasser. Eines Morgens las ich in der Bibel Lukas 4, wie Jesus zu Beginn seines Wirkens in der Wüste fastet, und spürte, wie er mich fragte: „Bist du bereit, es mir nachzutun? Ich möchte, dass du fastest wie ich damals und nur Wasser trinkst."

Der 30-jährige Jesus hatte vierzig Tage lang gefastet und war darauf mit der Kraft des Heiligen Geistes erfüllt worden. Er ist mein höchstes Vorbild. Ich war jetzt ebenfalls 30 Jahre alt und wollte fasten, damit der Heilige Geist auch mich mit seiner Kraft erfüllte. Doch bis jetzt hatte ich noch nie so gefastet, dass ich buchstäblich nur Wasser trank, und ich wusste nicht, ob ich das schaffen würde. Aber Gott erwies sich auch hier als der souveräne Herr und es zeigte sich, dass ein Daniel-Fasten die perfekte Vorbereitung auf ein volles Fasten ist. Der Herr hatte meinen Körper vorbereitet, bevor ich auch nur wusste, was er von mir wollte.

Während dieses Fastens hatte ich vier Träume; der erste kam in der Mitte der vierzig Tage, die anderen drei an ihrem Ende.

Der erste Traum:
Das Brot des Lebens

Im ersten, sehr lebendigen Traum kam Jesus als das Brot des Lebens zu mir. Ich bekam das köstlichste Brot, das man sich vorstellen kann. Ich nahm einen Bissen; noch nie hatte mir etwas so gut geschmeckt! Es war ein rotbräunliches Fladenbrot, wie man es im Nahen Osten isst, groß und frisch gebacken. Es war so gut, dass ich am liebsten nie mehr aus dem Traum aufgewacht wäre; ein einziger Bissen genügte, um meinen Hunger zu stillen.

Ich musste unwillkürlich an zwei Bibelstellen denken: „Der Mensch lebt nicht vom Brot allein, sondern von einem jeden Wort, das aus dem Mund Gottes geht" (Matthäus 4,4). „Jesus entgegnete: ‚Ich versichere euch: Nicht Mose gab euch das Brot vom Himmel! Das wahre Brot vom Himmel gibt euch jetzt mein Vater. Und nur dieses Brot, das vom Himmel kommt, schenkt der Welt das Leben.' ‚Herr, gib uns jeden Tag dieses Brot!', baten ihn alle. ‚Ich bin das Brot des Lebens', sagte Jesus zu ihnen. ‚Wer zu mir kommt, wird niemals wieder Hunger leiden, und wer an mich glaubt, wird nie wieder Durst haben. Doch ich habe euch ja schon einmal gesagt: Ihr glaubt nicht an mich, obwohl ihr mich mit euren eigenen Augen seht. Alle Menschen, die mir der Vater gibt, werden zu mir kommen, und keinen von ihnen werde ich zurückstoßen. Denn ich bin nicht vom Himmel gekommen, um zu tun, was ich will, sondern um den Willen des Vaters zu erfüllen, der mich gesandt hat. Und das ist Gottes Wille: Kein Einziger von denen, die er mir anvertraut hat, soll verloren gehen. Ich werde sie alle am letzten Tag zum Leben erwecken. Denn nach dem Willen meines Vaters wird jeder, der den Sohn sieht und an ihn glaubt, für immer leben. Ich werde ihn am letzten Tag vom Tod auferwecken'" (Johannes 6,32-40).

Als ich aufwachte, fühlte ich mich, als ob ich eine volle Mahlzeit gegessen hatte. Ich fragte den Herrn, was er mir mit dem Traum sagen wollte, und er antwortete: „Ich bin das Brot des Lebens. Wenn du von mir isst, wirst du wirklich satt. Mein Wort bringt Leben. Schmecke und sieh, dass ich gut bin. Iss mein Wort."

Ich musste an 5. Mose 8,16 denken: „Er speiste dich mit Manna in der Wüste". Gott gab mir Manna vom Himmel, damit ich mich satt essen konnte. Das Brot meines Traums trug mich durch das Fasten hindurch.

Wenn ich fastete, hatte ich oft Träume, aber zuerst behielt ich sie für mich. Ich wartete immer und bat den Heiligen Geist um die rechte Deutung. Denn ich musste ganz genau wissen, ob der Traum nur für mich allein gedacht war oder ob Gott wollte, dass ich ihn anderen weitererzählte.

Der zweite Traum:
Eine doppelte Portion vom Brot des Lebens

Gegen Ende meiner vierzig Fastentage hatte ich einen zweiten Traum. Er bestätigte das, was Gott mir im ersten Traum gezeigt hatte, aber diesmal waren es zwei Laibe Brot – eine doppelte Portion sozusagen. Ich hatte den Eindruck, dass Gott mir damit sagen wollte: Zwei seien besser als einer und die Hochzeit der Braut und des Lammes werde bald kommen. Gott bereite eine große Hochzeit vor. Am Anfang der Zeit, im ersten Buch der Bibel, fing er mit einer Hochzeit an, als er die Familie schuf, und das letzte Buch der Bibel endet mit einer Hochzeit. Jesus vollbrachte sein erstes Wunder auf der Hochzeit zu Kana, als er Wasser in Wein verwandelte (Johannes 2,1-11), und eines Tages, wenn sein Plan sich erfüllt, wird er wiederkommen als der Bräutigam seiner Braut, der weltweiten Gemeinde. „Wir wollen uns darüber freuen, jubeln und Gott ehren. Jetzt ist der große Hochzeitstag des Lammes gekommen; seine Braut ist bereit!" (Offenbarung 19,7)

Der dritte Traum:
Der himmlische Schatz

Der dritte Traum, in dem es um eine königliche Hochzeit ging, führte das Thema der Hochzeit weiter aus. Der Vater und der Sohn kamen als die Befehlshaber der himmlischen Heerscharen zu meinem Haus. Sie trugen purpurfarbene Kleider, die für Krieg, Leiden und das Blut des Lammes standen. Ich musste an Jesaja 63,1-2 denken: „Wer kommt in roten Kleidern …? Prächtig sieht er aus in seinem Gewand. Stolz schreitet er daher, mit ungebrochener Kraft. ‚Ich bin es, der für Recht sorgt‘, antwortet der Herr. ‚Ich kann euch helfen, es steht in meiner Macht.‘ – ‚Warum sind deine Kleider so rot? Hast du Trauben in der Kelter zerstampft?‘"

Vater und Sohn freuten sich, weil bald die Hochzeit gefeiert würde. Sie kamen zum Haus meiner Eltern, um ihnen die Mitgift der Braut zu bringen. „Wir haben ein Geschenk für dich", sagte der Vater, als ich die Tür öffnete. Und er überreichte mir eine Schatzkiste, die wie die Bundeslade im Alten Testament aussah. „Es ist das Kostbarste, was es gibt."

Ich fragte mich ganz aufgeregt, was in der Kiste sein mochte. Sie sagten mir, dass es eine Überraschung war.

Als sie die Kiste für mich öffneten, leuchtete mir die Herrlichkeit Gottes (hebräisch „Schechina") entgegen! In der Kiste war ein wunderbares, überirdisch leuchtendes helles Licht. „Hier", sagten sie. „Der Schatz des Himmels – der Heilige Geist."

Und ich begriff: Der Heilige Geist würde die Gemeinde auf die Hochzeit mit ihrem geliebten Bräutigam Jesus vorbereiten.

Als ich mein Fasten begonnen hatte, hatte Gott mir gesagt: Jesus war, als er sein Fasten begann, bereits mit dem Heiligen Geist erfüllt, aber als er es beendete, wurde er mit der *Kraft* des Heiligen Geistes erfüllt. Wie es in Lukas 4,14 heißt: „Mit der Kraft des Heiligen Geistes erfüllt, kehrte Jesus nach Galiläa zurück. Schon bald sprach man überall von ihm."

Ich hatte gefastet, um die Kraft des Heiligen Geistes zu bekommen, und jetzt brachten der Vater und der Sohn sie zu mir! Ich sehnte mich nach einer Ausgießung des Heiligen Geistes wie der in Joel 3,1 versprochenen: „In späterer Zeit will ich, der Herr, alle Menschen mit meinem Geist erfüllen. Eure Söhne und Töchter werden aus göttlicher Eingebung reden, die alten Männer werden bedeutungsvolle Träume haben und die jungen Männer Visionen."

In meinem Traum weinte ich. Ich hatte Gott um noch mehr von der Gegenwart und Kraft des Heiligen Geistes in meinem Leben gebeten und er hatte mich erhört. Durch mein Fasten war mein Herz aufnahmebereit geworden.

Der vierte Traum:
Diamanten und Edelsteine

Der letzte Traum kam gegen Ende meines Fastens. Ich sah ein Kreuz auf dem Boden liegen, das aus Diamanten und anderen, türkisblauen Edelsteinen bestand. Neben dem Kreuz saßen mehrere asiatische Frauen, die kostbare, ebenfalls türkisfarbene Gewänder trugen und wie Prinzessinnen aussahen. Sie schauten zum Kreuz.

Als ich aufwachte, war ich ganz durcheinander. Ich wusste nicht, was Gott mir diesmal sagen wollte. Etwas später am gleichen Tag erzählte ich einer Freundin diesen Traum. Sie riet mir, mit einem Freund von ihr zu reden, der vor Kurzem von einer Asienreise zurückgekommen war. Er erzählte mir, was er auf dieser Reise erlebt hatte. Überall, wo er das Evangelium gepredigt hatte, tauchten Diamanten auf. Er verstand diese Diamanten als Gabe Gottes für die Asiaten, weil Jesus sie so liebt.

Kostbare Steine sind Bilder für die Gemeinde (vgl. 1. Petrus 2,4-9).

Diamanten stehen für das Amt des Priesters. In 2. Mose 28 und im 3. Buch Mose gehören zur Kleidung der Priester Edelsteine, die für die Stämme Israels stehen. Nach diesem Gespräch mit dem Asienmissionar fand ich eines Tages drei Diamantringe – einen Verlobungsring, einen Ehering und einen Hochzeitsjubiläumsring – von meinem geliebten himmlischen Bräutigam.

Ich lernte damals auch verschiedene andere Leiter der Untergrundkirche in Asien kennen. Die Kirche in Asien ist heute die größte in der Welt. Viele Christen, die heute das Evangelium bis nach Israel bringen, kommen über die alte Seidenstraße aus dem Fernen Osten.

Ich spürte: Gott wollte mir durch diesen merkwürdigen Traum zeigen, dass die verfolgte Kirche in Asien an der Spitze der Christen stehen wird, die die Gemeinde auf das Kommen ihres Herrn Jesus Christus vorbereiten.

Der treue Gott

Wenn ich zurückschaue auf die Jahre der Verfolgung, dann erkenne ich, dass sie eigentlich ein kostbares Geschenk waren, das uns Christen in meinem Land geläutert, gereinigt, fruchtbarer gemacht und unserem Schöpfer noch nähergebracht hat. Die Verfolgung hat uns wachsen lassen.

Gott hat uns durch die Verfolgung hindurchgetragen und uns gezeigt, dass er treu zu seinen Verheißungen steht. Die Verfolgung war ein Segen, der meinen Glauben wie Gold geläutert hat. Sie machte die Not zu einer Botschaft, die Prüfung zu einem Zeugnis, die Anfechtung zum Triumph und meine größte Schwäche zu meiner größten Stärke!

Heute besteht mein Auftrag auf der Erde darin, die Kirche wachzurütteln und Christen Mut zu machen, das Evangelium zu predigen – dass Jesus der einzige Weg zum Vater ist und dass er uns das ewige Leben gibt. Da ich in einem muslimischen Land aufgewachsen bin, schlägt mein Herz für die muslimischen Völker, aber viele Christen haben Angst, ihren Glauben in diese Länder zu tragen. Ich möchte Ihnen Mut machen, für die Menschen in den islamischen Ländern zu beten. Solche Gebete werden Ihr Herz für sie öffnen. Beten Sie: „Herr, sende Arbeiter in deine Ernte" – und seien Sie auch bereit, selbst die Erhörung dieses Gebetes zu sein.

Die Gründe, warum viele Christen vor der Missionierung von Muslimen zurückschrecken, sind bekannt: Sie haben Angst vor Repressalien und vor dem Tod. Viele finden auch, dass sie zu wenig über den Islam wissen, um Fragen der Muslime zu beantworten.

Um mit Muslimen reden zu können, müssen wir zunächst einmal unseren eigenen Glauben sehr gut kennen. Wir müssen wissen, warum er wahr ist, und ihn dann an den Mann bzw. die Frau bringen. Wenn wir von der Wahrheit Gottes ausgehen (und nicht von den Unterschieden zwischen den Kulturen), wird Gott uns führen.

Wenn wir Angst vor Verfolgung haben, werden wir keine guten Missionare sein. Bevor wir in ein muslimisches Land gehen, sollten wir uns zuerst nüchtern und gründlich dem Thema „Verfolgung" stellen. Vergessen wir dabei nicht: Das Neue Testament wurde *von* verfolgten Christen *an* verfolgte Christen *für* verfolgte Christen geschrieben.

Ein weiterer Grund, warum viele Christen keine Muslime missionieren, ist ihr Ungehorsam gegenüber dem Missionsbefehl von Jesus, alle Völker zu *Jüngern* zu machen, das heißt zu Menschen, die Jesus nachfolgen (vgl. Matthäus 28,19). Wir können zu noch so vielen Menschen predigen; wenn wir sie nicht zu Jüngern machen, gehorchen wir Jesus nicht.

Wir haben als Christen die Aufgabe, alle Lügen durch die Wahrheit zu ersetzen. Wie machen wir das? Indem wir Gottes Liebe und Wahrheit predigen. Wer Gottes Wahrheit kennt, der durchschaut die Lüge. Nur wer das Licht kennt, weiß, wann es dunkel ist!

Vergessen wir dabei nicht, dass Jesus immer bei uns ist, in allen Lebenslagen. Ich weiß mit jeder Faser meines Körpers, dass Jesus ständig bei mir ist und mich hält.

Erst vor Kurzem hatte ich einen Traum, in dem ich mit ihm in einem Schloss (wohl das Neue Jerusalem) tanzte. Jesus war und ist und wird immer der große Freund meiner Seele sein, mein Geliebter, der mich in seine Arme schließt. Seine Liebe ist mein Lebensatem.

Jesus ist meine ganze Hingabe wert. Werden auch Sie ihm alles geben?

NACHWORT VON MIKE BICKLE

———◉———

„In der Welt habt ihr Angst, aber lasst euch nicht entmutigen:
Ich habe die Welt besiegt" (Johannes 16,33).

*J*esus hat erklärt, dass die, die ihm nachfolgen, in dieser Welt
bedrängt werden, aber dass sie überwinden werden, wenn sie
treu sind. Im Laufe der Geschichte hat der Leib Christi immer
wieder Verfolgung und größte Widrigkeiten erfahren. Heute ist
für viele Christen, vor allem im Westen, „Verfolgung" fast ein
Fremdwort und etwas, das sie persönlich nicht kennen, vielleicht
bis auf ein paar bissige Bemerkungen am Arbeitsplatz oder im
Internet. Doch für viele andere Christen, ob in Indonesien oder
Afrika, Nordkorea oder im Nahen Osten, gehört Verfolgung zum
ganz normalen Alltag. Sie leiden auf hundert Weisen für ihren
Glauben an Jesus, durch den Ausschluss aus Familie, Nachbarschaft oder Geschäftsleben bis hin zu Vergewaltigung, Gefängnis,
Folter oder Märtyrertod.

Ich habe das Vorrecht, Samaa zu kennen. Ihr Glaube an den
Herrn Jesus hat mich gestärkt. Sie ist durch den Feuerofen der
Verfolgung gegangen, bis an die Grenze des Todes, und wieder
herausgekommen, und ihre Liebe zu Jesus ist dadurch noch größer

geworden. Ihre Geschichte ist eine Geschichte großer Geduld und Beharrlichkeit. Sie hat viele Feuerproben durchgemacht, damit sie zusammen mit vielen anderen in das Gebet des Paulus einstimmen kann: „Um Christus allein geht es mir. Ihn will ich immer besser kennenlernen und die Kraft seiner Auferstehung erfahren, aber auch seine Leiden möchte ich mit ihm teilen und seinen Tod mit ihm sterben. Dann werde ich auch mit allen, die an Christus glauben, von den Toten auferstehen" (Philipper 3,10-11).

Beim Lesen dieses Buches glaubt man, sich in der Apostelgeschichte zu befinden. Es wird Sie anspornen, Ihr Gebetsleben zu vertiefen – nicht nur, um persönlich dem Herrn noch näherzukommen, sondern auch, um innerlich eins zu werden mit der verfolgten Kirche in aller Welt, ganz im Sinne des Hebräerbriefs: „Denkt an die Gefangenen, als wärt ihr Mitgefangene, und an die Misshandelten, weil ihr auch noch im Leibe lebt" (Hebräer 13,3). Je näher die Wiederkunft Christi rückt, umso mehr Christen werden verfolgt werden, und umso mehr Christen müssen begreifen, was es heißt, als seine Kirche treu zu sein und zu überwinden. Lassen Sie sich von Samaas Geschichte Mut machen, treu zu sein und eins zu werden mit dem Herzen von Jesus und der verfolgten Kirche weltweit.

Mike Bickle,
Leiter des International House of Prayer,
Kansas City, Missouri/USA

DANKE!

———◆———

Mein größter Dank gilt meinem himmlischen Vater für seine unerschütterliche Liebe, unserem Herrn Jesus für seine ungeheure Gnade und dem Heiligen Geist, dessen Gemeinschaft und Leitung mir eine solche Hilfe war und ist, in meinem ganzen Leben wie auch bei diesem Buchprojekt!

Bodie und Brock Thoene, ihr sanften Diener des Herrn: Gott selbst hat uns zusammengeführt. Euer kreatives Können hat dieses Projekt zu seinem wunderbaren Abschluss gebracht. Ohne euch wäre dies nicht möglich gewesen. Ich bin so dankbar, ihr seid solch ein Segen!

Ein Danke auch an all die Hirten, Missionare und Leiter im Glauben, die mir im Laufe der Jahre den Weg der Liebe Gottes gezeigt haben, darunter meine ersten Pastoren aus dem Nahen Osten, Paul Eshleman, Mike Bickle, Bill Johnson, Mark Anderson, John Dawson und alle in der weltweiten Gebets- und Missionsbewegung. Ich stehe auf euren Schultern.

Nik Ripken/Gregg Lewis

Gottes unfassbare Wege

Wie mein Glaube durch
verfolgte Christen
radikal erneuert wurde

336 Seiten, Taschenbuch
ISBN 978-3-7655-4204-6

Als Jugendlicher erfährt Nik Ripken Gott auf ungewöhnliche
Weise. Er nimmt seinen Ruf an und geht 1992 nach Somalia.
Fassungslos erlebt er die Not und Dunkelheit in dem Bürger-
kriegsland. Dort gewinnt er das Vertrauen vieler Menschen und
erfährt tiefe Menschlichkeit und Hilfsbereitschaft. Doch die Ver-
hältnisse in Somalia erschüttern sein Vertrauen auf Gott: Wirkt
Jesus als Auferstandener heute überhaupt noch? Oder ist das mit
Gott alles bloß noch Geschichte? Erst als Ripken Christen kennenlernt, die Verfolgung im Glauben durchgestanden haben, findet er neue Hoffnung: In der ehemaligen Sowjetunion, in China
und islamisch geprägten Staaten verschwinden seine tiefen Zweifel an einem lebendigem Gott. In mehreren muslimischen Ländern erlebt er staunend, dass Jesus wie in der Apostelgeschichte in
Träumen und Visionen wirkt. Durch die Begegnungen mit verfolgten Christen wird Ripkens Glaube radikal verwandelt und erneuert. Dies ist sein spannender und aufwühlender Bericht.

BRUNNEN VERLAG GIESSEN
www.brunnen-verlag.de